O coordenador
pedagógico
e a escola do
século XXI

Leitura indicada

1. O coordenador pedagógico e a educação continuada
2. O coordenador pedagógico e a formação docente
3. O coordenador pedagógico e o espaço da mudança
4. O coordenador pedagógico e o cotidiano da escola
5. O coordenador pedagógico e questões da contemporaneidade
6. O coordenador pedagógico e os desafios da educação
7. O coordenador pedagógico e o atendimento à diversidade
8. O coordenador pedagógico: provocações e possibilidades de atuação
9. O coordenador pedagógico e a formação centrada na escola
10. O coordenador pedagógico no espaço escolar: articulador, formador e transformador
11. O coordenador pedagógico e o trabalho colaborativo na escola
12. O coordenador pedagógico e a legitimidade de sua atuação
13. O coordenador pedagógico e seus percursos formativos
14. O coordenador pedagógico e questões emergentes na escola
15. O coordenador pedagógico e as relações solidárias na escola
16. O coordenador pedagógico e os desafios pós-pandemia
17. O coordenador pedagógico e seu desenvolvimento profissional na educação básica
18. O coordenador pedagógico e a escola do século XXI

18

O coordenador pedagógico e a escola do século XXI

**Vera Maria Nigro de Souza Placco
Laurinda Ramalho de Almeida
Vera Lucia Trevisan de Souza**
ORGANIZADORAS

Ana Claudia Esteves Correa
Ana Maria Saul
André Luiz Pancotto
Antonio Carlos Caruso Ronca
Danielle Girotti Callas
Elvira Maria Godinho Aranha
Harley Arlington Koyama Sato
Laurinda Ramalho de Almeida
Laurizete Ferragut Passos

Luiza Helena da Silva Christov
Margarete Cazzolato Sula
Patrícia Lira
Priscila Gabriela Costa
Rodnei Pereira
Silvana Aparecida Tamassia
Vera Lucia Trevisan de Souza
Vera Maria Nigro de Souza Placco

Edições Loyola

Dados Internacionais de Catalogação na Publicação (CIP)
(Câmara Brasileira do Livro, SP, Brasil)

O coordenador pedagógico e a escola do século XXI / organizadoras Vera Maria Nigro de Souza Placco, Laurinda Ramalho de Almeida, Vera Lucia Trevisan de Souza. -- São Paulo, SP : Edições Loyola, 2023. -- (Trabalho pedagógico ; 18)

Vários autores.
Bibliografia.
ISBN 978-65-5504-302-0

1. Coordenadores pedagógicos 2. Educação 3. Educação - Finalidade e objetivos 4. Professores - Formação I. Placco, Vera Maria Nigro de Souza. II. Almeida, Laurinda Ramalho de. III. Souza, Vera Lucia Trevisan de. IV. Série.

23-171683   CDD-370.71

Índices para catálogo sistemático:

1. Coordenadores pedagógicos : Educação   370.71

Tábata Alves da Silva - Bibliotecária - CRB-8/9253

Conselho Editorial:
Emília Freitas de Lima
Idméa Semeghini Próspero Machado de Siqueira
Laurinda Ramalho de Almeida
Magali Aparecida Silvestre
Melania Moroz
Vera Lucia Trevisan de Souza
Vera Maria Nigro de Souza Placco

Capa: Maria Clara R. Oliveira [PROJETO GRÁFICO ORIGINAL]
Ronaldo Hideo Inoue [ATUALIZAÇÃO GRÁFICA]
Diagramação: Sowai Tam

A revisão do texto desta obra é de
total responsabilidade de seus autores.

Edições Loyola Jesuítas
Rua 1822 n° 341 – Ipiranga
04216-000 São Paulo, SP
T 55 11 3385 8500/8501, 2063 4275
editorial@loyola.com.br
vendas@loyola.com.br
www.loyola.com.br

Todos os direitos reservados. Nenhuma parte desta obra pode ser reproduzida ou transmitida por qualquer forma e/ou quaisquer meios (eletrônico ou mecânico, incluindo fotocópia e gravação) ou arquivada em qualquer sistema ou banco de dados sem permissão escrita da Editora.

ISBN 978-65-5504-302-0

© EDIÇÕES LOYOLA, São Paulo, Brasil, 2023

Sumário

Apresentação 7

Um, nenhum, cem mil ou nós, o coletivo?
O lugar do CP na escola do século XXI 9
Vera Lucia Trevisan de Souza
Vera Maria Nigro de Souza Placco

O coordenador pedagógico na escola do século XXI:
afetos e formação 25
Laurinda Ramalho de Almeida

As finalidades educativas escolares como norteadoras
do processo educacional: o papel do diretor
e da coordenação pedagógica 47
Danielle Girotti Callas
Elvira Maria Godinho Aranha

O trabalho colaborativo na nova configuração escolar:
o que cabe ao diretor da escola? 69
Patrícia Lira
Laurizete Ferragut Passos

O educador do século XXI: tudo em todo lugar ao mesmo tempo 89
Luiza Helena da Silva Christov

A coordenação pedagógica: reflexões a respeito das inovações
tecnológicas e suas implicações para a aprendizagem 103
Antonio Carlos Caruso Ronca
Harley Arlington Koyama Sato
Priscila Gabriela Costa

A formação do coordenador pedagógico na
Educação Infantil à luz de referenciais freireanos 121
André Luiz Pancotto
Ana Maria Saul

De gestores a professores – tramas identitárias 143
Margarete Cazzolato Sula
Vera Maria Nigro de Souza Placco

O CP e a formação em serviço: as marcas do outro em nós 167
Ana Claudia Esteves Correa
Laurinda Ramalho de Almeida

A observação e o *feedback* como ações formativas do CP,
no momento atual na escola 189
Silvana Aparecida Tamassia
Vera Maria Nigro de Souza Placco

O coordenador pedagógico e a construção de uma escola justa 211
Rodnei Pereira

Apresentação

Segundo filósofos e historiadores, a humanidade já viveu o denominado século das trevas (que, na verdade, foi muito produtivo), já viveu o século das luzes, no qual tivemos a promessa da felicidade produzida pelo próprio homem, o século das invenções e descobertas, com avanços no campo da ciência e da tecnologia, e o último século, marcado por guerras, lutas sociais e culturais e grandes mudanças de visão da sociedade. A cada século, a ação dos homens deixa sua marca. Qual será a marca do século XXI? Será o que fizermos nele. Será o que lhe pudermos oferecer.

Neste 18º volume da Coleção, continuamos nossa tarefa. Assumimos – e estamos certas de que o fazemos em nome de todos os educadores –, que temos muito a oferecer: uma escola – espaço de conhecimento, de convivência respeitosa, de acolhimento, de pertencimento, de representação de um devir possível. Tendo como foco principal o CP, visamos o coletivo, coletivo que diagnostica, pensa, sente e propõe finalidades para a escola deste século, valorizando, com equilíbrio, a razão e os afetos. Valorizamos ainda que cada escola tem características que a tornam única, com necessidades específicas, que demandam, também, ações de formação específicas, embora fazendo parte de um sistema educacional. Socializamos reflexões que têm sido feitas em nossos ambientes de trabalho e grupos de pesquisa, sobre a constituição identitária do CP, os afetos modulando as relações socioprofissionais na escola, os processos de desenvolvimento do sujeito, o trabalho colaborativo visando às finalidades educativas da escola. Refletimos, ainda, sobre inovações tecnológicas e estratégias de formação. Essas reflexões são fundamentadas em diferentes abordagens teórico-metodológicas, que podem contribuir para as discussões que são/serão feitas em diferentes ambientes educativos, para atender a um objetivo principal e necessário: uma escola justa enquanto capaz de atender à diversidade e promover o desenvolvimento dos sujeitos, de enfrentar e superar as desigualdades. Essas reflexões, aqui compartilhadas, são acompanhadas por nossa esperança – não ingênua, nem simplista, como nos ensina Freire –, de que a educação deixe uma marca potente neste século, apesar das incertezas atuais. Partindo do fracasso de algumas iniciativas e do sucesso de outras, podemos projetar uma nova escola, que seja a marca deste século.

São Paulo, agosto de 2023.
Vera Maria Nigro de Souza Placco
Laurinda Ramalho de Almeida
Vera Lucia Trevisan de Souza
Organizadoras

Um, nenhum, cem mil ou nós, o coletivo? O lugar do CP na escola do século XXI

Vera Lucia Trevisan de Souza[1]
(vera.trevisan@uol.com.br)
Vera Maria Nigro de Souza Placco[2]
(veraplacco7@gmail.com)

I. A título de introdução

Há tempos, vimos refletindo sobre a coordenação pedagógica, em um movimento que busca aproximar as práticas de ação do profissional que assume essa função nas escolas, sustentadas por aportes teóricos que permitem ampliar sua compreensão. Dentre os temas que temos priorizado em nossos escritos, emergem ora ações dos CP, ora sua identidade, sempre sem perder de vista a formação, função precípua desse profissional, conforme nossa visão formadora. Entretanto, nestas duas últimas décadas de proposições e ações diretas com esses profissionais, que vamos chamar de formadores, e no movimento de nos debruçarmos em estudos e reflexões, materializados em escrita no âmbito da universidade – lócus de nossa atuação, têm emergido questionamentos que nos instigam, por um lado, e algumas sínteses como elaborações provisórias, por outro.

---

1. Professora do Programa de Pós-graduação em Psicologia, na Pontifícia Universidade Católica de Campinas – PUCCamp.
2. Professora titular do Programa de Pós-graduação em Educação: Psicologia da Educação, na Pontifícia Universidade Católica de São Paulo – PUC-SP.

Uma dessas sínteses, que deriva de vivências formativas com esses profissionais, repercute o potencial do coletivo e do colaborativo para construir formações e ações efetivas, do tipo que leva à mudança das relações ensino-aprendizagem e dos resultados e conquistas de alunos e professores na escola. Entretanto, em uma perspectiva dialética, as sínteses geram novas teses e antíteses, que põem em movimento nossos pensamentos, justamente pela emergência de contradições. Esse processo, que articula a ação e a reflexão, ou seja, a constante confrontação entre práticas e outras práticas, e práticas e teorias, nos têm feito, a um só tempo, revisitar nossos escritos enquanto formadoras na Universidade, cujo objetivo é justamente iluminar as práticas profissionais, e questionar essa própria produção, entendendo-a como sínteses que requerem questionamentos permanentes, de modo a conferir o caráter dinâmico que deve ter a produção de conhecimentos no campo das ciências humanas e sociais.

É justamente neste movimento que retomamos o capítulo escrito no livro do CP, em 2017, que problematiza a identidade do Coordenador Pedagógico, inspirado na obra de Pirandello: Um, Nenhum e Cem Mil, em que discutíamos a constituição dessa identidade na relação com as posturas ocupadas pelo CP junto ao seu grupo de educadores. Ocorre que, ao nos debruçarmos sobre o texto, emerge o questionamento de nossa própria identidade, enquanto formadoras e produtoras de conhecimento nas Universidades: estaríamos dando conta de nos inserirmos no movimento dialético proposto no referido capítulo, ao questionarmos as ações do CP? Em que medida nossa identidade se movimenta no difícil processo de produzir escritas, em forma de capítulos, dissertações, teses e artigos, em que tantas mãos se articulam nessas produções? O necessário jogo dialético que consiste em ocupar o lugar do Um, do Nenhum e do Cem mil está sendo exercitado? Se sim, nossos leitores têm acessado esse movimento de modo a se inspirarem em seu exercício?

Trata-se, portanto, de assumir nosso papel, como formadoras, na promoção do pensamento dialético do CP e é isso a que se propõe este capítulo. Isso porque, em nossas aulas, percebemos alguns aspectos ou oposições que deixaram espaço para novas reflexões, para um novo texto, mais reflexivo. Além disso, identificamos as dificuldades dos alunos com uma escrita ou uma análise dialética e, portanto, mais crítica.

II. A potência da literatura na reflexão sobre identidade

No romance Um, nenhum e cem mil, Pirandello nos convida a refletir sobre nossa existência, a partir de nossa percepção sobre nós próprios, colocando em questão como os outros nos percebem e como a percepção que temos da percepção dos outros influencia nosso modo de ser e viver. É possível sintetizar o dilema vivido pelo protagonista do romance na seguinte ideia: mal conseguimos nos olhar por dentro e, portanto, necessitamos que nos olhem de fora para nos percebermos em nossas singularidades.

A literatura e outras formas de arte sintetizam ideias e sentimentos, justamente, a partir de um olhar que parte de dentro, da percepção do escritor ou artista sobre as situações ou personagens que cria, na elaboração de sua obra. Sínteses que se constituem como materialidade, que expressa sentimentos, emoções, ideias a serem experienciadas pelo leitor/expectador, que empreende um movimento singular e dialético na relação com a obra. Ou seja, na relação com essas sínteses – romances, poesias, filmes, pinturas etc., nos identificamos ou não nos identificamos, em um movimento dialético de nos percebermos a partir do olhar de fora, do escritor, pintor, diretor, ao atribuirmos aos personagens ou situações que vivenciamos, na relação com suas produções, emoções, significados e sentidos que são nossos. Nesse sentido, a apreciação artística pode se constituir como fonte de vivência de emoções e sentimentos, de ampliação da reflexão, como forma de expressão de subjetividade e favorecedora do desenvolvimento de processos identitários.

Essa é a razão de nossas proposições sobre a potência da arte na formação, ou seja, por meio dela, nos vemos de fora, pelo olhar do personagem e podemos, se mediados pela reflexão, ampliar o conhecimento interno de nós próprios. Isso acontece porque a arte

11

faz o papel do outro e, se a utilizamos como materialidade mediadora da reflexão, é possível favorecer o autoconhecimento e a expressão das singularidades e/ou diferenças.

É justamente estas características que nos conduzem a retomar a metáfora do Um, Nenhum e Cem mil, para avançar no processo de fundamentação do que seria um pensamento dialético, inspirador das ações e reflexões de nós, formadores, e dos CP, alvos de nossa formação.

No texto que escrevemos, em 2017 (Souza; Placco), buscamos pensar o papel e a ação do CP tomando por base o texto de Pirandello, como metáfora para pensar o lugar que o CP deveria assumir na construção de sua prática e de suas ações. Entretanto, desde então, seguimos refletindo sobre o papel e ação do CP, em um movimento de aproximação e afastamento, buscando inserir, em nossa reflexão, um movimento dialético permanente, de modo a fazer emergirem as contradições características de nossas ações e pensamentos. O que significa pensar de modo dialético? Por que é importante identificar as contradições presentes em nossas ações e pensamentos?

Nosso intento neste capítulo é refletir sobre a contribuição do pensamento dialético nas ações do CP, sobretudo naquelas relativas ao seu papel de formador.

III. Um convite a pensar dialeticamente

Segundo o dicionário Aurélio (2019), dialética é a "Arte do diálogo; arte de, através do diálogo, fazer a demonstração de um tema, argumentando para definir e distinguir com clareza os assuntos e conceitos debatidos nessa discussão." O termo teria como sinônimos: "discussão, debate, diálogo, exposição, lógica, raciocínio". Ainda segundo o dicionário, em síntese, a dialética pode ser pensada como movimento contraditório em que algo se apresenta como inverso do que é. Em outros termos: o que vemos, o que percebemos, como objeto, fenômeno ou movimento, é apenas sua aparência. Compreendê-los implica buscar acessar seu contrário ou o que não se mostra.

Desta perspectiva, a realidade é sempre misteriosa e, como tal, deve nos provocar estranheza, ou seja, temos de duvidar sempre das aparências, perscrutar o evidente em busca de nos aproximar da totalidade. Ocorre que a realidade é dinâmica, o que impede que seja apreendida, pois se transforma permanentemente. Daí o pensamento dialético ser o modo mais apropriado para compreendê-la, visto que abandona a ideia de realidade como estática, assumindo sua construção e movimento permanentes.

No campo da filosofia, a dialética é postulada como um método ou procedimento para conhecer a realidade. As perspectivas de sua compreensão variam de acordo com as correntes filosóficas e os autores de sua base, tais como Aristóteles, Kant, Hegel e Marx, dentre outros, exigindo um esforço de estudos e aprofundamento, caso se busque compreendê-la. Entretanto, para o propósito deste capítulo, basta que se compreenda tratar-se de um tipo de pensamento que exige uma postura que se afasta da ideia de "verdades absolutas", de conceitos definitivos, de compreensões que se baseiam na aparência, de receitas de como fazer, de procedimentos que valem para qualquer situação, de percepção da realidade que não leva em conta o contexto ou a história dos fenômenos que se está analisando ou buscando compreender.

O pensamento dialético seria oposto ao modo de funcionamento que caracteriza o dia a dia da escola, em que a realidade rotineira é vivida de modo pragmático, que visa a resolver os problemas, dar conta das atividades, sem espaço para questionar o porquê se faz como se faz ou quais resultados têm nossas ações imediatas.

Via de regra, são dessa natureza as ações que caracterizam as atividades do CP.

O modo dialético de pensar a ação do CP, por exemplo, trata-se de compreendê-la como dinâmica, provisória e em constante movimento. Em relação à formação que ele realiza, trata-se de examinar como a formação em curso chegou a ser o que é, ou seja, porque é realizada de determinada forma, o que implica a análise histórica na base do pensamento dialético. Ao fazer este movimento, o CP formador fará emergirem as contradições necessárias à reflexão que conduz à mudança, o que implica identificar ações que se confrontam, se contradizem e buscar nelas o que responde às necessidades, expectativas e objetivos do real da escola e das pessoas que nela convivem.

Para concretizar essa proposta de análise dialética, e ainda utilizando a metáfora de Pirandello, vejamos um exemplo em que as ações do CP se traduzem em comportamentos de Um, Nenhum ou Cem Mil, em seu lugar de articulador, formador e transformador na escola. Considerando que o CP é UM, ele se coloca como centro, ou seja, tudo parte dele – a proposta de formação, os temas a serem estudados, o direcionamento das reflexões etc. Também é dele a responsabilidade pelo processo pedagógico, assim como de seus resultados. Nos problemas que emergem na escola, com alunos, profissionais ou pais, ele é chamado a resolver, assumindo a frente nas relações e ações. Resulta, deste lugar ou postura, a sobrecarga que costuma caracterizar a função de CP, impedindo-o, até, de exercer seu principal papel, o de formador, pois só consegue dar conta das urgências e emergências, e o espaço para o diálogo, para o exercício do aprofundamento da reflexão, do enfrentamento dos conflitos e das contradições fica prejudicado, visto requerer tempo, pausas, afastamento do modo cotidiano de viver a escola. Enfim, o pensamento dialético não se exerce. E, dessa perspectiva, cabe questionar: quem são os outros da relação? Que lugar ocupam? Um, nenhum ou cem mil?

De outro lado, é possível pensar o CP no lugar de Nenhum: ele é aquele que cumpre as normas e determinações, abre mão de sua autoria ou liderança, atende à direção, às demandas da documentação e do sistema de ensino, aos professores, aos pais e, quase sempre, não tem as respostas ou toma decisões. É sempre dependente de outros. Também fica em suspenso seu compromisso pedagógico ou burocrático: tudo é atribuído pelos outros, ele não tem autonomia para tomar decisões; se se coloca ao lado dos professores (ou da

14

direção), assume o papel de submisso. Se o que pode é submeter-se, não lhe resta possibilidade para agir, e sucumbe ao amontoado de problemas e conflitos para os quais não vê solução. Este CP mostra ter medo do grupo, quer ser aceito, se anula nas atitudes, renunciando aos seus valores e princípios e aos do PPP. Os espaços de formação são momentos de queixas de várias naturezas: dos alunos, da direção, do excesso de trabalho, e não se avança. O diálogo não é possível, pois o modo de agir nos encontros permanece preso ao cotidiano, nas queixas que fazem dos fenômenos ou situações estáticos, cristalizados, sem movimento. Se o CP é Nenhum, que lugar ocupam os outros da relação? Um, Nenhum ou Cem mil?

É possível ainda pensar o CP exercendo o papel de Cem mil: aqui, ele sabe tudo, tem resposta para qualquer questão, assim como soluções. É capaz de ocupar o lugar de qualquer profissional da escola – assume a direção, a sala de aula, a entrada e saída dos alunos. Também auxilia na distribuição da merenda, busca recursos para realizar passeios, vai aos passeios, dentre tantas outras atividades que acaba por assumir. Para os professores e mesmo direção, ele é perfeito, capaz de resolver qualquer coisa e está sempre disponível. Disponível para quê? Para a vida vivida na escola, para o cotidiano. Ao ser capaz de fazer tudo, será que dá conta de seu papel de CP? Como ele é na formação? Consegue objetivar? E o diálogo? Com quem dialoga, o que problematiza? É possível pensar, nesse modo de atuação, que o CP apenas acessa informações, de modo superficial, sem conseguir se aprofundar ou fazer emergir as contradições. Sem investimento na formação, é provável que os processos fiquem estagnados, ainda que encobertos pela ação do CP, que age como bombeiro apagando incêndios.

Mas que lugar deve o CP ocupar então? No que a metáfora dessas diferentes posições inspira a reflexão sobre o trabalho do CP? Que encaminhamentos tomar para que se exerça um pensamento dialético capaz de mobilizar e construir um trabalho coletivo e colaborativo?

Dialeticamente, é possível pensar que a ação do CP o identifica como Um, em um dado momento, quando essa ação é centrada nele

15

mesmo, isto é, ele se posiciona como aquele que tem a *expertise* em relação aos fundamentos da educação, aquele mais conhecedor da realidade da escola, o que tem maior compromisso com o PPP e se vê como o responsável pela formação do grupo da escola. Assumir este papel é desejável e necessário, pois ele é o líder do PPP e, como tal, deve nortear o grupo. Entretanto, ele precisa cuidar para não se ver como superior, mais conhecedor, mais capaz que os demais, pois pode se tornar autocentrado e mesmo autoritário.

Mas, é possível pensar de uma perspectiva dialética que prioriza o diálogo, em que a ação do CP o identifica como Um quando valoriza e estimula a participação de todos, as diferentes opiniões e expressões dos professores. Enfim, quando ele se torna Nenhum para o outro ou o grupo serem UM. Essa compreensão permite afirmar que dialeticamente, deve ser UM em dados momentos ou circunstâncias e que assumir o lugar do Nenhum é condição para ser UM.

Ser Nenhum também pode levar ao risco de fugir dos conflitos, evitar as contradições e então perder a perspectiva do pensamento dialético. Entretanto, também pode agregar o grupo em torno do PPP, estabelecer boas relações de respeito e amizade com esse grupo, ser respeitado como igual, como par mais experiente. No entanto, dependendo de como se coloca, nessa posição, o CP pode inviabilizar o coletivo, pois não exerce a liderança do grupo, justamente por isso não ser possível, sendo Nenhum.

O mesmo vale para a perspectiva de ser Cem mil – isto é, um "faz tudo" ou solucionador de todos os problemas e urgências da escola – o que acaba por torná-lo Nenhum, pois se anula em sua função tão necessária à escola, renunciando ainda a si mesmo e aos seus princípios pedagógicos e valorativos, além do próprio PPP da escola.

No entanto, também é Cem Mil quando se integra ao grupo, permite a si mesmo e aos demais uma participação mais democrática, discute e decide em grupo os encaminhamentos a serem dados às questões pedagógicas, afetivas e relacionais da escola. Assim, sendo Nós, torna-se um membro do grupo, não seu dono.

Nossa resposta direta e simples, resumindo as contraposições e aparentes contradições indicadas, é que o CP não DEVE assumir, em particular ou de modo unilateral, nenhuma das posições indicadas, mas, ao contrário, DEVE E PODE ser TODAS elas, a depender do momento, das pessoas – profissionais, alunos e famílias envolvidos. Do ambiente da escola, da rede ou sistema a que pertence a escola, das situações específicas que exigirem determinadas ações ou comportamentos dos envolvidos.

Pela análise acima, os pontos indicados permitem perceber a articulação entre eles – sua proposta e contraproposta e a percepção de que as atividades que parecem ser positivas tornam-se entraves ou dificuldades e vice-versa, em um movimento que faz emergirem as contradições.

IV. Ampliando a reflexão: uma experiência de ação com professores mobilizada pela literatura

...o medo retornou quando vi surgir, diante de mim, um leão.
Ele parecia avançar na minha direção,
com a cabeça erguida, tão faminto e raivoso
que até o próprio ar parecia temê-lo.
(Inferno: Canto 1 – Dante Alighieri, 1999)

O trecho acima, parte do Livro O Inferno, que compõe a Trilogia da Divina Comédia de Dante Alighieri, abre este que é o último tópico deste capítulo, em que se busca defender o pensamento dialético como constituinte da atuação do CP, por favorecer a emergência das contradições, enquanto condição para a mudança das ações formadoras – de CP ou de professores.

A experiência que apresentamos reporta a uma tese de doutorado, realizada no âmbito da Psicologia, com foco na formação de professores, mais especificamente abordando as condições de trabalho docente. Trazê-la aqui, em um texto que intenciona se constituir como fundamento à atuação do CP, se justifica por duas razões: o papel da literatura na promoção da reflexão e conscientização de educadores sobre suas práticas e papel; e a potência da ação narrada para fazer emergirem as contradições, revelando o pensamento dialético presente nas ações formadoras. Ramos (2020) relata que, ao visitar a escola em que realizaria sua pesquisa de doutorado junto ao grupo de professores, em seu primeiro encontro com os docentes, ao falar de sua proposta de refletir com eles sobre suas práticas e as possíveis contribuições da psicologia, ouviu de alguns deles as expressões: "Isso aqui é um inferno", "É muito difícil viver neste inferno", "Aqui é um deserto e vocês querem plantar gramas verdes?", "Estamos aqui jogados e largados, não tem esperança, não vejo um futuro promissor" (sic), e tantas outras.

Segundo as observações da autora, tais expressões, que se mantiveram recorrentemente nos encontros seguintes, demarcavam a necessidade de se investir em uma reflexão sobre as significações negativas da prática docente e do contexto escolar. Em consonância com as práticas investigativas e interventivas do grupo de pesquisa a que se filiava e buscando favorecer a reflexão como forma de transformação das concepções e práticas docentes, Ramos (2020) opta por utilizar a arte como mediadora em seus encontros com o grupo. A obra escolhida parte das significações dos professores desde os encontros iniciais: A Divina Comédia, de Dante Alighieri, sobretudo o livro "O Inferno"[3].

---

3. A "Comédia" é um poema épico e obra-prima de Dante Alighieri, escrita entre 1307 e 1324. O poema passou a ser conhecido como "Divina Comédia" apenas em sua primeira edição impressa, em 1555. Narra a história da travessia de Dante pelo Inferno, Purgatório e Paraíso. O Inferno é a primeira parte do livro e começa com Dante perdido em uma floresta escura. Para encontrar a saída, ele conta com a ajuda do poeta clássico Virgílio. Eles terão de passar pelos portais do inferno, conhecer seus nove círculos – onde são expurgados os diferentes pecados –, o sofrimento dos condenados, os rios infernais, suas cidades, monstros e demônios, até chegarem ao centro da Terra, onde vive Lúcifer (fonte: https://setimoportal.wordpress.com/2008/06/18/o-inferno-de-dante/).

Tendo em vista que o Inferno de Dante só é estático se vivido de modo isolado, e uma vez que se tenha a possibilidade de ser guiado por alguém que "sabe mais", que dispõe do conhecimento que, por sua vez, representa o coletivo, no caso o poeta Virgílio, a vivência do Inferno por Dante se torna dinâmica e sua travessia possível. Essa significação fez a pesquisadora considerar a alegoria do Inferno para se trabalhar a ideia de escola como "inferno", tal como significada pelos professores. A questão que emergia naquele momento era: se mesmo o inferno é, a um só tempo, cristalização e movimento, será a prática pedagógica e a relação dos docentes com suas atividades passíveis de transformação? Como a apreciação da obra de Dante, e suas expressões em outras produções, pode fazer movimentar as percepções e concepções dos professores? Em síntese, ainda que o espaço escolar se caracterize como "inferno", em sua dimensão dialética esse é o lado que se mostra e a cristalização é aparente, escondendo a dinâmica que tal aparência esconde.

Tratava-se, pois, de envolver os professores no drama vivido por Dante que, ao se encontrar em uma selva escura – que pode ser pensada como metáfora do conflito –, apresenta dificuldades de enfrentá-la e/ou superá-la, justamente por não compreender o que se esconde na escuridão, o que pode gerar o medo e a consequente paralisação do sujeito. No caso da obra em questão, Dante vai precisar da ajuda de Virgílio, que será seu guia na travessia de sua Odisseia; no caso dos professores na escola, a proposta de Ramos (2020) é que o guia seja o coletivo, formado pelos demais membros do grupo e a mediação da reflexão promovida pelo formador. Nas palavras da autora:

> Virgílio – representante do conhecimento científico, da arte e do Outro que coopera – se apresenta como guia e propõe ao seu "discípulo" – Dante –, adentrar e atravessar o inferno, passando por todos os círculos ate chegar ao fosso do Cócito, onde poderia escapar do inferno (sofrimento), em direção ao purgatório (movimento de responsabilização – tomada de consciência). A Dante é proposto se aprofundar e ir além do imediato para que pudesse apreender a realidade de modo a superá-la. (p. 34)

Este movimento proposto a Dante constitui o pensamento/ postura dialética: aprofundar o conhecimento do fenômeno, ir além do aparente, do imediato, penetrando as diversas camadas que constituem a realidade, de modo a apreendê-la em sua totalidade, enfrentando as contradições, manifestas como conflitos que, uma vez penetrados e apropriados, tornam possível sua superação e a produção de uma nova compreensão. Movimento que também repercute a ampliação da consciência enquanto saber-se de si, do outro e da historicidade do fenômeno, identificando suas causas e, portanto, construindo formas de transformá-lo. Logo, consciência enquanto poder de agir.

A dimensão favorecedora do pensamento/postura dialética é a dialogia enquanto modo de relação com a realidade, no caso do CP em seu papel de formador, representada pelo investimento no diálogo como característica das ações formadoras, desde seu planejamento, à execução e avaliação. E o diálogo é o que está na base da construção do coletivo: não há coletivo possível fora de práticas dialogadas, fora da reflexão e do questionamento da realidade. É também o diálogo a base do pensamento dialético.

As práticas dialógicas permitem que nos distanciemos do que pensamos e sentimos, obrigando-nos a nos colocarmos no lugar do outro, a vivenciarmos pontos de vistas diferentes, acessando motivos e necessidades que diferem dos nossos. Nesse movimento, ampliamos a percepção do outro e adensamos nossa compreensão de nós mesmos. Esse processo caracteriza a tomada de consciência pela diferenciação. Portanto, a atividade coletiva viabiliza ao humano forças na busca do bem comum, bem como aclara as relações vividas e suas determinações históricas. (Delari Jr., 2000; Freire, 1994). Desta perspectiva, consciência e coletivo constituem um par dialético, visto que uma dimensão é condição para a emergência da outra.

Foi esse o movimento que Ramos (2020) relata ter feito com os docentes, ao convidá-los a refletir sobre as significações atribuídas à escola (inferno), aos alunos (desinteressados e alienados), aos colegas (como individualistas), aos gestores (como alheios aos seus problemas), às suas práticas (como cristalizadas e sem possibilidades de mudanças).

A autora buscou fazê-los perceber que tal realidade por eles descrita se assemelhava à vivida por Dante em sua travessia do inferno, que, inicialmente, o fez tentar alternativas para lidar com a situação e superá-la; porém, com os fracassos contínuos e com o aumento das impossibilidades de enfrentar sozinho os "conflitos", sucumbiu à desesperança.

Entretanto, a solução encontrada por Dante foi buscar, na figura do filósofo Virgílio, o coletivo representado por: saberes que se complementam; o parceiro que acolhe, ajuda e confronta; e a oportunidade de ressignificar e compartilhar experiências.

Segundo a autora, a vivência da metáfora do inferno pelos professores fez com que olhassem de modo diferente para suas experiências e enxergassem novas formas de ação e pensamento. Entretanto, a pesquisadora avaliou que "as mudanças que foram impetradas à escola, ao longo dos três anos e 37 intervenções que tivemos, e que ocorreram em uma velocidade às vezes difícil de acompanhar, desfavoreceram a compreensão e análise mais aprofundada sobre o vivido no contexto escolar, velocidade externa contraditória ao lento processo de mudanças internas." (p. 95).

Ou seja, novamente a dialética se manifesta como modo de relação com a realidade, em que as mudanças observadas não seguem as expectativas que se tem em relação a elas ou mesmo talvez nem sejam apreensíveis naquele tempo e espaço. Este fato chama a atenção para a atuação do CP em sua ação formadora, quando assume a postura dialética como modo de ação: muitas vezes não será possível colher os frutos das intervenções realizadas, pelo simples fato de que as mudanças internas efetivas, que envolvem concepções, pensamentos e ações, demoram a ganhar materialidade ou mesmo objetividade. Tal compreensão demanda que a ação do CP se alimente da clareza dos locais de chegada que ele estabelece, que deve visar, sempre, a melhoria das ações pedagógicas que resultem em melhor qualidade da aprendizagem dos alunos.

V. A título de considerações finais

> *O que o medo é?*
> *Um produzido dentro da gente, um depositado;*
> *e que às horas se mexe, sacoleja,*
> *a gente pensa que é por causas:*
> *por isto ou por aquilo,*
> *coisas que só estão é fornecendo espelho.*
> (Guimarães Rosa, Grande Sertão: Veredas, 2001)

Será possível assumir a função de CP de uma perspectiva dialética sem insegurança, sem incertezas, sem sentir medo? Se o CP se mistura à multidão, dilui sua singularidade e se iguala. Será possível liderar sem se diferenciar? Será possível construir identidade na igualdade, somente? Qual a relação da multidão com o Nós?

Dialeticamente, teríamos de pensar momentos de UM/EU/LIDERANÇA/AUTORITARISMO; NENHUM/SOLIDÃO/AUSÊNCIA/ PRIORIDADE DO OUTRO; CEM MIL/MULTIDÃO/ANOMIA/ NÓS. Seriam movimentos possíveis do CP, posturas que poderia/ deveria assumir (ou não) em diferentes momentos, a depender das demandas ou de seus objetivos de ação, mas que integrariam sua identidade de liderança (ou não), de motor do Nós/coletivo que teria de caracterizar o funcionamento do grupo (ou não)?

E a formação dos professores, como ficaria, nesse movimento/ compreensão da dialética da escola, do cotidiano?

Na formação, o CP teria de olhar para as singularidades, sobretudo para observar em que direção apontam e quais as possibilidades dessas direções se voltarem a um mesmo objetivo, condição para fazer emergir o Nós – o coletivo. Mas, sem perder de vista os espaços de silêncio, as pausas, necessárias à significação, o PPP, a realidade social e escolar, assim como as múltiplas vozes, por vezes de difícil compreensão, por parte de todos os participantes. E analisar em que medida tal postura ou compreensão favorece a construção do coletivo, do colaborativo, do compromisso social e ético político necessário ao educador em tempos de escola pós-pandemia, em que as inseguranças, os medos, as dificuldades sociais, psicológicas e de aprendizagem se somam a um momento de insegurança e violência social, que se reflete na escola e nas pessoas, sejam profissionais, familiares e alunos.

Nesse contexto, necessário se faz pensar não apenas na ação formadora do CP, junto aos professores, expressando suas escolhas de ação (um – nenhum – cem mil), mas também na formação desse profissional para o exercício desse movimento identitário.

Assim, efetivamente, o que deveria envolver o ser e agir do CP, sendo ele mesmo em contínua reconstrução identitária? Na realidade, o que propomos para reflexão é uma das possibilidades: – *um, nenhum, cem mil* – ou – *Nós, o coletivo* –, considerando que o CP se posicione e seja leitor da sua realidade escolar, do momento dessa escola e da sociedade, da comunidade do entorno, das pessoas dessa comunidade, dos professores, alunos e funcionários da escola, respondendo, a cada momento (histórico e psicológico), como UM, NENHUM ou CEM MIL, por uma escola mais democrática, em que o trabalho coletivo e colaborativo – Nós – é a melhor tradução desse processo democrático e de enfrentar o medo. Trata-se, portanto, de nos livrarmos de nossos espelhos!!

VI. Referências

ALIGHIERI, D. (1265-1321). *A divina comédia: inferno*. Versao em prosa, notas, ilustrações e introdução por Holder L. S. da Rocha. Ilustrações de Gustave Doré, Sandro Botticelli e William Blake. São Paulo, 1999.

DELARI JR., A. *Consciência e linguagem em Vigotski: aproximações ao debate sobre a subjetividade*. Dissertação de Mestrado. Faculdade de Educação, Universidade Estadual de Campinas, 2000.

FERREIRA, A. B. H. *Novo dicionário Aurélio*. Positivo, 8. ed. (2019).

FREIRE, P. (1994). *Educação como prática da liberdade*. Rio de Janeiro: Paz e Terra.

PIRANDELLO, L. *Um, nenhum e cem mil*. São Paulo: Cosac Naify, 2001.

PLACCO, V. M. N. S. O coordenador pedagógico no confronto com o cotidiano da escola, in: PLACCO, V. M. N. S.; ALMEIDA, L. R. (orgs.). *O Coordenador Pedagógico e o cotidiano da escola*. São Paulo: Loyola, 9. ed., 2012, p. 47-60.

RAMOS, V. R. L. *Docência, sofrimento e potência de ação: o drama de ensinar no ensino médio público pelo olhar da psicologia*. Tese de Doutorado. Programa de Pós-Graduação em Psicologia, Pontifícia Universidade Católica de Campinas, 2020.

ROSA, J. G. *Grande Sertão: Veredas*. Rio de Janeiro: Nova Fronteira, 2002.

SOUZA, V. L. T.; DUGNANI, L. A. C.; REIS, E. C. G. (2018). Psicologia da Arte: fundamentos e práticas para uma ação transformadora. *Estudos de Psicologia* (Campinas), 35(4), 375-388. Disponível em: <http://dx.doi.org/10.1590/1982-02752018000400005>.

____; PLACCO, V. M. N. S. Um, nenhum e cem mil: a identidade do coordenador pedagógico, in: PLACCO, V. M. N. S.; ALMEIDA, L. R. (orgs.), *O CP e a legitimidade de sua atuação*. São Paulo: Loyola, 2017, p. 11-28.

VIGOTSKI, L. S. *Psicologia da arte*. São Paulo: Martins Fontes, 2009 (originalmente publicado em 1925).

_____. *A construção do pensamento e da linguagem*. São Paulo: Martins Fontes, 2009 (originalmente publicado em 1934).

_____. *La Imaginacion y el arte en la infância*. Madrid: Akal, 2009 (originalmente publicado em 1930).

O coordenador pedagógico na escola do século XXI: afetos e formação

Laurinda Ramalho de Almeida[1]
(laurinda@pucsp.br)

Introdução

> *Enfrentar a realidade. Creio que antes de enfrentá-la o problema é encontrá-la de alguma maneira, entender realmente onde está e em que consiste [...]. É certo que nossa consciência não pode escapar dos pensamentos que nos assediam constantemente: guerra, fome, insegurança, não vão desaparecer de nossas páginas até que desapareçam da face da Terra.*
>
> (Ítalo Calvino)

Esta foi a resposta dada por Calvino, em 1951, a um entrevistador. É sabido que comemoramos, neste ano de 2023, o centenário de seu nascimento, daí a retomada de suas entrevistas. Estava se referindo à literatura no mundo do pós-Segunda Guerra Mundial; um mundo de Europa fragmentada, no qual potências gigantes de então estavam se reorganizando. Com tristeza, atestamos que guerra, fome e insegurança continuam atuais. E temos ainda a pandemia

---

1. Doutora em Educação: Psicologia da Educação. Docente na Pontifícia Universidade Católica de São Paulo nos programas de Pós-graduação em Educação: Psicologia da Educação e Educação: Formação de Formadores.

da covid-19 que veio escancarar as desigualdades sociais que geram uma ambiência de violência que chega às escolas.

As reflexões que pretendo apresentar neste capítulo não se referem diretamente a esses temas, sobejamente discutidos, mas os consideram como indutores de afetos, emoções, sentimentos e paixões que fazem parte constitutiva de nossa pessoa, de nossa "gentitude", no dizer de Paulo Freire.

Tenho discutido que, além do que acontece no âmbito macrossocial que nos chega, nos afeta e nos causa sofrimento, no espaço micro social da escola, o Coordenador Pedagógico (CP) é ainda afetado por outras circunstâncias: as determinações que emanam do sistema educacional, do contexto da sua escola, do contexto do Projeto Político Pedagógico – nem sempre uma construção coletiva. Ou seja, é afetado pela estrutura oficial, que determina suas funções, e pela própria escola, que também o faz.

Há, ainda, que se considerar que a coordenação pedagógica, conforme a rede de ensino (federal, estadual, municipal e privada), é afetada por conta das atribuições de cada uma delas e pela exigência de uma postura diferenciada para resolver/absorver conflitos que fazem parte do cotidiano.

O que acontece no âmbito macrossocial – compreendido como aspectos mais amplos que constituem a sociedade e suas relações – e no micro social – que envolve a escola e seus atores – afeta, assim, a pessoa do CP e delimita suas funções de articulador, formador e transformador, as quais temos defendido (Almeida; Placco, 2009). Por conta do excesso de atribuições que recebe dos diferentes contextos, por vezes nem percebe que está se dirigindo a sua equipe com outras vozes, que não são as suas, e não se reconhece nelas; se percebe, isso lhe provoca angústia. Um CP confidenciou, certa vez: "Não me reconheço. Quem sou eu? Estou entre três fogos cruzados!". Estava se referindo aos órgãos centrais, à Diretoria Regional de Ensino (DRE) e a ele próprio.

Tampouco podemos deixar de considerar, nesta lista de complexidades, a descontinuidade das políticas educacionais existentes, em todos os níveis, em função de mudanças eleitorais que esvaziam iniciativas promissoras, sem o cuidado de avaliá-las.

O CP é um sujeito histórico, que constitui sua singularidade em diferentes espaços e tempos, mas o faz também deixando suas marcas, em forma de intervenção no mundo.

Ou seja, a constituição profissional do CP é estruturada a partir de quatro planos: do contexto do sistema educacional, do contexto da escola, do contexto do Projeto Político Pedagógico e dos intervenientes culturais de sua formação pessoal: do que ele é, de como se representa e representa a realidade.

Minhas vivências como profissional da educação têm evidenciado que muitas escolas, apesar de todas as circunstâncias sociais desfavoráveis, não aderem ao lado sombrio da realidade da sociedade: são escolas que têm vida, são alegres, são acolhedoras. Mas existem, sim, outras que são tristes, fechadas em si mesmas.

Ouvi de uma criança, recentemente, que "os lugares passam sentimentos" e que sua escola lhe trazia sentimento de alegria – por saber e gostar de ler e escrever, por conviver com seus professores e colegas. Essa criança reavivou-me o que sempre soube: a grande importância do ato de ensinar como ação fundamental não só para a constituição da pessoa, mas para a constituição da história humana em caminhos para o viver melhor, o viver em melhores condições (Gatti, 2007).

Nem sempre o professor percebe sua importância como gestor de conteúdos e de convivência. Talvez lhe faltem aportes teóricos para evidenciar esse papel, para ajudá-lo a desvelar a realidade, para superar o que à primeira vista parece ser o real, para livrá-lo de crenças que emperram seu desenvolvimento profissional.

Há muito tenho investido em estudos e pesquisas sobre o papel da afetividade, o papel que as emoções e os sentimentos assumem na constituição das atitudes e como base para as relações interpessoais; no papel que desempenham no sentido de aproximar ou afastar a criança, o jovem e o adulto do conhecimento que a escola pode e deve oferecer-lhe, evidenciando que emoções e sentimentos experienciados na escola, e particularmente na sala de aula, podem promover a aprendizagem, ao invés de concorrer com ela.

O que segue é uma possível contribuição ao CP para discutir com seus professores que conceitos e tendências expressos em propostas teóricas tanto servem para ampliar o conhecimento sobre a prática como para validar procedimentos utilizados. Uma contribuição, também, para esclarecer conceitos que têm aparecido, de forma inapropriada, em escritos e falas.

Paixão, emoção, sentimento, afeto – do que falaram os autores?

Engelmann (1978) propôs-se a investigar esses conceitos por meio de obras teóricas que deles trataram, tomando como objeto de investigação a evolução desse vocabulário. Seus estudos apontam que os primeiros vocábulos referentes a esses fenômenos aparecem em Platão e Aristóteles – *páthos e páthema* –, precursores da palavra portuguesa paixão. Como esses dois vocábulos eram originados de sofrimento, infelicidade, doença, foram criticados pelos filósofos atenienses, que alargaram seu significado, saindo do caráter negativo, dando-lhes, também, caráter positivo. *Passio, affectus e affectio* passaram a ser usados pela maioria dos filósofos medievais, e, nos séculos XVII e XVIII, os escritores franceses usaram a palavra *émotion* para indicar o movimento que ocorre na *passion*; entre os ingleses, também difunde-se o termo *emotion*, ao lado de *feeling*, sentimento.

Dada a polissemia desses conceitos – Engelmann, em suas investigações, cita inúmeros autores que usaram este ou aquele conceito –, afunilarei a discussão para três autores que produziram obras nas quais se evidencia a visão monista do ser humano: Espinosa (1632-1677), Vigotsky (1896-1934) e Wallon (1879-1962). A visão monista concebe o ser humano como ser integral, no qual a mente e o corpo, o afeto e a cognição formam uma unidade – em contraponto à visão dualista, que concebe matéria e espírito, corpo e mente, afeto e cognição como cindidos.

Apresentando os afetos na perspectiva monista

A visão monista tem seu marco com as ideias de Baruch de Spinoza (também referido como Bento de Espinosa), filósofo do século XVII, que defende o papel do afeto no campo das ideias. "Pela primeira vez, em toda a história da Filosofia, corpo e alma são ativos e passivos, juntos e por inteiro, em igualdade de condições e sem relação hierárquica entre eles" (Chaui, 1995, p. 61).

Espinosa, ainda no século XVII, trouxe uma importante contribuição para a compreensão do ser humano, na abordagem monista. Nasceu, viveu e morreu na Holanda, onde sua família, judia, veio se refugiar da Inquisição portuguesa. Sua obra prima, *Ética*, que escreveu em latim, passados três séculos de sua publicação, é ainda hoje estudada e discutida. (Scruton, 2000).

A parte III da *Ética* trata "Da origem e da natureza das afecções" (Espinosa, 1962, p. 85-187) e começa com três definições, e aqui registro a III: "Por afecções, entendo as afecções do Corpo, pelas quais a potência do agir desse Corpo é aumentada ou diminuída, favorecida ou entravada, assim como as ideias dessas afecções."

Esclarece Scruton (2000, p. 34):

> A definição de emoção (*affectus*) reflete a teoria de Espinosa sobre a relação entre mente e corpo. Uma emoção é uma condição corporal e, ao mesmo tempo, a ideia dessa condição. É aquilo que acontece dentro de nós, quando a nossa atividade é aumentada ou diminuída – sendo a atividade ao mesmo tempo mental e física.

Destaca também Scruton (2000), a partir da definição I, na parte III, que as ideias claras, que se percebem por elas mesmas, mobilizam sentimentos alegres e causam aumento da potência de ação dos sujeitos; as inadequadas, porque são parciais e confusas, produzem afetos tristes, diminuindo a capacidade para ação. Importante lembrar que, para Espinosa, as emoções resultam do aumento ou da diminuição da potência – e potência é perfeição –, e que toda mudança na potência corporal é, também, uma mudança na potência mental e vice-versa. "A alegria é a paixão com a qual nós avançamos para uma perfeição superior, a tristeza é a paixão com a qual nós descemos para uma inferior." (Scruton, 2000, p. 36). São três os afetos primários: alegria, tristeza e desejo. Vigotsky manifesta sua predileção pela filosofia de Espinosa. Sua divergência com a psicologia do século XIX, referida por ele como *velha* ou *tradicional*, levou-o a "buscar na filosofia monista de Espinosa orientações para superar a visão das emoções e imaginação como opostas à razão e com funcionamento separado do pensamento" (Sawaia; Silva, 2015, p. 352). Iniciou escritos sobre a teoria das emoções, mas não chegou a terminá-los.

Vigotsky aborda as emoções do ponto de vista do desenvolvimento humano, entendendo que as emoções compõem o conjunto das funções psicológicas superiores:

> Por trás do pensamento existe uma tendência afetiva e volitiva. Só ela pode dar a resposta ao último *porquê* na análise do pensamento. Se antes comparamos o pensamento a uma nuvem pairada que derrama uma chuva de palavras, a continuar essa comparação figurada teríamos de assemelhar a motivação do pensamento ao vento que movimenta as nuvens. A compreensão efetiva e plena do pensamento alheio só se torna possível quando descobrimos a sua eficaz causa profunda afetivo-volitiva. (Vigotsky, 2009, p. 479)

Foi Wallon quem dedicou grande parte de seu trabalho ao estudo da afetividade, considerando que essa dimensão abrange emoções, sentimentos e paixões. É sobre esse autor que vou me deter com mais atenção, pois é o teórico que muito tem contribuído para minha atuação como profissional da educação. Ao cuidar sempre de situar a pessoa, que é constituída pelas dimensões afetividade, ato motor e conhecimento, integrada aos diferentes meios nos quais transita, dá-me elementos para a compreensão dos estudantes e profissionais com os quais trabalho e para a compreensão de mim mesma. Aluno e professor, eu e outro com quem me relaciono, são indivíduos concretos, situados nos diferentes meios, e, quando levo em conta esta premissa, minha atuação tem maiores possibilidades de se efetivar.

É certo que não desconsidero as contribuições de Vigotsky, até porque ambos, Vigotsky e Wallon, fundamentaram seus estudos no materialismo dialético. E aprecio Espinosa por sua constante busca da verdade, contrapondo-se à concepção dominante na época, defendendo que as emoções não devem ser combatidas ou criticadas.

Wallon e sua teoria psicogenética

Wallon nasceu e morreu em Paris. Teve destacada produção em forma de livros, artigos, conferências e intensa participação nos acontecimentos de sua época. Participou das duas Grandes Guerras – na primeira, como médico, atendendo soldados nos *fronts* de batalha, e, na segunda, como participante da Resistência Francesa. Foi médico, psicólogo, pesquisador e professor. A importância que deu à escola e ao professor pode ser sintetizada nesta afirmação: "Ora, a escola é um desses campos, um campo privilegiado, porque se trata da obra mais fundamental na sociedade de nossos dias: a educação das crianças [...]" (Wallon, 1975, p. 201-202).

Zazzo (1910-1955), que foi aluno de Wallon e tornou-se companheiro de trabalho e estudos até o final de sua vida, além de assumir a direção da revista *Enfance*, fundada por Wallon em 1948, assim se expressa:

> Wallon é uma maneira de ver as coisas, uma atitude, um método mais difícil e incômodo de todos. De um lado, isso se dá em função de procurar retratar a realidade tal qual como é (complexidade, contradição, irracionalidade) evitando assimilação empobrecedora, deformante de nossa razão clássica e de outro, este método está baseado na convicção de que esta ciência não é, nem pode ser, um decalque da realidade. (Zazzo, 1978, p. 18)

Afirma, ainda, que "Wallon não é simplesmente um psicólogo da criança. Seu projeto é uma ciência do homem" (Zazzo, 1978, p. 18).

As afirmações de Zazzo destacam dois pontos que merecem explicação. O primeiro, apresenta Wallon como um clássico da

Psicologia do Desenvolvimento, que não se furtou a apresentar o desenvolvimento da criança ao adulto de forma não linear, mas com suas idas e voltas, com suas complexidades e contradições. O segundo, refuta a afirmação de que Wallon era um estudioso da criança, o que é uma apresentação incompleta de sua produção teórica. Na verdade, Wallon é um psicólogo do desenvolvimento, que elaborou sua teoria psicogenética procurando compreender o psiquismo humano em sua formação e suas transformações; ao adotar uma psicologia genética, teria que começar, forçosamente, pelo estudo da criança, pois a gênese dos processos psíquicos começa na infância. Como afirma Heloysa Dantas, estudiosa da psicogenética walloniana e tradutora do livro *As origens do caráter na criança*, Wallon teve um ambicioso projeto: a psicogenética da pessoa inteira.

Volto à Zazzo, referindo-se à Wallon agora como professor na Sorbonne, em seu primeiro encontro com a aula do mestre, com admiração e respeito:

> [...] Não é de ideias que me apercebo, não seria capaz de tal, mas de palavras, de um estilo e, através desse estilo, é um homem que adivinho. Esse grande homem ruivo que me choca pela espantosa juventude. Embora as recordações que guardo desse dia tenham sofrido uma lenta metamorfose, de modo que têm para mim a cor indecisa do sonho, esta impressão de juventude é demasiado viva, demasiado brutal para que possa, neste aspecto, duvidar da minha memória. Juventude da voz, juventude do comportamento. Aliás, é nessa altura que descubro com espanto que os adultos podem ser jovens. Henri Wallon tem precisamente cinquenta anos. Eu ainda não tenho vinte. (Zazzo, 1978, p. 150)

Mais à frente, continua:

> [...] Aliás, como poderia eu saber que o tecido apertado das suas frases, onde talvez me embaracem termos estranhos de biologia, é a matéria do que se tornará alguns anos mais tarde a famosa obra sobre *Les Origenes du caractère*? Assisto ao nascimento de uma obra, uma criação magistral que modifica as perspectivas da

psicologia. E nada sei a seu respeito. Muito ingenuamente, observo um homem a dar a sua lição e este homem agrada-me. (Zazzo, 1978, p. 151)

As origens do caráter na criança contém a teoria da emoção, entendida como fenômeno simultaneamente biológico e social: biológico porque tem uma organização funcional no sistema nervoso e pelas transformações corporais que desencadeia; social porque é por meio dele que a criança, ao nascer, totalmente desprovida de recursos para satisfazer suas necessidades de sobrevivência, mobiliza o outro de seu entorno para satisfazê-las. É um sistema de expressão anterior à linguagem articulada. Pela emoção, a criança pertence primeiro ao seu meio antes de pertencer a si própria. Por seu poder contagioso, expressivo, visível, a emoção continuará social por toda vida, como forma de comunicação com o outro.

Essa obra trata da natureza e do papel das emoções no comportamento humano[2]. Quanto à natureza, esclarece que, na época em que foi escrita, em 1934, duas posições sobre emoção eram difundidas: (1) organização do corpo para captar energia, isto é, um aumento das disposições energéticas e ativação vigorosa dos automatismos úteis; (2) manifestações desorganizadas do corpo, ou seja, emoções vistas como catastróficas, provocando rigidez, obnubilação mental e ilusão dos sentidos. Wallon apresentou uma terceira: emoção é uma forma especial de atividade, é energética e catastrófica, mas é, também e principalmente, fonte de sobrevivência, tendo um sentido positivo. Quanto ao papel, esclarece que as emoções modulam as atitudes e as relações entre as pessoas e os grupos. Elucida, ainda, que das sensibilidades interoceptivas (contrações das vísceras) e das sensibilidades proprioceptivas (reações dos músculos, ou seja, das oscilações musculares) – às quais se juntam as sensibilidades exteroceptivas – vao se diferenciando as emoções:

---

2. Alguns autores, como Martins (2004), por exemplo, argumentam sobre a intensificação dos estados emocionais; no caso da cólera: irritação, mágoa, raiva/ódio, cólera.

medo, cólera, alegria e tristeza. A cada uma delas, corresponde um padrão de postura. Toda atitude ou postura depende da atividade tônica, isto é, da atividade que dá aos músculos um certo grau de consistência e uma forma determinada, conforme as circunstâncias do meio afetam a pessoa.

Todas essas emoções foram vivenciadas por educadores e estudantes nos tempos da pandemia. Algumas pesquisas procuraram identificar e compreender essas emoções. Relato duas, uma com professores, outra com crianças.

Moll, Souza e Almeida (2022) chamam a atenção para a palavra medo, que aparece como um dos elementos constituintes da representação que 72 docentes expressam sobre a docência na pandemia, a partir de pesquisa desenvolvida sobre os desafios de ser professor naquele momento. Os dados revelaram dois tipos de condutas dos professores participantes do estudo: (1) ao sentirem medo, quando todas as interações e propostas de aprendizagem passaram para as plataformas virtuais, com as quais pouco ou nenhum contato tinham anteriormente, não procuraram recursos no próprio grupo, indicando falta de sentimento de solidariedade entre colegas; e (2) ao sentirem medo, procuraram recursos em si e no grupo para dar conta das novas tarefas que lhes eram impostas.

A teoria da emoção, elaborada por Wallon em *As origens do caráter na criança*, justifica esses achados. Afirma ele que sua participação como médico na Primeira Grande Guerra, atendendo soldados em combate, levou-o a perceber que:

> A guerra deu margem a que se contrapusessem os efeitos inteiramente inversos do medo. Num caso (...), havia *ictus*. O sujeito desmoronava, transtornado pelo pavor. Em outras palavras, suas forças o abandonavam, como de súbito e totalmente, em outras ocasiões, havia *raptus*. O sujeito era como que arrastado por seus movimentos, quer em direção ao combate, quer para a fuga. Os obstáculos eram evitados ou suprimidos com presteza. (Wallon, 1995/1934, p. 81-82)

Os professores que participaram da referida pesquisa podem ser enquadrados nesses dois movimentos: medo que paralisa e provoca ansiedade, um trabalho acima das forças regulares, mas que poderia ser minimizado com a procura dos colegas para partilha de experiências para enfrentar o momento novo, de quase guerra; e medo que energiza e parte para o enfrentamento dos desafios para dar conta das atribuições diferentes que chegaram, o que fortaleceu os vínculos entre colegas e famílias.

Monteiro (2022) investigou os sentimentos e as aprendizagens da criança no retorno às aulas presenciais. Antes de apresentar sua pesquisa, convém fazer referência à outra obra de Wallon que, escrita em 1941, permanece extremamente atual – A evolução psicológica da criança. Nesta, apresenta um capítulo para cada um dos campos funcionais por ele denominados: afetividade, ato motor, conhecimento e pessoa (Wallon, 2007/1941). Faz, porém, uma ressalva: são as exigências da descrição que o levam a apresentá-los separados, pois há, entre os grandes conjuntos funcionais que constituem a pessoa (afetividade, ato motor ou movimento e conhecimento ou cognição), uma integração permanente, de tal sorte que qualquer atividade dirigida a um dos conjuntos, atinge os demais.

Afetividade, conjunto que interessa particularmente neste capítulo, abrange emoções, sentimentos e paixão, que resultam tanto de fatores orgânicos como sociais. As emoções, por serem expressões corporais visíveis, ativadas pelo fisiológico, são a exteriorização da afetividade: é o recurso de ligação entre o orgânico e o social; estabelece os primeiros laços com o mundo humano e, através deste, com o mundo físico e cultural. Os sentimentos correspondem à expressão representacional da afetividade, não apresentam reações diretas como na emoção e tendem a impor controles para diminuir sua potência. A paixão expressa o autocontrole como condição para dominar uma situação e atingir o objetivo desejado.

Voltando à pesquisa de Monteiro (2022), a parte que será focalizada neste capítulo trata dos sentimentos vivenciados pelas crianças no período de isolamento social e sobre sua volta às aulas presenciais – crianças de oito e nove anos de uma escola da rede municipal de ensino de São Paulo que, em 2019, antes da pandemia, estavam com seis anos, no primeiro ano do Ensino

Fundamental. Às crianças foi solicitado: "Conte uma história sobre uma criança que ficou em casa durante muito tempo, pois não podia vir à escola, já que as aulas estavam canceladas, por causa da pandemia. A história começa assim: Era uma vez uma criança (você pode escolher se é menino ou menina) que retornou à escola e..." (Monteiro, 2022, p. 106).

Segundo a autora, embora curtas, as dez histórias foram ricas em ideias, criatividade e imaginação. A partir das narrativas, foram identificados sentimentos de tonalidades agradáveis e desagradáveis e suas situações indutoras. O primeiro sentimento identificado pela pesquisadora foi o medo: medo de contrair a doença, medo da internação, medo do desconhecido: "A mãe dele falou que tinha que ficar em casa e não ir para a escola para não ficar doente. E ele não foi porque tinha medo do Corona, que é um vírus muito mal" (História 5) (Monteiro, 2022, p. 150).

A tristeza apareceu em várias histórias a partir de diferentes situações indutoras, sendo a falta da escola e dos amigos a mais frequente: "Mas também é uma história triste, porque ele teve que sair da escola e ele gostava da escola. [...] Ele ficou triste porque não podia ver os amiguinhos" (História 5) (Monteiro, 2022, p. 152).

A morte também foi uma situação indutora de tristeza: "E aí, a mãe dela estava doente e a filha dela levou para tomar vacina. Ela estava doente, com tosse, febre e pneumonia. E aí, ela morreu. E a filha ficou muito triste, ela começou a seguir em frente, estudar, ela teve um trabalho e fim" (História 10) (Monteiro, 2022, p. 152).

Alegria, porém, é o sentimento que mais apareceu nas histórias, quando narram a volta à escola. As situações indutoras são muitas: a volta às aulas, rever os amigos e a professora, brincar com os amigos, as vacinas para a proteção contra a covid-19. "Ele foi para a escola, estudou, estudou e ficou muito feliz e esperto" (História 1). "Mas, de repente, um dia, ele pode vir para a escola, né? Ele ficou mais feliz porque agora ele tinha com quem conversar e brincar" (História 4) (Monteiro, 2022, p. 144).

As narrativas revelam o quão impactante para o desenvolvimento das crianças foi o período de isolamento social. As histórias apontam aprendizagens dolorosas como enfrentar a solidão, lidar com o adoecimento e a morte de pessoas queridas. Entretanto, também indicam aprendizagens positivas como a solidariedade para ajudar as famílias que passavam por dificuldades.

Nas histórias, o sentimento de alegria na volta à escola predomina sobre os sentimentos de tonalidade negativa: a alegria do encontro com a escola, com a professora, com os amigos; a alegria por aprender na escola. Curiosamente, a cólera não apareceu em nenhuma das dez histórias.

Para exemplificar a natureza e os efeitos da cólera, valho-me da literatura, lembrando que: "Sob o nome cólera reúnem-se, como já fazia Descartes (*Traité des passions*) modos de reagir muito diferentes entre si, tanto do ponto de vista visceral quanto motor". (Wallon, 1995/1934, p. 123). Afirma, ainda, Wallon que a cólera parece estar ligada às relações das pessoas entre si, e quando ela se volta "com furor contra os objetos, é por uma espécie de animismo mais ou menos primitivo" (Wallon, 1995/1934, p. 123), isto é, faz parte dessa emoção reagir às coisas como se fossem pessoas; é uma forma de regressão mental.

Elias Canetti (1905-1994), ganhador do prêmio Nobel em Literatura de 1981, entre as muitas situações relatadas em *Uma luz em meu ouvido* (1988, p. 130-133) narra uma explosão de ódio, quando tinha 20 anos. Acontece em seguida de a mãe declarar, após semanas de "tolerância benevolente, até mesmo parecendo interessada", que deveria renunciar a uma excursão, porque "ela não tinha dinheiro para gastar com luxo". A excursão às montanhas calcárias da Áustria fora planejada com um colega e era esperada com ansiedade:

> Tive vontade de golpear as paredes com as mãos, mas me dominei o suficiente para evitar uma explosão física diante de meus irmãos. Tudo o que chegou a acontecer aconteceu no papel, mas não em frases sensatas e compreensíveis, como de outras vezes; e tampouco usei os cadernos que costumava usar, mas sim um grande bloco de papel quase sem uso, e escrevi em letras enormes, enchendo

uma folha após a outra: "Dinheiro, dinheiro, sempre o dinheiro"; na linha seguinte escrevi a mesma coisa, e na outra também, até que a folha estava cheia, então eu a arranquei, e com "Dinheiro, dinheiro, sempre o dinheiro" comecei a folha seguinte. Eu escrevia em letras tão grandes como nunca escrevera antes, e assim cada folha logo estava cheia; as folhas arrancadas se espalhavam pela grande mesa da sala de jantar, eram sempre mais e mais, depois caíam no chão. O tapete sob a mesa grande estava coalhado delas, eu não podia parar de escrever; o bloco tinha cem folhas, cada uma delas ia sendo preenchida. Meus irmãos notaram que estava ocorrendo algo incomum, pois eu pronunciava o que escrevia, não demasiado alto, mas perfeitamente audível, e por toda a casa soava nítido "Dinheiro, dinheiro, sempre o dinheiro". Eles se aproximaram de mim com cuidado, apanharam as folhas do chão e leram, em voz alta, o que estava escrito: "Dinheiro, dinheiro, sempre o dinheiro". Então Nissim, o irmão do meio, se precipitou à cozinha e disse à mãe: "Elias ficou louco, venha já!" (Canetti, 1988, p. 130)

Mais à frente, relata:

Embora fosse minha mão que percorria as folhas de papel, fiquei sem fôlego, como se eu próprio percorresse [...]. Não percebi quando ela [a mãe] saiu da sala, e não percebi quando voltou. Enquanto não se esgotasse o papel, eu nada teria percebido. (Canetti, 1988, p. 131)

Foi o velho médico da família que o tranquilizou:

Sua lentidão, suas pausas depois de cada frase, o tom enfático de cada uma das palavras, a indizível futilidade de suas pomposas declarações, referência à sua última visita – o que será desta vez? – tudo junto produziu seu efeito e recuperei os sentidos. Embora eu ainda tivesse algumas folhas, parei imediatamente de escrever. (Canetti, 1988, p. 131)

A situação indutora para a cólera de Canetti foi a fala da mãe ao recuar em sua aprovação a ida à excursão e arbitrariamente negar o que já fora acertado. A forma como o médico abordou a questão, porém, sem julgamento e criando um clima de confiança, fez com que a razão predominasse.

Dada a importância de identificar e compreender as emoções e suas situações indutoras, como pode, então, o CP usufruir desse conhecimento em seu cotidiano escolar?

Emoção e sentimentos a favor da formação

Como educadora, faço coro com Wallon sobre ser a escola um meio fundamental para o desenvolvimento da criança – e do jovem e do adulto; com ele, reconheço que o conhecimento escolar não pode se isolar do meio físico e social. Aceito, como defendido no Plano Langevin-Wallon[3], no qual Wallon teve decisiva participação, que a meta da escola é formar o "homem cidadão" e, para tanto, "que a escola realize na criança a aprendizagem da vida social e particularmente da vida democrática" (Plano, 1968, p. 187).

Como fazê-lo?

> O conteúdo do ensino, mas também seus métodos e disciplina escolar são os meios permanentes e normais para dar à criança o gosto pela verdade, a objetividade do juízo, o espírito de livre exame e o senso crítico que farão dela um homem que escolherá suas opiniões e seus atos. (Plano, 1969, p. 187)

E o CP nesse contexto?

No início deste capítulo, assumi que, pelo excesso de atribuições que recebe, vindas de diferentes esferas, por vezes, o CP se vê

---

3. O Plano Langevin-Wallon foi o resultado do trabalho realizado entre 1945 e 1947 por uma comissão de vinte membros nomeados pelo Ministério da Educação Nacional, com a incumbência de reformar o sistema de ensino francês após a Segunda Guerra Mundial. Inicialmente, o físico Paul Langevin foi designado presidente da comissão, e, após sua morte, a presidência ficou a cargo de Wallon.

atropelado e não dá conta de suas atribuições de articulador, formador, transformador (Almeida; Placco, 2009). Acrescento agora que isso acontece, também, porque não recebe a formação adequada para dar conta das especificidades de suas funções, como:

> [...] habilidades relacionais, estratégias de formação e de ensino, construção e gestão do grupo, domínio de fundamentos da educação e áreas correlatas, questões atuais da sociedade e da infância e adolescência (aprendizagem e desenvolvimento). (Placco; Souza; Almeida, 2012, p. 770)

Esses tópicos, via de regra, não são discutidos em cursos de formação inicial. Ainda que o fossem, formação é para ser feita ao longo da vida, em diferentes formatos e situações. A reflexão constante sobre o que se faz na escola, porque se faz, como se faz, como entram as relações interpessoais nesse contexto, precisa ser cotidianamente alimentada. Entra aí o papel da formação continuada ou formação em serviço. A troca com os pares e a aceitação sem medo do não saber e do saber do outro são primeiros e importantes passos. Evidentemente, caberia às instâncias educacionais criar espaços para tal e incentivar a formação do CP.

Fortalecido assim, o CP seria o interlocutor, junto às instâncias devidas, para lutar para conquistar sua posição e valorização no conjunto dos profissionais da educação e ser capaz de trabalhar a formação em serviço, levando em conta as necessidades formativas de sua comunidade profissional e construindo modelos de formação que levem em conta a subjetividade de seus professores, e para renovar os "horários de formação", que, na maioria das vezes, são apresentados como obrigação a cumprir.

As mudanças que ocorreram na sociedade e na escola por conta da pandemia da covid-19, e, em seguida, no retorno à escola, impactaram estudantes e profissionais da educação em diferentes níveis, exigindo do CP novas formas de intervenção para atender professores, estudantes e familiares.

Como utilizar emoções e sentimentos para despertar a coesão do grupo, quando não acostumado ao trabalho coletivo e colaborativo, levando em conta a dimensão subjetiva do professor, atendendo a cada um e ao grupo como um todo?

A perspectiva walloniana permite alguns pontos para reflexão:

- "Afetividade é a capacidade que o ser humano tem de ser afetado por circunstâncias que promovem sensações de agrado ou desagrado, prazer ou desprazer, que chegam tanto do organismo como de seu entorno" (Almeida, 2021, p. 50).

  É importante conhecer essas circunstâncias, que podemos chamar de indutoras, lembrando que as circunstâncias são engendradas pela cultura, pelos recursos do momento histórico e pelas condições que os meios oferecem. Se assim entendemos, o primeiro passo é conhecer o que está na base da emoção ou do sentimento, qual situação indutora o provoca. Ou seja, observar com sagacidade.

- "Observar é registrar o que pode ser verificado. Mas registrar é ainda analisar, é ordenar o real em fórmulas, é fazer-lhe perguntas" (Wallon, 1975, p. 16). Fazer perguntas ao real não é só levar em conta as circunstâncias que envolvem professores e estudantes, mas também o CP como formador, articulador e transformador. Como sua atuação está sendo percebida por seu grupo? Como os afetos empurram ou emperram suas funções? É sua atuação como articulador, formador e transformador que o legitima como coordenador.

- A atuação do professor também precisa ser acompanhada, não para criticá-lo, mas para ajudá-lo a exercer seu papel de organizador do ambiente, para tornar o meio-classe como meio de ação. Um espaço bem organizado pode transformar espaço físico em espaço cultural. Espaço vazio implica em tempo vazio, o que gera conflitos e ansiedades. Na falta de uma tarefa e num espaço não organizado, a tendência é o aluno dedicar-se à impulsividade.

- "A emoção tem a necessidade de suscitar reações similares ou recíprocas em outrem e, inversamente, tem sobre o outro uma grande força de contágio" (Wallon, 1995/1934, p. 99). Ou seja, situações de indisciplina, de violência em sala de aula, de conflitos, afetam o professor. A resposta carregada de emoção do professor à emoção do aluno tende a intensificar os conflitos. Cabe aqui uma ação preventiva do CP para evitar/diminuir ocorrências desastrosas em sala de aula. Em situações de formação, por exemplo, discutir episódios já vivenciados por professores ou elaborados pelo CP com a intencionalidade de prever situações do cotidiano escolar que perturbem a dinâmica da aula. Fazer perguntas ao real ajuda o professor a lembrar-se de que, na relação professor-aluno, ele representa o par mais avançado, mais experiente, para ajudar o aluno em suas tarefas de desenvolvimento.

- "Se o adulto vai mais longe que a criança, a criança, à sua maneira, vai mais longe que o adulto. [...] Com a ajuda da cultura, outras ampliações da razão e da sensibilidade não estão potencialmente na criança?" (Wallon, 2007/1941, p. 13-14). O meio social escola é privilegiado para oferecer à criança condições para essa ampliação. Para grande parcela da população brasileira, as famílias, não por falta de vontade, mas por falta de condições, não têm essa possibilidade. Cabe à equipe escolar fazê-lo, e ao CP, parcela considerável. Cabe, ainda, lembrar que o meio não pode ser igual para todas as idades, de forma que, como meio de ação, possibilite à criança (e ao jovem e ao adulto) desenvolver suas potencialidades.
- "[...] é o efeito observado habitualmente no adulto: redução da emoção pelo controle ou pela simples tradução intelectual de seus motivos ou circunstâncias; perda da direção do raciocínio e das representações objetivas devido à emoção" (Wallon, 2007/1941, p. 125). O adulto tem mais facilidade para representar, traduzir as situações indutoras de sua emoção; já na criança, é lento o progresso para se chegar a isso, e mesmo no jovem não é fácil, dada a ambivalência de emoções e sentimentos próprios da fase. No entanto, até o adulto professor pode perder a capacidade de representações objetivas em muitas situações, pois é a emoção que dá o tom

ao real. Cabe ao CP apoiar seus professores nas situações de imperícia.

- "Em relação aos planos sucessivos da vida mental, a emoção pode refinar-se, a ponto de oferecer toda uma gama que vai das manifestações mais orgânicas às nuances mais delicadas da sensibilidade intelectual. As etapas dessa ascensão são reconhecíveis na criança". Na criança e no jovem, a emoção é facilmente reconhecível por ser expressiva, corpórea, contagiosa. É fácil "ler" a criança, menos fácil "ler" alguns jovens. Já "[...] no adulto cultivado, a emoção se transfere para os olhos e para a testa. [...] A emoção espiritualizou-se." (Wallon, 1995/1934, p. 101). No adulto, isso exige atenção mais acurada, porque é menos visível. Importante reconhecer que a afetividade está presente em cada professor participante de processos de formação porque é constitutiva de sua pessoa.

Termino este tópico com duas afirmações de Wallon, entendendo que, embora dirigidas ao professor, são adequadas também ao CP: "A formação psicológica dos professores não pode ficar limitada aos livros. Deve ter uma referência perpétua nas experiências pedagógicas que eles próprios podem pessoalmente realizar" (Wallon, 1975, p. 366).

Deve [o professor], desta maneira, ser uma perpétua remodelação de ideias: deve modificar as suas próprias ideias pelo contacto permanente com uma realidade que é móvel, feita da existência de todos e que deve tender para o interesse de todos. (Wallon, 1975, p. 224)

Tentando uma finalização, que enseje um novo começo

Os fragmentos aqui apresentados de grandes autores não fazem jus à profundidade de suas obras. Apresentei-os pelo desejo de evidenciar que o trato com os afetos tem ocupado filósofos e psicólogos desde longa data.

O que há de novo hoje, e ao que as neurociências têm dado considerável atenção, é que emoções e sentimentos têm implicações decisivas no processo de aprendizagem de crianças e adultos. Detive-me um pouco mais em Wallon por aceitar que sua proposta teórica fornece subsídios consistentes para a compreensão da relação afetividade-cognição. Ao explicitar que emoções e sentimentos modulam as atitudes e as relações entre pessoas e grupos, apresenta chaves para a compreensão de comportamentos dos que comigo convivem.

O ensino que funciona para que a aprendizagem ocorra – o que é crucial no ato concreto de ensinar – perpassa a qualidade da relação professor-aluno; não é o conteúdo que o professor está trazendo, mas como ele o faz, os meios dos quais se utiliza para chegar ao estudante, entre os quais estão os relacionais. O que faz a diferença entre o ensino que funciona e o ensino que falha, que desestimula, que afasta do conhecimento, é o grau de expertise do professor em estabelecer um determinado tipo de relação. A relação pedagógica se dá em determinadas circunstâncias que compõem uma cena, que pode levar a criar laços ou a desfazê-los.

Uma aula é, portanto, uma sucessão de relações; também o é um processo formativo. Histórias individuais se entrelaçam com o que está para ser aprendido e, se não houver, da parte do mais experiente, o cuidado com o planejamento da aula ou da formação, o cuidado com as palavras, com os gestos, com a expressão de suas emoções e sentimentos, a tendência é o afastamento, mesmo que seja "de corpo presente". Mas há como aproximar o aluno do conhecimento e o professor do processo formativo, atendendo-os em suas necessidades, entre as quais, talvez a mais forte é sentir-se pertencente a um grupo e sentir que o que aprende faz e fará diferença em sua atuação.

Termino, correndo o risco de parecer ingênua, confessando meu desejo de que o mundo do século XXI se tornasse bom. Com base em minhas experiências como aluna e profissional da educação, gostaria de um mundo onde houvesse lugar para o afeto e para a razão, e que a escola estivesse na linha de frente para que isso acontecesse, mesmo sabendo que estar na linha de frente é estar mais vulnerável aos ataques dos pessimistas.

Referências

ALMEIDA, L. R. Afetividade e aprendizagem: Contribuições de Henri Wallon, in: NOVAIS, R. M. (org.). *Aspectos afetivos e emocionais da prática educativa: pressupostos e perspectivas para o processo de ensino-aprendizagem.* Curitiba: CRV, 2021, p. 47-62.

____; PLACCO, V. M. N. S. O papel do coordenador pedagógico. *Revista Educação*. São Paulo, v. 12, n. 142, p. 7-11, fev. 2009.

CALVINO, I. *He nascido em América.* Entrevistas 1951-1985. 1. ed., Madrid: Ediciones Siruela, 2023.

CANETTI, E. *Uma luz em meu ouvido: história de uma vida, 1921-1931.* São Paulo: Companhia das Letras, 1988.

CHAUI, M. *Espinosa: uma filosofia da liberdade.* São Paulo: Moderna, 1995.

ENGELMANN, A. *Os estados subjetivos: uma tentativa de classificação de seus relatos verbais.* São Paulo: Ática, 1978.

ESPINOSA, B. *Ética. Demonstrada à maneira dos geómetras.* Trad.: Joaquim Ferreira Gomes. Coimbra: Biblioteca Filosófica, 1962.

GATTI, B. A. Avaliação e qualidade da educação, *Cadernos Anpae*, p. 50-55, 2007. Disponível em: <http://www.diaadiaeducacao.pr.gov.br/portals/semi nariopde/documentos/processo5-para_saber_mais_bernadete_gatti.pdf>. Acesso em: 14 jul. 2023.

MARTINS, J. A. *A lógica das emoções na ciência e na vida.* Petrópolis: Vozes, 2004.

MOLL, S. G.; SOUSA, C. P; ALMEIDA, L. R. Desafios de ser professor na pandemia. *Revista Educação e Cultura Contemporânea*, v. 19, n. 58, 2022.

MONTEIRO, S. N. *O que pensam as crianças de seis a nove anos de idade sobre os anos iniciais de uma escola de Ensino Fundamental: uma leitura walloniana.* Doutorado em Educação: Psicologia da Educação. Pontifícia Universidade Católica de São Paulo, 2022.

PLACCO, V. M. N. S.; SOUZA, V. L. T.; ALMEIDA, L. R. O coordenador pedagógico: aportes à proposição de políticas públicas. *Cadernos de Pesquisa*, v. 42, n. 147, p. 754-771, dez. 2012.

PLANO Langevin-Wallon, in: MERANI, A. L. *Psicologia y pedagogia (las ideas pedagógicas de Henri Wallon)*. México: Editorial Grijalbo, 1969.

SAWAIA, B. B.; SILVA, D. N. H. Pelo reencantamento da psicologia: em busca da positividade epistemológica da imaginação e da emoção no desenvolvimento humano. *Cad. Cedes*, Campinas, v. 35, n. especial, p. 343-360, out. 2015.

SCRUTON, R. *Espinosa*. Trad.: Angélica E. Könke. São Paulo: Editora UNESP, 2000.

VIGOTSKY, L. S. *A construção do pensamento e da linguagem*. 2. ed., São Paulo: Martins Fontes, 2009.

ZAZZO, R. *Henri Wallon: Psicologia e Marxismo*. Lisboa: Vega, 1978.

WALLON, H. *As origens do caráter na criança*. São Paulo: Nova Alexandria, 1995/1934.

_____. *A evolução psicológica da criança*. São Paulo: Martins Fontes, 2007/1941.

_____. *Psicologia e educação da infância*. Trad.: Ana Rabaça. Lisboa: Editorial Estampa, 1975.

As finalidades educativas escolares como norteadoras do processo educacional: o papel do diretor e da coordenação pedagógica

Danielle Girotti Callas[1]
(dgirotti@gmail.com)
Elvira Maria Godinho Aranha[2]
(elvira.godinho.aranha@gmail.com)

Ponto de partida

O grupo de pesquisa CEPId (Contexto Escolar, Processos Identitários da Formação de Professores e Alunos da Educação Básica), da PUC-SP, sob a coordenação da Profa. Dra. Vera Maria Nigro de Souza Placco, com apoio do CNPq, realizou a pesquisa "Desafios da escola na atualidade: Qual a escola para o século XXI? Uma pesquisa com diversos atores, no estado de São Paulo"[1], entre os anos de 2017 e 2022. Neste capítulo, teceremos considerações sobre as percepções das Finalidades Educativas Escolares (FEE) e o processo educacional, a partir dos resultados finais dessa pesquisa, que teve como objetivo investigar as concepções de escola na atualidade,

---

1. Doutora em Educação: Psicologia da Educação. Educadora no Centro Educacional Pioneiro e professora convidada Universidade Mackenzie.
2. Doutora em Educação: Psicologia da Educação, PUC-SP. Tutora e Monitora no programa de Pós-Graduação em Educação: Formação de Formadores. Assessora pedagógica no Coletivo do Saber.

suas finalidades, seus objetivos e atributos, a partir da percepção de professores, gestores e outros atores ligados à rede estadual paulista, a fim de analisar mecanismos de superação dos desafios, em busca de possibilidades para a escola do século XXI.

A pesquisa do CEPId está fundamentada no conceito de FEE, que é amplamente discutido por Lenoir et al. (2016), no Canadá, e, no Brasil, por Libâneo (2012; 2016a; 2016b; 2016c; 2019). Após pesquisa *survey* realizada, entre 2017 e 2019, com 5.005 participantes de 90 diretorias de ensino do estado de São Paulo, em 2021, foram realizados grupos de discussão *online*, com o intuito de aprofundarmos questões levantadas na primeira etapa da pesquisa, tais como: o lugar do conhecimento na escola, a urgência da discussão a respeito das finalidades educativas na formação dos educadores e o impacto da pandemia na escola.

Pretendemos, com os resultados da pesquisa, promover a discussão a respeito das finalidades educativas escolares no Brasil, uma vez que estas norteiam o processo educacional e estão intrinsecamente vinculadas ao trabalho do diretor e da coordenação pedagógica.

Neste capítulo, nosso objetivo é discutir o papel do diretor e da coordenação pedagógica na garantia da qualidade do ensino oferecido nas escolas, tendo como princípio norteador as FEE e priorizando as necessidades formativas de educadores e demais atores educacionais. Para isso, evidenciaremos o papel do diretor escolar e da coordenação pedagógica, considerando que esses atores assumem, de diferentes maneiras, a responsabilidade pela formação dos professores e pela aprendizagem dos alunos. Na sequência, propomos uma discussão a respeito dos desafios e das necessidades formativas a partir da percepção dos atores escolares da rede pública estadual de São Paulo, quanto às condições de trabalho na escola e às FEE, com sua relevância nas políticas públicas educacionais, na organização curricular e na formação dos educadores.

As responsabilidades e os desafios dos diretores e da coordenação pedagógica

Podemos apontar que, desde o início do século XXI, muito se tem discutido sobre a importância estratégica do diretor e da coordenação pedagógica na escola, que passaram a ser não apenas os "guardiões" das leis, decretos e diretrizes educacionais, mas também aqueles que garantem as condições materiais e imateriais para que todos os atores educacionais, professores, assistentes, agentes administrativos, entre outros possam desenvolver um trabalho de qualidade social, garantindo a razão de ser da escola. Sendo assim, compreender como os trabalhos do diretor e da coordenação pedagógica se apoiam nas finalidades educativas escolares é de fundamental importância para a vida da escola.

É preciso destacar duas considerações iniciais. Em primeiro lugar, mesmo tendo nossa discussão sustentada pela pesquisa do CEPId, que teve como participantes atores educacionais apenas da rede pública estadual paulista, entendemos que nossas reflexões e propostas são válidas também para a rede privada, para a rede municipal de São Paulo, bem como para escolas de outros estados. Em segundo lugar, precisamos explicitar o que denominamos como coordenação pedagógica no contexto da rede pública estadual paulista. Considerando as atribuições vigentes em 2023, o diretor e o coordenador da organização escolar, que anteriormente era denominado como vice-diretor, integram a equipe gestora, que responde administrativamente pela unidade escolar e que compõe o quadro do suporte pedagógico. Neste capítulo, no nosso entendimento, fazem parte da coordenação pedagógica o coordenador de gestão pedagógica (CGP, antigo CP ou PCP) e o professor especialista em currículo, que tinham, respectivamente, os cargos de professor coordenador (PC ou CP) e professor coordenador do núcleo pedagógico (PCNP), no período da realização da pesquisa do CEPId. Sabemos que, na prática, esses atores atuam juntamente à equipe gestora no que tange a todo o trabalho pedagógico.

A legislação do estado de São Paulo estabelece com clareza o papel do diretor e do coordenador de gestão pedagógica (CGP). no que se refere à formação dos educadores. A Resolução SE 56/16 nos aponta a descrição do cargo de diretor com ênfase à responsabilidade sobre a formação continuada em serviço:

> Tendo como objetivo a melhoria do desempenho da escola, cabe ao diretor, mediante processos de pesquisa e **formação continuada em serviço, assegurar o desenvolvimento de competências e habilidades dos profissionais que trabalham sob sua coordenação,** nas diversas dimensões da **gestão escolar participativa: pedagógica, de pessoas, de recursos físicos e financeiros e de resultados educacionais do ensino e aprendizagem**. Como dirigente da unidade escolar, cabe-lhe uma atuação orientada pela concepção de gestão democrática e participativa, o que requer compreensão do contexto em que a educação é construída e a promoção de ações no sentido de assegurar o direito à educação para todos os alunos e expressar uma visão articuladora e integradora dos vários setores: pedagógico, curricular, administrativo, de serviços e das relações com a comunidade. (São Paulo, 2016, n.p., grifo nosso)

Em relação ao coordenador pedagógico, Placco, Almeida e Souza (2011) empreenderam uma abrangente pesquisa de cunho quantitativo e qualitativo no território nacional. Partindo do pressuposto de que o papel central do coordenador pedagógico é o de formador de seus professores, as autoras buscaram compreender como se estruturam e articulam as atribuições da coordenação pedagógica em escolas de ensino fundamental e médio.

Ao analisar as atribuições do coordenador pedagógico a partir da legislação em diferentes estados brasileiros, Placco, Almeida e Souza (2011, p. 240) concluem que "há atribuições explicitamente formativas e outras potencialmente formativas (que constituem a maioria), dependendo do sentido que o coordenador confira à sua ação formativa".

Outra questão relevante que as autoras mostram é que, não apenas na história da Educação Brasileira, mas também na história de outros países, a figura de um profissional responsável pela organização do trabalho pedagógico surge para "acompanhar" a concretização das medidas realizadas nas escolas, principalmente nos momentos de implementação de reformas educacionais. Nessa direção, pode-se afirmar que também cabe ao coordenador pedagógico identificar as necessidades formativas dos professores, propor soluções de desenvolvimento profissional e traçar, juntamente com os envolvidos, os itinerários formativos.

Nesse sentido, a Resolução Seduc n.° 53 assume, em seu preâmbulo, que há "pesquisas que indicam que a atuação dos gestores escolares como lideranças é um dos fatores intraescolares mais essenciais para a melhoria da aprendizagem dos estudantes" (São Paulo, 2022, n.p.). A mesma resolução já citada esclarece a função do coordenador de gestão pedagógica (CGP):

> I – atuar como gestor pedagógico, com competência para planejar, acompanhar e avaliar os **processos de ensinar e aprender**, bem como o desempenho de professores e alunos; II – **orientar o trabalho dos docentes**, nas reuniões pedagógicas e no horário de trabalho coletivo, de modo a apoiar e subsidiar as atividades em sala de aula, observadas as sequências didáticas de cada ano, curso e ciclo; [...] IX – **tornar as ações de coordenação pedagógica um espaço dialógico e colaborativo de práticas gestoras e docentes**, que assegurem: a) a participação proativa de todos os professores, nas aulas de trabalho pedagógico coletivo, promovendo situações de orientação sobre práticas docentes de acompanhamento e avaliação das propostas de trabalho programadas; b) a vivência de situações de ensino, de aprendizagem e de avaliação ajustadas aos conteúdos e às necessidades, bem como às práticas metodológicas utilizadas pelos professores; c) as abordagens multidisciplinares, por meio de metodologias significativas para os alunos; d) a divulgação e o intercâmbio de práticas docentes bem-sucedidas, em especial as que façam uso de recursos tecnológicos e pedagógicos disponibilizados na escola. (São Paulo, 2022, n.p., grifo nosso)

A partir da leitura dessa resolução, podemos notar que o coordenador de gestão pedagógica exerce, além de um papel estratégico pedagógico, o de zelar pela qualidade de ensino, a função mediadora entre professores e alunos e uma função operativa com recursos didáticos. Dessa forma, esse profissional deve participar ativamente das propostas de formação de professores.

Como complemento, é importante considerarmos a Resolução Seduc n.º 62, que trata das funções de Professor Especialista em Currículo (PEC, antigo PCNP), esclarecendo seu papel no trabalho pedagógico:

> Constituem-se atribuições do docente designado para o exercício da função de Professor Especialista em Currículo, com base no Anexo I da Lei Complementar nº 1.374, de 30 de março de 2022: I – implementar ações de **apoio pedagógico e educacional** que orientem os professores na condução de procedimentos relativos à organização e funcionamento do currículo nas modalidades de ensino; II – **orientar os Coordenadores de Gestão Pedagógica**: a) na implementação do currículo; b) na utilização de materiais didáticos e paradidáticos; III – acompanhar e avaliar a execução do **currículo na perspectiva dos princípios e dos fundamentos pedagógicos para o desenvolvimento integral do estudante**; IV – acompanhar e orientar os Coordenadores de Gestão Pedagógica que, por sua vez, formem professores em sala de aula, quando necessário, para garantir a implementação do currículo; [...] VI – **identificar necessidades e propor ações de formação continuada de professores e de Coordenadores de Gestão Pedagógica no âmbito da área de atuação** que lhes é própria; VII – **participar da implementação de programas de formação continuada**, em articulação [...]. (São Paulo, 2022, n.p., grifo nosso)

Uma vez esclarecido o papel de cada ator na atividade pedagógica na rede pública estadual paulista, é necessário mencionar que a pesquisa do CEPId também aponta, como desafios enfrentados na escola hoje, a falta de recursos materiais, de infraestrutura e de acesso à nova tecnologia digital. Além disso, a formação de muitos educadores e as condições de salário e renda dos profissionais do magistério têm se mostrado insuficientes para as circunstâncias que esses profissionais devem enfrentar. Muitos professores apontaram que precisam trabalhar em várias escolas, algumas vezes acumulando um número excessivo de aulas por semana. Sendo uma das condições importantes de trabalho docente destacada a possibilidade de o professor poder refletir sobre sua prática, trocar ideias com seus pares e aprofundar conhecimentos, uma situação de trabalho precária dificulta o estudo e a preparação do professor para a docência e gera repercussões na qualidade do ensino.

Nessa direção, destacamos que o papel do diretor, apoiado por toda a equipe, é zelar por toda a organização da escola, garantindo o direito dos alunos a uma educação de qualidade, e orientar e compartilhar, com todos os atores educacionais, visões e ações para que as finalidades da escola sejam atingidas. Tais responsabilidades e desafios se mostraram ainda mais relevantes no contexto vivenciado a partir do impacto da pandemia da covid-19, com sobrecarga de trabalho para os professores, perda de aprendizagem para os alunos, acarretando, muitas vezes, abandono escolar e, consequentemente, comprometimento de suas aprendizagens.

Diante de todas essas transformações, a atuação do diretor e da coordenação pedagógica deve ser entendida como fundamental para que a escola do século XXI supere tais desafios e atenda às FEE consideradas prioritárias para a qualidade do ensino.

As finalidades educativas escolares (FEE) como norteadoras do processo educacional

Afinal, o que são as FEE? De que maneira podemos entendê-las como um norte para a atuação dos diferentes atores educacionais?
Segundo Libâneo,

A **definição de finalidades educativas escolares** antecede e norteia decisões sobre políticas educacionais, orientações curriculares, objetivos de formação dos alunos, seleção de conteúdos, ações de ensino-aprendizagem, **formas de funcionamento das escolas, diretrizes de formação de professores** e políticas de avaliação dos sistemas de ensino e das aprendizagens escolares. Ao mesmo tempo, as finalidades são as referências principais dos critérios de **qualidade do ensino** para programas e projetos dos sistemas educacional e, por consequência, para as escolas e professores. (2016c, p. 444, grifo nosso)

Contribuindo com a discussão, Callas aponta:

[...] no contexto escolar as **metas** podem ser estabelecidas dentro do contexto específico de cada conteúdo ou disciplina, enquanto objetivos podem ser entendidos como o percurso a ser trilhado como as ações programadas, tendo como **norte metas e como base as finalidades**. Deste modo, **as metas e os objetivos mais do que compatíveis e coerentes devem traduzir as finalidades**. As finalidades indicam a direção, os objetivos indicam o caminho e as metas indicam os resultados esperados. (2020, p. 54, grifo nosso)

Na segunda fase da pesquisa do CEPId, em 2021, na qual diferentes educadores se reuniram em grupos para discutir os temas centrais da investigação, a primeira descoberta que nos inquieta é a confirmação, a partir das falas dos diferentes profissionais – tanto da equipe gestora como de professores –, de que a escola não cumpre o papel que deveria cumprir. Em diversas falas dos participantes, pudemos constatar o desacordo entre "função real" *versus* "função desejada", entendida como "não cumprida" pela escola. Na primeira fase da pesquisa *survey*, com a aplicação do questionário a 5.005 educadores, **64% dos participantes** já haviam manifestado a percepção de que a escola não tem a função que deveria ter, conforme ilustra o gráfico abaixo:

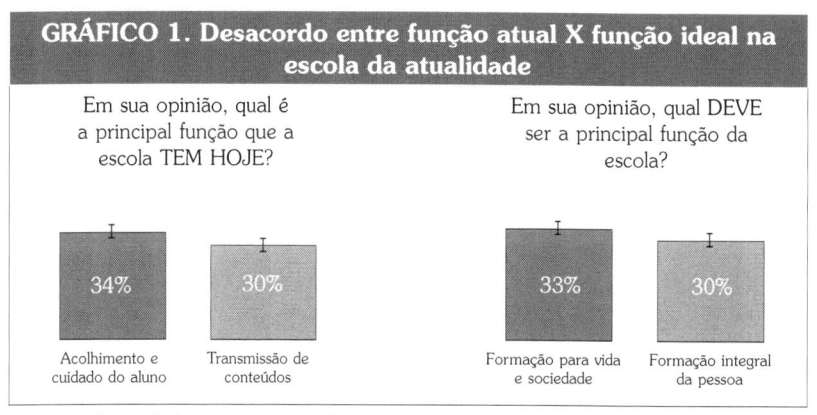

GRÁFICO 1. Desacordo entre função atual X função ideal na escola da atualidade

Em sua opinião, qual é a principal função que a escola TEM HOJE?		Em sua opinião, qual DEVE ser a principal função da escola?	
34%	30%	33%	30%
Acolhimento e cuidado do aluno	Transmissão de conteúdos	Formação para vida e sociedade	Formação integral da pessoa

Fonte: Placco & Souza (orgs.), 2023 (no prelo).

Em outras palavras, os diferentes profissionais que participaram da pesquisa apontam que a escola assume a **função de transmitir conteúdos**, compatível com o currículo instrumental ou de resultados imediatos, dentro da abordagem neoliberal de educação, predominante no Brasil e em diversos países hoje; a **função de acolhimento e cuidado com o aluno**, compatível com o transbordamento das funções da escola. Ao mesmo tempo, os participantes apontam que a escola deveria ter o foco na finalidade de formação integral da pessoa e de formação para a vida em sociedade.

Defendemos que somente poderemos tratar da escola de qualidade quando conseguirmos ampliar o debate a respeito das finalidades da escola, diminuindo as dissonâncias existentes entre o que estabelecem as políticas públicas, o que prescreve o currículo e o trabalho pedagógico dos educadores na escola. Para alcançar tal intento, faz-se necessário repensar as finalidades da escola diante do desafio da visão neoliberal. Acreditamos que o trabalho dos educadores deva ter as FEE esclarecidas e alinhadas, como ponto de partida, ponto de chegada e ponto de equilíbrio para a escola do século XXI.

Constatamos que a falta de clareza e os desacordos com relação às FEE ("função real" *versus* "função desejada" para a escola) trazem consequências sérias e preocupantes para a escola. Podemos apontar:

(1) O desenho de um currículo que não aborda com clareza a questão das finalidades e que gera discussão e descontentamento por parte dos educadores.
(2) As lacunas deixadas nas políticas de formação de educadores, que deixam ocultas ou não claras as finalidades da escola.
(3) A falta de motivação por parte dos próprios educadores, que sentem a necessidade de dar novo significado a seus papéis, na vida da escola.
(4) A falta de orientação e de discussão sobre a escola justa para todos, capaz de combater as desigualdades sociais.
(5) A perda da finalidade da escola como agente social de transformação, resultando no enfraquecimento da escola na sociedade.
(6) A não atratividade da escola para muitas crianças e adolescentes deste século.

Nos grupos de discussão, todos os participantes se mostraram indecisos e até incomodados com a dificuldade encontrada para responderem à questão: "Para que serve a escola?". Existe uma intensidade nessa reflexão que, segundo o avanço de nossos estudos, poderia ser melhor esclarecida e debatida a partir da concepção da pluralidade das finalidades. O currículo não pode oferecer apenas "um 'kit' de habilidades de sobrevivência" (Libâneo, 2019, p. 20), como hoje é predominante na visão neoliberal. Ressaltamos que a escola não pode se eximir das suas finalidades de acolhimento e de socialização, porém, não pode se reduzir a elas; tampouco pode a escola assumir outras finalidades que transbordem sua função sociocultural:

> *[...] a escola é o espaço de interação, de conexão, lugar de trocas, de aprendizagens. Então, eu vejo a escola como um espaço privilegiado desta conexão entre vários sujeitos, porque ali estão pessoas que estão trabalhando com os alunos diretamente [...]*
> (Supervisor)

Muitos participantes da pesquisa discutiram a questão da **formação integral**. Em mais de um grupo de discussão, surgiu o aspecto do "ir além": ir além do currículo, ir além do cotidiano, o que seguramente deve passar pela questão das construções e revisões curriculares, mas que também passa pela formação dos educadores e por uma abordagem da equipe gestora e da coordenação pedagógica, de modo que possam encontrar maneiras de propor um trabalho mais amplo e diferenciado em sua escola. As falas dos participantes defendem a formação integral:

> *A função principal que nós esperamos é ver a escola como local em que o aluno vai adquirir conhecimento e ter a aprendizagem, não só no âmbito de matérias, mas* **para a vida**. (Professor coordenador do núcleo pedagógico, grifo nosso)

> *Eu acho que se os profissionais estiverem preparados, com uma boa formação, somos capazes, sim. A escola é capaz disso, sim... de ensinar para o aluno* **ir além do cotidiano**. (Diretor, grifo nosso)

> **Todos os ambientes da escola são locais para conhecimento. A escola começa a mostrar o que o aluno precisa, desde a entrada, desde o portão até a hora que o aluno vai embora.** *Todos da escola devem ser educadores, ter postura de educador, a gente precisa saber conversar, a gente precisa ter postura com o aluno para o aluno saber o que é certo e o que é errado. Então, a escola é o local que o aluno vai se desenvolver e ele precisa ver em nós e na escola esse desenvolvimento acontecendo, não é?* (Professora coordenadora, grifo nosso)

> *[...] serve para ter esse olhar de construir nesse* **aluno um cidadão**, *uma pessoa que respeita os princípios éticos, que tenha um senso de Justiça, que conduza seu projeto de vida. Então, eu acredito que agora a escola está tendo esse despertar, saindo desse lugar de só ensinar, só conteudista, não é? E avançando para além disso e olhando* **o aluno na sua totalidade**. (Professora coordenadora do núcleo pedagógico, grifo nosso)

Outra professora coordenadora do núcleo pedagógico, quando questionada a respeito dessa formação integral, ajuda-nos a esclarecer:

A educação que integra a totalidade enxerga o ser humano em seus aspectos físicos, mentais, emocionais, biológicos. Ela vê o todo. Não separa o conhecimento cognitivo do conhecimento emocional, entende que a emoção interfere no aprendizado. (Professora coordenadora do núcleo pedagógico, grifo nosso)

Sendo assim, formação integral é concebida como uma educação que

[...] abrange o desenvolvimento pessoal, emocional, físico, cognitivo, social, cultural, coletivo e profissional, o que não pode ser realizado por um único viés, espaço ou tempo. Olhar para a formação integral é considerar o desenvolvimento humano em todas as suas dimensões. (CEPId, 2020, no prelo)

Olhar o aluno em sua integralidade envolve, portanto, considerar suas experiências, o contexto em que vive, seus sentimentos, suas concepções e suas potencialidades no momento de planejar, explorando, com os alunos e intencionalmente, todos os aspectos. Formar integralmente é uma das finalidades identificadas como essenciais na pesquisa do CEPId. Essa é, por conseguinte, uma premissa essencial para o trabalho do diretor e da coordenação pedagógica, principalmente no que se refere à formação dos professores.

Os participantes também compreendem que é necessária uma formação que favoreça o **desenvolvimento da sociedade**:

E a gente está vindo numa pegada de uma formação do indivíduo que é só a formação de conhecimento, não é? E a humanização está sendo deixada de lado. [...] será que a gente está trabalhando a formação integral do sujeito? Então, para mim o papel da escola é no sentido de acesso a determinados conhecimentos, não é? Mas não só do conhecimento que vem prescrito no

> currículo, [...] *o conhecimento integral do indivíduo voltado para* **o progresso do sujeito e da sociedade**. (Diretor, grifo nosso)
> Bom, eu entendo que o ambiente escolar, **a escola, serve para formar o cidadão, formar uma pessoa atuante na sociedade**. *Nós estamos aqui formando personalidades ativas na sociedade. Então, a escola é imprescindível em qualquer época, em qualquer tempo, seja antes de pandemia, pós-pandemia, a escola é o lugar em que o aluno vai se desenvolver por completo. Ele tem aquele momento ali em casa, com os pais, aquela primeira formação, mas a gente entende que algumas questões culturais, vivências na sociedade, ele vai adquirir na escola.* (Professor coordenador, grifo nosso)
> *Eu acho que formar cidadãos pensantes seria aquilo que a escola tem como objetivo principal [...] que é formar esse* **cidadão para que ele mesmo possa agir dentro da sociedade**. (Professor coordenador, grifo nosso)

Outra preocupação que ecoa na fala dos participantes dos grupos de discussão diz respeito às desigualdades sociais:

> *Eu tenho que dar condições para que aqueles que estão nivelados lá embaixo na* **desigualdade social** *também possam ser inseridos, possam participar.* (Diretor, grifo nosso)

Por diversas outras falas de participantes da pesquisa, pudemos constatar que a escola ainda não conquistou a qualidade social proposta por Libâneo (2019, p. 48), capaz de desenvolver os indivíduos "cognitivamente, afetivamente e moralmente", pois não conseguiu que a formação para a vida em sociedade ocorra efetivamente, necessitando, assim, modificar-se, favorecendo a formação consciente e crítica tanto dos professores como dos alunos.

Para que a escola do século XXI tenha a potência desejada, deve-se garantir que o processo de aprendizagem seja propulsor de transformação social, valorizando o aluno tanto em seu processo de autotransformação como em seu desenvolvimento como sujeito histórico e social, capaz de intervir em sua realidade.

Outro achado da pesquisa foi a predominância da visão neoliberal no trabalho desses educadores – o que também limita a potência da escola com foco na transformação integral e na transformação social. Por exemplo, a fala do dirigente o confirma:

> Essa escola precisa, de verdade, ser voltada para o projeto de vida dos alunos, ela precisa estar baseada nas habilidades, nas competências, em tudo que o mundo tem exigido deles. (Dirigente)

A participante cita uma estrutura curricular própria dos documentos neoliberais, organizada em habilidades e competências. Os currículos neoliberais privilegiam o mínimo conhecimento necessário para que os indivíduos possam ser inseridos dentro do mercado de trabalho, gerando mão de obra e fomentando o desenvolvimento da economia. A fala de um professor – *"na, verdade a gente estuda para ter melhores empregos"* – evidencia que o educador considera que a responsabilidade primordial da escola é possibilitar a inserção dos seus alunos no mercado de trabalho.

Notamos o direcionamento do trabalho dos professores com foco no currículo instrumental, que não prioriza a FEE da formação integral do indivíduo. Essa abordagem tende a desconsiderar as realidades locais e o sujeito em sua totalidade, contribuindo para uma perversa universalização da escola. Tratar essa questão é um dos desafios centrais da escola do século XXI.

Podemos inferir que o conflito entre "função real" *versus* "função desejada" da escola tem em seu cerne a questão da **transmissão de conteúdos** (consequência do currículo instrumental de resultados imediatos dessa visão neoliberal) *versus* o conhecimento científico construído e acumulado na escola.

No grupo de discussão dos professores coordenadores e professores coordenadores de núcleo pedagógico, a posição central do **conhecimento** na escola foi explicitada:

> Eu acho que, pensando na escola pública do estado, *a função é de inclusão do conhecimento*, tensionando para uma democratização dos conhecimentos que são validados pela sociedade,

como a escrita, como o cálculo, o raciocínio lógico, enfim. Aí, a gente poderia discursar dos **conhecimentos que são validados, socialmente falando, e culturalmente.** *O que que é importante o aluno aprender? Eu penso que essa pergunta pode ser respondida estabelecendo uma comunicação mesmo entre a comunidade escolar, a comunidade do entorno da escola e o que os professores, diante de um currículo exposto, decidem como pertinente, não é? Como que, de repente, os alunos também podem decidir nos itinerários³ que são [...], que vão fazer sentido. E eu digo não só no sentido profissional, mas no sentido também de construção de significados para uma vida mais cheia de direitos, não é? Cheia de direitos, plena de participações diante de uma sociedade em que, cada vez mais, o conhecimento simboliza poder. É isso.* (Professor coordenador do núcleo pedagógico, grifo nosso)

Desponta o **conhecimento construído e acumulado na escola** por meio das ações educacionais. Dessa forma, pensar o conhecimento como uma finalidade educativa essencial torna-se uma proposta de discussão que poderá dar novo significado ao lugar do conhecimento na escola.

Desfigurada do seu lugar de formadora cultural e científica, a escola se encontra afetada pela "desvalorização do conhecimento escolar significativo", encontrando-se a serviço da manutenção de pactos voltados "[...] ao atendimento das diferenças para ocultamento das desigualdades sociais, à diminuição dos conflitos e à busca de soluções locais e individuais e dos problemas sociais" (Libâneo, 2016b, p. 40-41).

A problemática do acolhimento social, sob as lentes de Libâneo (2012), revela, desse modo, a dualidade perversa que retrata a realidade educacional brasileira, que, enquanto **acolhe socialmente, exclui cognitiva e intelectualmente seus educandos.**

---

3. Referindo-se aos itinerários formativos dos alunos.

Entendemos que o acolhimento, como ato amoroso, é um princípio de todo e qualquer processo educativo. Um profissional da educação, comprometido com a aprendizagem e o desenvolvimento de seus educandos, preza pelo cuidado à pessoa humana, pelo reconhecimento da importância de acolher o aluno em suas singularidades, particularidades, ritmos e necessidades de aprendizagem. Contudo, é preciso ir além do acolhimento.

Libâneo (2016b, p. 58) aponta a necessidade de que se busquem formas de **enfrentamento das desigualdades sociais**, fortalecendo e proporcionando condições efetivas e institucionais para que os sistemas de ensino assegurem "[...] a conquista do conhecimento, o desenvolvimento das capacidades intelectuais pelos alunos e a formação da personalidade".

A questão do acolhimento está diretamente relacionada ao transbordamento das funções da escola, como já apontava Nóvoa (2009) – o que também transformou o papel do professor. Libâneo (2012, p. 20).

Não podemos nos conformar com o transbordamento das funções da escola com o qual nos deparamos ao longo da pesquisa:

> Fiquei muito chocada, porque normalmente a gente sabe que os nossos diretores já compram absorvente para as nossas alunas. Isso é uma prática. Às vezes, eles compram do próprio dinheiro, do próprio bolso deles. (Dirigente)
>
> A primeira coisa que a gente vai olhar é aqueles alunos que estão com fome hoje. E, aí, não é uma regra, mas, na maioria das vezes, no caso da nossa escola, os alunos que estavam com algum problema de acesso à alimentação. (Diretor)

Outro participante da pesquisa relatou que, atualmente, deixou de ser educador para exercer outros papéis no seu cotidiano:

> Hoje em dia, a gente pode até afirmar que a escola é um prolongamento de um lar. Porque a gente, nós, professores, não somos só educadores hoje em dia. Hoje em dia, nós somos pais, médicos, psicólogos e tudo mais. (Professor)

As inúmeras tensões observadas na relação de dissonância entre a finalidade de **acolhimento** *versus* a finalidade do **conhecimento acumulado e construído historicamente na escola** mostram-se explicitamente evidenciadas nas respostas dos participantes, reiterando a total falta de consenso sobre as finalidades, o que nos distancia de objetivos comuns, promove dispersões de conceitos, causa impasses, diverge esforços e confunde todos os atores escolares. De fato, a escola na atualidade se depara com uma realidade que só pode ser transformada por meio de um debate genuíno e de uma militância permanente.

A formação dos profissionais da educação como possibilidade para tratarmos as finalidades educativas escolares

Se existe um primeiro passo a ser dado é esse: de promover o debate a respeito das FEE no Brasil, levando-as para o cerne do processo de formação dos profissionais da educação – demanda esta que surgiu nos diferentes grupos de discussão: *"Não temos tempo para parar e pensar sobre a escola!"* (Diretor de escola).

Perguntamo-nos: até quando não teremos tempo para pensar e para discutir a escola e suas finalidades educativas?

Seja pela falta de clareza, seja pelo fato de tratarmos das FEE como um "conceito essencialmente contestado" (Lenoir et al., 2016, p. 22), percebemos, também, em diversas falas, que há uma necessidade de discutirmos essa função da escola no âmbito das políticas públicas e das formações dos educadores:

> *Agora, em relação às* **políticas públicas** *e às ações da Secretaria da Educação de São Paulo, sobre a* **formação dos professores, generalizou tudo**. *[...] Eu fico muito restrita a conversar com os meus professores agora para pensar o contexto Escola.* (Diretora, grifo nosso)

A escola e, consequentemente, todos os atores educacionais têm sofrido com atribuições que transbordam suas funções e que, portanto, precisam ser repensadas e atribuídas a outros órgãos. Um meio para encaminhar essa questão é tratar as finalidades da escola de modo crítico e reflexivo nas formações iniciais e continuadas, para que os profissionais de educação se apropriem delas e realizem intervenções coerentes com as finalidades a serem atingidas. A formação dos profissionais da educação surge como um passo concreto a ser dado, e a equipe gestora pode e deve contribuir de forma significativa para esse trabalho, que deve ser permanente e constante. Com o foco na formação integral do indivíduo e no conhecimento historicamente acumulado e construído, poderá, talvez, incrementar o envolvimento dos alunos e possibilitar a construção de sentimento de pertença, favorecendo a consciência tanto dos educadores como dos educandos quanto ao papel social que possuem.

Entendemos que o papel do diretor e da coordenação pedagógica é crucial diante do desafio que encontramos, que envolve assumir as finalidades da escola do século XXI. Para a transformação e a ressignificação da escola, os atores educacionais precisam ter clareza a respeito das FEE, tendo-se em vista a formação integral e o prioritário **resgate do conhecimento, da pedagogia e da didática**. É necessário que a equipe gestora e a coordenação pedagógica estejam atentas à formação inicial e continuada dos professores – além de às suas próprias formações e dos demais atores educacionais e às condições materiais e tecnológicas necessárias para atender as demandas atuais, em que a tecnologia tem seu lugar, e a ausência dela pode significar uma desvantagem que pode aumentar ainda mais a desigualdade social.

Como aporte final, a partir dos resultados e das análises da pesquisa do CEPId, apresentamos, a seguir, uma proposição, com a intenção de registrarmos nossas contribuições para o desenho de um quadro das FEE, no contexto educacional brasileiro, que contemplem os **objetivos constitucionais** do país e seus objetivos educacionais, sociais e culturais (Brasil, 2016), além de outros documentos legais, aliados à nossa posição de pesquisadoras e estudiosas da educação:

QUADRO 1. Proposta do CEPId para o quadro das FEE no Brasil	
Finalidades educativas escolares essenciais	Formação integral do indivíduo. Formação para o conhecimento científico acumulado e construído na escola.
Finalidades educativas escolares derivadas	Formação do cidadão para a vida em sociedade. Formação para a transformação social. Formação para o trabalho. Acolhimento.

Fonte: Placco & Souza (orgs.), 2023 (no prelo).

Esse quadro traz a proposta de reconhecimento de duas finalidades educativas escolares essenciais: da formação integral, que envolve o desenvolvimento pessoal, emocional, criativo, cognitivo, crítico, social e físico do indivíduo; e da formação para o conhecimento científico, historicamente acumulado e construído. Estas finalidades essenciais são complementadas por aquelas que denominamos derivadas, que, por sua vez, formam uma pluralidade de finalidades, digamos: a formação do cidadão para a vida em sociedade; a transformação social, que concebe o sujeito histórico e social, capaz de intervir em sua realidade; a formação para o trabalho, que reconhece a formação identitária do sujeito, mas que se contrapõe ao imediatismo da formação para o mercado do trabalho; e o acolhimento, que valoriza o desenvolvimento do indivíduo nas suas singularidades e na sua diversidade.

Sendo o diretor e a coordenação pedagógica responsáveis pelas ações formativas e educacionais, seu trabalho deve ser norteado por essa pluralidade de FEE, entendidas como complementares e articuladas. Não pode existir apenas uma FEE por trás do processo de ensino-aprendizagem, assim como não podem existir finalidades que se chocam, como poderia ser o caso da "finalidade da formação integral" versus "formação para o mercado de trabalho".

Tratar da pluralidade das FEE é também considerar a diversidade de espaços socializadores – dentro e fora dos muros da escola. A cultura escolar passou por uma transformação pela qual teve que aceitar que a escola não é mais detentora exclusiva de conteúdos, tampouco fonte única de informações. Diferentes pesquisas relatadas por Charlot (2001, p. 145) também puderam constatar que os alunos não se relacionam com a aprendizagem exclusivamente no ambiente escolar: "Não se vai à escola para aprender, mas para continuar a aprender".

Quando tratamos da formação dos profissionais da educação, não podemos deixar de destacar nossa preocupação quanto à formação do diretor e da coordenação pedagógica. Sem dúvida, temos uma reflexão final que inspira nosso trabalho: afinal, como se dá a formação dos formadores?

Caminhos possíveis

A partir dessas discussões, defendemos a necessidade de reinventar a forma de organizar a aprendizagem na escola do século XXI de modo a contribuir para a superação da desigualdade social. Tal reflexão coloca em relevo o papel da escola, as FEE e os desafios atuais, bem como dos atores que se responsabilizam por essa escola, em seus diferentes papeis, ou seja, da equipe gestora e da coordenação pedagógica, como tratamos neste capítulo.

Entendemos que a equipe gestora, liderada pelo diretor e pela coordenação pedagógica, devem exercer uma gestão comprometida com o papel de fazer valer os princípios da legislação vigente e garantir condições para a participação da comunidade educativa, na análise das necessidades daquela realidade específica e no planejamento do trabalho escolar, alinhando-se os objetivos e as estratégias de ação com vistas à melhoria da aprendizagem.

Um primeiro passo a ser dado seria: o de promover o debate a respeito das FEE no Brasil, levando-as para o cerne do processo de formação dos profissionais da educação e tendo como seus líderes a equipe gestora e a coordenação pedagógica.

Referências

BRASIL. Casa Civil. *Lei n. 9.394, de 20 de dezembro de 1996.* Estabelece as Diretrizes e Bases da Educação Nacional. Brasília, 1996. Disponível em: <http://www.planalto.gov.br/ccivil_03/leis/l9394.htm>. Acesso em: 15 jun. 2021.

_____. *Constituição da República Federativa do Brasil* [Constituição (1988)]. Brasília, DF: Senado Federal, 2016.

CALLAS, D. G. *As Finalidades Educativas Escolares a partir das percepções dos jovens-alunos e os desafios da escola na atualidade.* Doutorado em Educação, Pontifícia Universidade Católica de São Paulo, 2020.

CHARLOT, B. (org.) *Os jovens e o saber. Perspectivas mundiais.* 1. ed., Porto Alegre: Artmed, 2001.

LENOIR, Y.; ADIGÜZEL, O.; LIBÂNEO, J. C.; TUPIN, F. (orgs.). *Les finalités éducatives scolaires: une étude critique des approches théoriques, philosophiques et idéologiques.* Saint-Lambert: Éditions Cursus Universitaire, 2016.

LIBÂNEO, J. C. O dualismo perverso da escola pública brasileira: escola do conhecimento para os ricos, escola do acolhimento social para os pobres. *Revista Educação e Pesquisa*, São Paulo, v. 38, n. 1, p. 13-28, 2012.

_____. Finalités et objectifs de l'éducation scolaire et actions des organismes internationaux: le cas du Brésil, in: LENOIR, Y., ADIGÜZEL, O.; LIBÂNEO, J. C.; TUPIN, F. (orgs.). *Les finalités éducatives scolaires: une étude critique des approches théoriques, philosophiques et idéologiques.* Saint Lambert. Éditions Cursus Universitaire, 2016a.

_____. Políticas Educacionais no Brasil: desfiguramento da escola e do conhecimento escolar. *Cadernos de Pesquisa*, São Paulo, v. 46, n. 159, p. 38-62, jan./mar. 2016b.

_____. Finalidades educativas escolares e internacionalização das políticas educacionais: impactos no currículo e na pedagogia. *European Journal of Curriculum Studies*, v. 3, n. 2, p. 444-462, 2016c.

_____. Finalidades Educativas Escolares em Disputa, Currículo e Didática, in: *VII Encontro Estadual de Didática e Prática de Ensino* – EDIPE. Evento realizado nos dias 20, 21 e 22 de novembro de 2019 em Goiânia, 2019. Disponível em: <https://producao.ciar.ufg.br/ebooks/edipe/artigo_03.html>. Acesso em: 26 nov. 2019.

NÓVOA, A. *Professores: imagens do futuro presente*. Lisboa: Educa, 2009.

PLACCO, V. M. N. S.; SOUZA, V. L. T. (orgs.). *Profissionais da Educação do Século XXI: desafios e perspectivas atuais*. Campinas: Pontes, 2023 (no prelo).

_____; ALMEIDA, L. R.; SOUZA, V. L. T. O coordenador pedagógico (CP) e a formação de professores: intenções, tensões e contradições. *Estudos e Pesquisas Educacionais*, v. 2, p. 227-288, 2011.

SÃO PAULO (estado). Secretaria da Educação. *Resolução SE 56, de 14 de outubro de 2016*. Dispõe sobre perfil, competências e habilidades requeridos dos Diretores de Escola da rede estadual de ensino, e sobre referenciais bibliográficos e legislação, que fundamentam e orientam a organização de concursos públicos e processos seletivos, avaliativos e formativos, e dá providências correlatas. (n.p.) São Paulo, 2016. Disponível em: <http://siau.edunet.sp.gov.br/ItemLise/arquivos/56_16.HTM?Time=04/06/2017%20 17:25:14>. Acesso em: 14 jul. 2023.

_____. Secretaria da Educação. *Resolução Seduc n.º 53, de 29 de junho de 2022*. Dispõe sobre a função de Coordenador de Gestão Pedagógica e dá providências correlatas. (n.p.) São Paulo, 2022. Disponível em: <http://siau.edunet.sp.gov.br/ItemLise/arquivos/RESOLU%C3%87%C3%83O%20 SEDUC%20N%C2%BA%2053,%20DE%2029-6-2022.PDF?Time=09:15>. Acesso em: 14 jul. 2023.

_____. Secretaria da Educação. *Resolução Seduc n.º 62, de 14 de julho de 2022*. Dispõe sobre as funções de Professor Especialista em Currículo, de Coordenador de Equipe Curricular e dá providências correlatas. (n.p.) São Paulo, 2022. Disponível em: <https://deguaratingueta.educacao.sp.gov.br/resolucao-seduc-62-de-14-7-2022-dispoe-sobre-as-funcoes-de-professor-especialista-em-curriculo-de-coordenador-de-equipe-curricular-e-da-providencias-correlatas/#:~:text=In%C3%ADcio,Resolu%C3%A7%C3%A3o%20 SEDUC%2062%2C%20de%2014%2D7%2D2022%20Disp%C3%B5e%20 sobre,Curricular%20e%20d%C3%A1%20provid%C3%AAncias%20corre latas>. Acesso em: 25 de jul. 2023.

O trabalho colaborativo na nova configuração escolar: o que cabe ao diretor da escola?

Patrícia Lira[1]
(slira.patricia@gmail.com)
Laurizete Ferragut Passos[2]
(laurizetefer@pucsp.br)

Introdução

> *[...] a colheita é comum, mas o capinar é sozinho...*
> (Guimarães Rosa, 2006, p. 58)

A citação de Guimarães Rosa nos provoca a redimensionar o momento desse capinar e a ousar afirmar que tanto a colheita como o capinar podem ser coletivos quando se trata do trabalho na escola e da socialização de conhecimentos, especialmente no contexto atual, em que professores e gestores têm que responder às exigências e desafios com que se depararam nos seus contextos de trabalho no período da pandemia e no pós-pandemia.

---

1. Psicóloga Escolar na Rede Municipal de Ensino de São Bernardo do Campo; Mestre em Educação: Formação de Formadores pela PUC-SP.
2. Professora Doutora da Pontifícia Universidade Católica de São Paulo – PUC-SP.

Nele vivenciamos momentos de solidão, mas fomos interpelados a buscar soluções que nos aproximaram de novas formas de convivialidade e de solidariedade, embora virtuais por força das circunstâncias. Marcados que fomos historicamente, professores e gestores, por um certo individualismo no trabalho, seja pelo excesso de demandas, seja pelo receio de publicizar nossas práticas, tivemos que reaprender a habitar o mundo e rever as relações, o trabalho conjunto, o exercício da reflexão e da crítica na direção de uma "*experiência partilhada em conjunto*" como postulou Dewey (2007, p. 88) ao expandir seu conceito de democracia.

É nessa perspectiva do trabalho partilhado e coletivo como forma de romper com práticas cotidianas marcadas por situações de isolamento (Fullan & Hargreaves, 2000) e de desvalorização das relações escolares, que está direcionado o presente texto. É a equipe gestora e, de modo mais específico, o diretor da escola que cumpre um papel relevante como articulador das relações entre os diferentes grupos que a constituem e, nesse sentido, é considerado ator propositivo que deve liderar projetos educacionais e mobilizar complexos processos de mudança pedagógica e institucional.

Mesmo considerando que a cultura de gestão ainda seja marcada pelo paradigma da dicotomia entre o fazer pedagógico e a atuação administrativa, defende-se no presente texto que o trabalho de gestão quando fundamentado numa perspectiva colaborativa apresenta-se como um caminho para superar o isolamento, seja do gestor na direção de compromissos coletivos com o ensino e a aprendizagem dos alunos, seja do professor que se beneficiará do acolhimento do diretor com vistas a minimizar o desamparo docente (Carvalho, 2020).

No entanto, ao abordarmos o trabalho colaborativo a partir da perspectiva da direção escolar devemos atentar para não cair na armadilha, muitas vezes anunciada em documentos oficiais, de que todos os problemas da escola serão solucionados a partir de relações mais colaborativas. Vale o alerta de Passos e André (2016) de que é preciso cuidado para não adotar o termo colaboração de forma ingênua ou tomar a colaboração como a fórmula do sucesso, mas como um caminho possível de construção. Esse caminho é sustentado pela reflexão conjunta que mobiliza para a ação e, como postula Roldão (2007, p. 28), se estrutura essencialmente como um processo articulado e pensado com o outro, que permite alcançar melhor os objetivos, com base no enriquecimento resultante da interação dinâmica de diversos saberes específicos e de diversos processos cognitivos em colaboração.

Construir esse caminho de colaboração implica compreender que ele não comporta uma linha reta. Os atalhos desse caminho, ou seja, os conflitos, as contradições, as ideias opostas e as críticas se constituem em fortes elementos do processo colaborativo (Magalhães, 2011; Pelossi, 2023).

É nessa direção que serão trazidos dados da pesquisa de mestrado da primeira autora[3], que investigou as práticas colaborativas de gestão no cotidiano escolar na perspectiva do diretor da escola e buscou compreender *se e como* são apresentados indícios de colaboração em suas práticas.

O que dizem as diferentes vozes sobre liderança e colaboração

Os últimos anos têm evidenciado que a escola, perpassada por um contexto social complexo, reflete movimentos de tensão entre práticas de gestão baseadas em princípios democráticos e resistências decorrentes de uma herança histórica assentada em práticas autoritárias. Porém, esse movimento não deve ser fonte de fatalismo (Freire, 1996), pois como aponta Aranha (2015, p. 24) "onde existem contradições, há também a possibilidade de gestar movimentos de superação". Nesse sentido, é necessário fazer uma escolha política e, dessa forma, partimos do pressuposto de que é

---

3. Lira, P. *O diretor escolar e as práticas de colaboração em construção na escola pública municipal de São Paulo.* Dissertação defendida no PPGE Formação de Formadores da PUC-SP em 2022.

preciso trabalhar para uma escola socialmente justa, que contribua para uma educação democrática, humanizadora e emancipatória. (Charlot et al., 2021).

Não há fórmulas ou caminhos prontos a serem percorridos e o diretor escolar é a liderança que, mais do que administrar recursos, mobiliza os sujeitos em função da educação e da escola que a comunidade escolar escolhe construir. A liderança dos diretores pode ter um impacto direto na melhoria da atividade docente ou, indiretamente, na criação de condições adequadas para promover uma boa aprendizagem. Destaca-se, assim, a estreita ligação entre liderança, melhoria da aprendizagem e qualidade educacional, como defendido por Vaillant (2019).

Ganha força a ideia de Fullan (2019) de que os diretores trabalhem mais próximos dos professores e de forma a influenciar suas práticas de ensino em uma perspectiva colaborativa. Seus estudos mostraram que os diretores que participam como aprendizes ao lado dos professores, melhoram no desempenho de suas funções e o impacto é maior na cultura escolar e no trabalho realizado.

Vaillant (2019), pesquisadora acima citada, partilha dessas considerações e reforça que uma das principais práticas da liderança eficaz é a orientação e o apoio de uma cultura profissional colaborativa. Para a autora, equipes gestoras eficazes valorizam atividades colaborativas e promovem a confiança mútua entre os professores. Essas equipes gestoras criam estruturas que facilitam a realização do trabalho coletivo, criam tempos e espaços comuns de planejamento, estabelecem estruturas de grupo para a resolução de problemas e promovem uma maior distribuição da liderança em tarefas específicas associadas ao projeto de melhoria da escola. Além disso, agem de forma proativa para realizar mudanças administrativas quando as novas estruturas exigem flexibilidade na interpretação dos regulamentos.

Um conceito que vai ao encontro da perspectiva desses autores é o que Hargreaves e O'Connor (2018) denominam de profissionalismo colaborativo:

O profissionalismo colaborativo consiste em como os professores e outros educadores transformam o ensino e a aprendizagem juntos para trabalhar com todos os estudantes, com o objetivo de desenvolver vidas plenas de significado, propósito e sucesso. Sua organização está baseada em evidências, por meio de um planejamento rigoroso, diálogo profundo e, às vezes, exigente, *feedback* sincero, mas construtivo e investigação colaborativa contínua. (Hargreaves; O'Connor, p. 4)[4]

Para os autores, o trabalho conjunto realizado nessa perspectiva está arraigado na cultura e na vida da escola, em que educadores ativamente cuidam e se solidarizam entre eles como companheiros de profissão, enquanto lidam juntos com os desafios e colaboram profissionalmente de modo a incluir as culturas dos alunos, deles próprios, da comunidade e da sociedade.

Vale ressaltar que a construção dessa cultura colaborativa é um processo. As formas que as pessoas colaboram vão mudando ao longo do tempo, tornam-se mais precisas em seus métodos, enraizando-se em relações profissionais mais profundas e mais difundidas na prática diária (Hargreaves; O'Connor, 2018).

Essa ideia de progressão pode ser observada nos cinco estágios que Hargreaves e O'Connor (2018) apontam como etapas evolutivas para a construção do profissionalismo colaborativo:

| Cultura individualista | Estágio de emergência | Estágio da dúvida | Estágio de projeto | Estágio de transformação |

O primeiro momento ainda é marcado por uma cultura individualista, na qual a colaboração é praticamente ausente. Na sequência, tem-se o estágio de emergência, ou seja, a colaboração surge como

---

4. Tradução nossa.

alternativa às formas individualistas de atuar na escola. Em seguida, há o estágio da dúvida, por um lado, algumas formas de colaboração ainda mantêm o enfoque na conversa, mas não na ação e, por outro, outras práticas se mostram muito forçadas quando utilizadas para obedecer a ordens de cima para baixo. Os processos avançam e se alcança o estágio de projeto, ou seja, determinados modelos de colaboração são criados, seja em forma de comunidades profissionais de aprendizagem, equipes de dados, investigação colaborativa, dentre outras. E por fim, no estágio de transformação, a colaboração avança a formas mais profundas de profissionalismo colaborativo que são mais precisas em suas estruturas e métodos, mais penetrante em todos os aspectos da prática docente e mais enraizadas em relações positivas e de confiança entre todos os envolvidos.

Em qualquer de suas formas ou modelos de colaboração, como assinala Vaillant (2019), o aspecto central está na dimensão comunitária da atividade docente. A premissa é que o compromisso mútuo dos participantes seja um fator decisivo no desenvolvimento da aprendizagem compartilhada.

Fica evidente que a construção de uma gestão baseada no profissionalismo colaborativo é um trabalho de longo prazo, pois a complexidade da realidade não se transforma em curto período de tempo. Hargreaves e O'Connor (2018) e Hargreaves (2019) apontam que existe a tendência de se acreditar que para se estabelecer o profissionalismo colaborativo basta definir condições para um grupo trabalhar junto, fornecer recursos, tempo e uma tarefa. Porém, é preciso considerar os desafios que podem dificultar a construção do profissionalismo colaborativo. Os autores apontam, por exemplo, a alta rotatividade das equipes profissionais e a formação de grupos colaborativos por determinação administrativa somente. É preciso ler cada contexto para compreender os desafios singulares que se apresentam.

De forma complementar, Dugnani e Souza (2016) voltam o olhar para as relações que se dão no fazer cotidiano da escola: ocorrem tensões, contradições, momentos afetivamente negativos e positivos. O professor que deve ensinar nem sempre encontra o aluno que quer aprender, o gestor que deve avançar na construção do coletivo nem sempre encontra uma equipe que estará disposta a colaborar com suas intenções. Nesse momento, em especial, cabe à liderança, como aponta Hargreaves (2019) mobilizar o trabalho compartilhado, evidenciando como todos são importantes para contribuir, não como um fardo oneroso, mas despertando o sentimento de querer fazer, de comprometimento. E mais do que isso, o líder ajuda a cuidar das falhas, pois o grupo pode falhar, mas a colaboração não pode ser abandonada devido a experiências que podem vir a ser negativas.

Um caminho apontado por Dugnani e Souza (2016) é a crença do líder no potencial de si e do outro como sujeitos da ação, capazes de construir atitudes que favoreçam as transformações na escola, visto que favorece atitudes que se orientam por meio da aposta, *a priori* em si e no outro, e que tem como principal mediador das relações as potencialidades em vez das impossibilidades. Para as autoras, a partir dessas interações há o predomínio de afetos de nuances positivas, tais como a generosidade, o respeito e a colaboração. Dessa forma, a mobilização de tais afetos possibilita que as relações sejam mediadas pela potência.

Dessa perspectiva, os erros, as falhas, as discordâncias e as tensões passam a fazer parte de um processo de crescimento do próprio grupo, ou como assinala Libâneo, Oliveira e Toschi (2012), de aprendizado da própria escola, uma vez que a organização escolar também aprende com as pessoas que dela fazem parte.

A pesquisa

Participaram da pesquisa (Lira, 2022) quatro diretores de escolas municipais da rede pública do município de São Paulo, indicados por supervisores de ensino como profissionais cujo trabalho se aproxima de práticas colaborativas. Os participantes atuam em diferentes segmentos: um diretor de um Centro de Educação Infantil (CEI), uma diretora de uma Escola de Educação Infantil (EMEI) e duas diretoras de Escola Municipal de Educação Fundamental (EMEF).

A partir de entrevistas semiestruturadas, os participantes apresentaram depoimentos que sugerem uma disposição para a realização de um trabalho conjunto. Estão presentes características como o diálogo, objetivos e interesses partilhados, além da construção de um clima de respeito, abertura para aprender com o outro. É evidente que não se trata de conseguir resolver todos os problemas de forma conjunta, porém pode-se constatar que é no enfrentamento dos desafios cotidianos, que os diretores e suas comunidades mostram que vão construindo caminhos possíveis.

As práticas do cotidiano: colaboração em processo de construção

Um aspecto que aparece na base da narrativa dos diretores e que se mostra como ponto nevrálgico para as ações com intenção colaborativa é o diálogo. Essa parece ser uma condição, já que não existe processo de colaboração que dispense o diálogo. Na fala do diretor de educação infantil transparece a importância que esse elemento ganha na melhoria do trabalho junto à Diretoria Regional de Ensino: [...] *eu acho que essa gestão atual está nos ouvindo, ela não está aí apenas para fingir que ouve, como em outros momentos. Tem alguns detalhamentos que tem acontecido que tem melhorado a nossa prática.*

Ouvir verdadeiramente implica abertura para as diferenças, interesse pelo outro, revelando respeito e a possibilidade de pensar juntos. Essa disposição parece muito presente nas formas de mediação de uma das diretoras das séries iniciais. Com base no diálogo, ela pauta sua prática no convencimento. A diretora acredita que mandar fazer não funciona, mas é preciso trazer o outro, seja aluno, professor ou outro membro da comunidade escolar. Ao mesmo tempo que questiona e busca convencer a equipe, também estimula e se coloca junto para novas tentativas:

"Como eu posso convencê-lo? Qual a melhor forma?". [...] "É a longo prazo, demora, é difícil, é árduo, é um trabalho de convencimento da equipe, de professor, de aluno, de pai, de todo mundo, então você tem que ter aí um poder de convencimento, de tentar falar para as pessoas 'gente, vamos tentar, é possível'."
(Diretora da EMEF 2)

Esse convencimento não está apenas na fala dessa diretora, mas também no exemplo que julga importante no seu trabalho e que busca colocar em prática: [...] *para as pessoas me respeitarem eu tenho que dizer para elas: "eu também te respeito."*

Na mesma direção, o diretor da educação infantil relaciona a disposição para o diálogo e, de modo especial, uma preocupação com o respeito, demonstrando, assim, que a qualidade das relações estabelecidas na escola é condição essencial no seu trabalho. Para ele, conseguir parar e conversar significa [...] *o respeito com as pessoas, porque muitas vezes ele quer contar as fragilidades dele, sabe, quer ser ouvido.* Para o diretor, trata-se de uma troca, estabelecer essas relações de afetos permeados por respeito é precioso. Ele explica: [...] *acho que um acrescenta ao outro, um ajudando o outro, acho que nessa pandemia a gente aprendeu muito isso, o aprender com o outro.*

Essas formas de fazer e de se relacionar dos participantes vão dando outras características ao diretor de escola, que se distancia de um perfil mais autoritário e vai se aproximando de um perfil com características de liderança. Ou seja, um agente promotor de mudanças que influencia intencionalmente o grupo em direção aos objetivos desejados e com base em valores compartilhados com a comunidade escolar.

Nessa direção, ganha destaque o papel articulador do diretor que assume um papel mediador a fim de mobilizar as pessoas para que as ações necessárias aconteçam. Assim, uma característica que se evidencia é a constituição de parcerias com base na confiança do trabalho do outro e na valorização das relações por meio da potencialidade de cada um. A diretora da Educação Infantil busca perceber e destacar aspectos positivos das profissionais da escola e, de forma acalorada, estimula-as na direção de novas possibilidades naquilo que fazem bem. Esse acreditar no outro como condição de constituição de parcerias revela a força da expressão *transborde* usada pela diretora:

> *Eu acho que agreguei pessoas parceiras, pessoas talentosas. Acho que a gente adquire na caminhada, que a gente vai percebendo as pessoas, o que elas são capazes de fazer, o que é possível também, no que elas são boas. Eu acho que a gente tem que aproveitar as pessoas no que elas são boas, então isso agrega bastante. Então, como eu falo: "Minha querida, transborde".* (Diretora da EMEI)

Da mesma forma, a constituição das parcerias para essa diretora do ensino fundamental, tem sido uma forma de buscar soluções que não tinham sido vistas inicialmente, para [...] *conseguir ver outros caminhos possíveis para que a gente consiga melhorar as coisas, a gente conseguir parar, respirar, falar: "não, pera aí, vamos ver o que dá para ser feito".*

Esse posicionamento evidencia um modo de tornar potente a participação, o apoio e a responsabilização coletiva sobre o que se decide fazer e na direção de um trabalho coletivo em que se aprende que [...] juntos somos mais fortes, pois construímos a consciência coletiva de um "nós todos". (Rabello, 2021).

Essa mediação, para a diretora, precisa ser realizada constantemente porque no dia a dia são inúmeras e variadas as circunstâncias com que se depara, que contemplam, segundo ela, desde o aluno que não quer aprender ou o professor que fica chateado porque não conseguiu dar a aula como planejou. Circunstâncias essas em que é oportunizado ao gestor exercer seu papel de mediador e, como indica Hargreaves (2019), nesses momentos, em especial, cabe à liderança gestora mostrar como todos são importantes para contribuir, não como um fardo oneroso, mas despertando o sentimento de querer fazer, de comprometimento. E mais do que isso, o líder ajuda a encarar as possíveis falhas e a garantir que o trabalho coletivo e a colaboração não sejam abandonados devido a experiências que se mostraram negativas.

Esse é um passo significativo para estimular a comunidade escolar a sair do isolamento (Hargreaves, 2019) e compartilhar olhares e saberes que podem ir constituindo um coletivo que se une e luta por objetivos comuns.

O outro, nesse sentido, se torna não apenas um colega de profissão, mas alguém com quem se pode compartilhar ideias, encontrar apoio e segurança. Essa foi uma característica especialmente importante para outra diretora da educação infantil, quando chegou à escola há quatro anos.

> *Eu falo assim para minha assistente "Não me deixe errar" ou ainda "Olha, como você faria neste caso?". Se eu vou resolver alguma coisa no corredor, eu chamo as meninas da administração e pergunto: "Gente, estou vendo isso aqui assim, como a gente pode melhorar?" Porque elas estão juntas na situação. Quando eu cheguei na escola, a mesma coisa, com as meninas da limpeza, eu falei assim "Olha, o que precisa melhorar aqui?" Você sozinha não consegue enxergar. Hoje eu consigo.* (Diretora da EMEI)

Quando os diretores expressam que precisam do outro para a escola funcionar, valorizando essa parceria e o lugar de cada um nessas relações, de certa forma estão dizendo que ser diretor é "ser com o outro". Podemos inferir, portanto, que existe uma preocupação em fortalecer as relações interpessoais para que os fins da escola sejam alcançados.

Esse cuidado com as relações se reveste de um caráter político, pois as ações de cuidado ou a ausência delas reverbera nas formas de convivência entre grupos e pessoas. (Lira, 2021) Percebe-se, então, que os diretores vão fazendo uma escolha: as narrativas vão apresentando o estabelecimento de relações de poder mais democráticas, envolvendo os diferentes sujeitos nos processos de tomada de decisão. O diretor da educação infantil, há 10 anos na mesma unidade, conta que as decisões sobre o que será realizado na escola são feitas sempre pelo coletivo, pois cada um pode contribuir a partir de seu papel. Um exemplo é a elaboração do Plano de Aplicação da APM ou seja, o planejamento de gastos da verba recebida por meio da Associação de Pais e Mestres:

> *A gente já iniciou o ano letivo fazendo todas as priorizações com cada grupo que contribui com a escola, então com a equipe gestora, a equipe de apoio, a equipe docente, então cada um pontua ali o que necessita durante esse próximo ano, do ano de 2022, para fazer seu trabalho, para desenvolver seus trabalhos.* (Diretor do CEI)

Os horários coletivos se constituem noutra dimensão presente no discurso dos diretores participantes da pesquisa e considerados fundamentais para o trabalho com os professores. De acordo com uma diretora do ensino fundamental, os espaços coletivos dão a possibilidade de conversar sobre os problemas identificados para tentar buscar soluções com o grupo e destaca: [...] *o horário coletivo é bem importante para conversar, para tentar se entender, para tentar ver quais soluções a gente pode dar para algum problema.*

Quando se acredita numa perspectiva colaborativa construída no cotidiano escolar e não imposta por uma legislação, quase que naturalmente os diretores trabalham mais próximos dos professores, ficam à vontade para discutir e influenciar suas práticas de ensino, colocando-se no lugar de quem aprende ao lado do professor. Entretanto, esse ainda é um desafio para os participantes da pesquisa, visto que relatam estar menos próximos do pedagógico do que gostariam. Porém, dentro da possibilidade, duas diretoras, por exemplo, priorizam a sua participação nos horários de formação, um espaço no qual o grupo pode se encontrar e trocar ideias, um espaço potencial para a construção de aprendizagens coletivas.

O depoimento de um diretor do CEI é representativo do que foi destacado por outros diretores ao afirmar que o *diretor é um tarefeiro.* Ao aludir dessa forma sobre o seu papel, ele está se referindo à dimensão mais administrativa do trabalho. Embora Paro

(2015) tenha conceituado administração como mediação na intenção de eliminar a dicotomia entre as atividades escolares administrativas e as pedagógicas, os diretores se referem a esses dois campos em alguns momentos como separados, embora relacionados e revelam consciência do distanciamento do campo pedagógico em determinados momentos: [...] *eu gosto de participar do pedagógico, mas para ser bem sincero esse ano acho que estou meio parado com relação a isso, mas eu dou o apoio necessário para minha equipe.* (Diretor do CEI).

Ainda que o administrativo exista em função do pedagógico e os participantes reconheçam isso, quando o volume de tarefas administrativas toma muito tempo do diretor ele se sente mais afastado do pedagógico. Porém, a valorização dos espaços coletivos transparece nas ações dos participantes quando garantem o apoio necessário para a equipe, de forma que as reuniões pedagógicas aconteçam. Garantir esse espaço coletivo e formativo é algo inegociável para a diretora da educação infantil. Ela explica que a discussão sobre o projeto político pedagógico acontece nos momentos de formação e, segundo ela, [...] *o Projeto Político Pedagógico vai caminhando nesses momentos coletivos. Eu acho que isso a secretaria de educação tem de bacana, esse espaço de formação, que é um espaço bastante privilegiado que a gente não negocia.*

Os depoimentos revelam, também, que práticas de colaboração acontecem no plano intraescolar, ou seja, entre a equipe escolar, professores, alunos e acrescentam outras relações existentes que vão além desse campo e que afetam positivamente a dinâmica escolar. A interlocução com profissionais da unidade básica de saúde (UBS), conselhos tutelares, instâncias superiores da própria secretaria de educação, entre outras instituições, podem constituir uma rede de apoio para a escola.

Todos os diretores relatam ter uma boa relação com a UBS, mas além dos encaminhamentos e da troca entre os profissionais da saúde e da educação, uma das escolas de ensino fundamental tem ampliado essa parceria, segundo a diretora:

> *A gente tem um contato muito bom com a UBS. Aqui atrás tem uma UBS que ficou pronta em 2018 que foi uma reivindicação da comunidade de muitos anos. [...] a gente tem uma relação boa. Essas árvores que a gente plantou aqui foi uma ação junto com a UBS antes da pandemia. [...] foi muito produtivo.*

Na mesma escola, a interlocução com o Conselho Tutelar tem ganhado novas formas de trabalho, que vão além do encaminhamento de situações que tradicionalmente precisam ser acompanhadas para garantia de direitos das crianças e adolescentes. A diretora, na intenção de abrir um espaço de diálogo, convida a conselheira tutelar para auxiliar com a constituição de um grupo para as mães:

> *A gente começou a fazer em 2019 e aí a gente conseguiu que algumas mães viessem, porque também é difícil convencê-las a vir, com o intuito de que fosse uma roda de conversa para falar das suas mazelas, das suas alegrias, não para falar de aluno, [...] para elas falarem delas. E a gente fez uns 4 encontros e foram bem produtivos, inclusive tem mães que até hoje perguntam, mas daí ao longo desse ano de 2019 a gente não conseguiu continuar e veio a pandemia. Então, foi legal, foi interessante, muitas mães se abriram, contaram algumas coisas, de dentro da casa delas, coisas que elas sofrem. [...] Acho que também aproximou essas mães que vieram, aproximou muito essas mães da gente. E aí a gente pretende continuar agora. Até conversei com a conselheira tutelar e ela concordou com entusiasmo em participar, mas a gente está ainda elaborando como vai ser.*

As diferentes experiências dos participantes vão demonstrando que não há caminhos prontos e que, a partir de um horizonte comum e de valorização de cada passo, as formas de colaborar vão sendo traçadas. Essa construção vem acompanhada de desafios que os diretores vão transformando em aprendizagem na medida em que caminham. A diretora de educação infantil encontra na supervisora de ensino um apoio com um par mais experiente com quem pode aprender:

> *Eu tenho uma parceira muito boa também que é a supervisora. É quem dá apoio mesmo. [...] ela me ajudou muito com essa questão da rede de proteção, então, é uma pessoa bacana também, não tem essa questão, ah sou supervisor. Estamos todos aprendendo, ela é uma parceira mais experiente, a gente tenta ver isso no supervisor.*

Ainda considerando outras relações grupais que fortalecem a aprendizagem de modos coletivos de trabalho do gestor da escola, foi mencionado pelos quatro diretores o papel significativo do grupo de diretores criado por eles. Os quatro participantes destacam esses grupos de forma positiva e como parte do seu cotidiano profissional, mas para a diretora da educação infantil essa troca com os diretores é mais que um facilitador, é um apoio significativo:

> *Eu vou me encontrar com os meus parceiros, tem alguém mais experiente que sabe e já fez algum trabalho, como por exemplo, fazer pagamento, já lidou com isso. [...] eu acho que é um grupo colaborativo, totalmente, então é onde a gente desabafa. E aí precisa ser ético, o falado não pode sair dali. Mas é bom, é muito bom, eu acho que esses grupos me ajudaram muito, me ajudam todo dia. E quando a gente sabe a gente contribui.*

Nesse depoimento, a diretora percebe a colaboração voltada para desafios de ordem organizacional e burocrático, possibilitando, assim, uma parceria para tirar dúvidas, aprender com os outros diretores. Esse espaço, composto por diretores de diferentes escolas, se mostra potente para aprofundar o diálogo, a troca de experiências, o pensar junto, o aprender com o outro. Isso vale para os demais enfrentamentos do cotidiano, conforme relatado pelos diretores. É nessa prática de trocas que as ações vão sendo progressivamente trabalhadas e transformadas ao longo do tempo para que se possa alcançar estágios mais avançados de colaboração. (Hargreaves & O'Connor, 2018).

Importante reforçar que trabalhar com o coletivo torna-se um desafio em muitos momentos, porém se constitui numa forma valiosa de aprendizagem de como fazer melhor por uma escola pública mais justa, além de aprender a ser melhor para o outro e para a sociedade. Todos os participantes concordam em dizer que estão sempre aprendendo e, por mais que tenham aprendido algo, esse processo permanece continuamente em reconstrução.

O diretor de educação infantil relata que ao longo da sua trajetória teve dois aprendizados importantes: a importância da história do local, ou seja, antes dele outros realizaram um trabalho, todo local tem uma história que precisa ser respeitada; e a constituição de um clima de harmonia e de respeito, isso é o que daria, segundo ele, *o tom do trabalho*. Ele enfatiza que aprendeu isso com os colegas de profissão na escola.

A diretora da educação infantil conta que aprendeu a se relacionar melhor com as pessoas, a acolher as famílias de forma tranquila, estabelecer as relações com clareza, ou seja, posicionar-se diante do outro estabelecendo papeis e limites sem ser ríspida. Uma diretora do ensino fundamental, de forma semelhante, relata sobre ter uma fala mais tranquila, não ficar irritada e, principalmente, observar-se para ter um controle emocional para não entrar no clima da confusão, que, muitas vezes, acontece em certas situações na escola. Ela enfatiza muito o respeito e a importância de ser exemplo daquilo que se fala.

Ainda nesse aspecto, a outra diretora do ensino fundamental narrou mudanças profundas. Ela se vê atualmente como outra pessoa, uma pessoa melhor. Estar na escola pública municipal e ver uma realidade que desconhecia a fez perceber o quanto era individualista, que as pessoas precisam ser ouvidas e precisam de alguém que lhes diga que são importantes, que não há pessoas melhores ou piores e ela, como diretora, não é melhor que ninguém. Ela diz que mudou completamente sua visão política.

Considerações finais

As narrativas dos participantes trazem apenas um recorte de suas experiências, mas o suficiente para afirmar que a colaboração está presente, mesmo que em seus níveis iniciais de construção e evidenciam que existe um espaço potencial para aprimorar e aprofundar ações colaborativas.

Podemos afirmar que, a despeito dos desafios e aprendizagens de cada participante e de cada contexto aqui descritos, os diretores mostraram que seguindo as mudanças sociais, políticas e históricas, são levados a ir aprendendo a liderar, no sentido colocado pelos autores que fundamentaram a pesquisa, seja como o profissional que mantém o grupo unido, seja aquele que influencia o outro na construção de uma visão, de princípios e de valores compartilhados. Dessa forma, o diretor se coloca como aprendiz ao lado dos professores e, junto com eles, desenvolve o grupo. (Fullan, 2019).

Os dados produzidos revelaram que os diretores têm a intenção de realizar um trabalho colaborativo, mas fazem uso desse termo a partir de seu significado mais amplo, tanto no sentido de cooperar, ajudar, apoiar quanto debater, criticar e refletir com o outro. Eles percebem que a busca de respostas para os dilemas cotidianos, muitas vezes é melhor encaminhada quando envolve o coletivo que pensa junto e a partir de diferentes olhares. Porém, essa forma de trabalho foi sendo encontrada no dia a dia, sem uma preocupação ou sistematização em nomear ou conceituar como trabalho colaborativo o que faziam e vivenciavam.

Foi ficando claro no decorrer do estudo, que nem todas as atividades eram realizadas de forma colaborativa e que a colaboração não acontecia sempre da mesma forma, como esperado numa tarefa de gestão escolar. Porém, observou-se que as escolas conseguiram sair do estágio inicial de um trabalho que é menos coletivo, mais individual e avançaram rumo aos estágios mais colaborativos, como discutido por Hargreaves e O'Connor (2018). Esse é um passo importante porque a cultura individualista vai perdendo espaço para formas mais coletivas de trabalho.

Os relatos mostraram indícios que apontam para algumas características da colaboração, como ações pautadas em objetivos e interesses partilhados, bem como a consideração por diferentes formas de trabalho e que ajudam a pensar diferente, o diálogo partilhado, o *feedback* sincero que possibilita aprendizagem, o trabalho conjunto do corpo docente em determinado projeto e o clima de solidariedade com a comunidade escolar. Esses aspectos ganharam mais evidência a partir da pandemia e do ensino remoto.

Os dados aqui trazidos indicaram que os espaços coletivos, tanto os formativos quanto os de caráter mais administrativo apareceram como elementos importantes da rotina escolar. Os diretores, mesmo quando não conseguiam participar das formações, priorizavam a organização da escola a fim de garantir os espaços coletivos como a JEIF (Jornada Especial Integrada de Formação) e o PEA (Projeto Especial de Ação) ou ainda uma reunião da APM. (Associação de Pais e Mestres) para planejamento da verba.

Outro aspecto importante de ressaltar e que é discutido por Hargreaves e O'Connor (2018), se refere aos recursos e ao tempo para conseguir estabelecer a colaboração. Os autores lembram que só isso não basta, o que leva a questionar se a realização da JEIF e do PEA, mesmo respaldados pela legislação da Secretaria da Educação, garantem que o grupo irá trabalhar de forma conjunta.

Para os diretores dessa pesquisa, esses espaços vêm se constituindo como lugar do coletivo pois consideram que, além de possibilitar que a maior parte dos professores estejam juntos num processo de construção de conhecimentos, permitem a tomada de decisões e ações, como foi o caso da inclusão de crianças com deficiência, fruto da discussão de professores e gestores que planejaram um projeto em conjunto para trabalhar a aprendizagem desses alunos.

O importante é colocar o olhar não apenas no que falta desenvolver e melhorar nas relações escolares, mas compreender quais práticas se apresentam de fato como colaborativas e sempre considerando o que é possível em cada contexto e, então, conseguir seguir a partir do que começou a ser feito, ampliando o exercício da crítica como potencial para transformar essa prática, na direção do compromisso com uma escola pública justa e de qualidade.

Referências

ARANHA, E. M. G. *Equipe Gestora Escolar: as significações que as participantes atribuem à sua atividade na escola – Um Estudo na Perspectiva Sócio-histórica*. 2015. 268 f. Tese (Doutorado em Psicologia) – Pontifícia Universidade Católica de São Paulo, São Paulo, 2015.

CARVALHO, L. N. *Construção de uma matriz de referência para o estudo das representações sociais sobre o desamparo docente*. Dissertação de Mestrado. Pontifícia Universidade Católica de São Paulo, São Paulo, 2020.

CHARLOT, B. et al. *Por uma educação democrática e humanizadora*. São Paulo: UniProsa, 2021. (v. 1). Disponível em: <https://movinovacaonaeducacao.org.br/wp-content/uploads/2021/09/por-uma-educacao-democratica-e-humanizadora.pdf>. Acesso em: 6 ago. 2022.

DEWEY, J. *Democracia e Educação*. Lisboa: Didática Editora, 2007.

DUGNANI, L. A. C.; SOUZA, V. L. T. Movimentos constitutivos da coletividade na escola: uma análise da perspectiva da psicologia histórico-cultural, in: ALMEIDA, L. R.; PLACCO, V. M. N. S. *O coordenador pedagógico e o trabalho colaborativo na escola*. São Paulo: Loyola, 2016.

FREIRE, P. *Pedagogia do Oprimido*. São Paulo: Paz e Terra. 1996ª.

FULLAN, M.; & HARGREAVES, A. *A escola como organização aprendente*. Porto Alegre: Artmed, 2000.

HARGREAVES, A.; O'CONNOR, M. T. *Collaborative Professionalism: when teaching together means learning for all*. Thousand Oaks: Corwin, a SAGE Company, 2018.

LIBÂNEO, J. C.; OLIVEIRA, J. F.; TOSCHI, M. S. *Educação Escolar: políticas, estrutura e organização*. 10. ed., São Paulo: Cortez, 2012.

LIRA, P. S. Primeiros traçados de uma reflexão: as relações de poder e o cuidar, in: ALMEIDA, L. R.; SILVA, J. M. S. (orgs.). *Relações de poder na escola: emoção e razão – Diários de Itinerância II*. Campinas: Pontes Editores, 2021.

_____. *O diretor escolar e as práticas de colaboração em construção na escola pública municipal de São Paulo*. Dissertação de Mestrado. Pontifícia Universidade Católica de São Paulo, São Paulo, 2022.

MAGALHÃES, M. C. C. Pesquisa Crítica de Colaboração: escolhas epistemometodológicas na organização e condução de pesquisas de intervenção no contexto escolar, in: MAGALHÃES, M. C. C.; FIDALGO, S. S. (orgs.). *Questões de método e linguagem na formação docente*. Campinas: Mercado das Letras, 2011.

PARO, V. H. *Diretor escolar: educador ou gerente?* São Paulo: Cortez, 2015.

PASSOS, L. F.; ANDRÉ, M. O trabalho colaborativo, um campo de estudo, in: ALMEIDA, L. R.; PLACCO, V. M. N. S. *O coordenador pedagógico e o trabalho colaborativo na escola.* São Paulo: Loyola, 2016.

PELOSSI, D. B. P. *Colaboração Crítica na Formação de Formadores.* Dissertação Mestrado. Pontifícia Universidade Católica de São Paulo, São Paulo, 2023.

RABELO, K. M. O trabalho colaborativo como potencial para a retomada do contexto educativo durante a pandemia do COVID-19, in: PLACCO, V. M. N. S.; ALMEIDA, L. R. *O coordenador pedagógico e os desafios pós-pandemia.* São Paulo: Loyola, 2021.

ROLDÃO, M. C. Colaborar é preciso: questões de qualidade e eficácia no trabalho dos professores. *Noesis*, n. 71, p. 24-29, out/dez. 2007. Disponível em: <https://www.dge.mec.pt/sites/default/files/CDIE/RNoesis/noesis_miolo71.pdf>. Acesso em: 9 out. 2021.

SANTOS, A.; MELLO, H. D. A.; GUSMÃO, J. B. Construindo a gestão escolar colaborativa: a experiência de um grupo de gestores. *Cadernos Cenpec.* São Paulo, v. 5, n. 1, p. 107-134, jan./jun. 2015. Disponível em: <http://cadernos.cenpec.org.br/cadernos/index.php/cadernos/article/view/330>. Acesso em: 10 out. 2021.

VAILLANT, D. Directivos y comunidades de aprendizaje docente: un campo en construcción. *Rev. Elet. Educ.*, São Carlos, v. 13, n. 1, p. 87-106, jan. 2019. Disponível em: <http://educa.fcc.org.br/scielo.php?script=sci_arttext&pid=S1982-71992019000100087&lng=es&nrm=iso>. Acesso em: 6 ago. 2023.

O educador do século XXI: tudo em todo lugar ao mesmo tempo

Luiza Helena da Silva Christov[1]
(luiza.christov@unesp.br)

Apresentação

Há exatos 20 anos, escrevi nesta coleção um artigo com o título de Garota Interrompida: metáfora a ser enfrentada, no qual eu chamava a atenção para o desvio de função dos coordenadores pedagógicos em todo o país, pois, ao contrário de serem preservados para a sua função essencial de formar os professores no espaço escolar, eram e são permanentemente convocados a outras funções na escola. Agora, em 2023, arrisco trazer outro filme como metáfora para pensar a complexidade dos cenários contemporâneos nos quais atuam professores e coordenadores pedagógicos e nos quais são formados os seres humanos que vivenciam as relações socioculturais criadas por nós mesmos, humanos e humanas, intensificando a invenção de novas tecnologias sem necessariamente criarmos um planeta no qual todos possam desfrutar dos benefícios conquistados pela ciência.

O filme escolhido, dessa vez, é o premiado com o Oscar 2023, **Tudo em Todo o Lugar ao Mesmo Tempo**, produzido nos EUA, em 2022, com duração de 139 minutos. Tem direção de Dan Kwan e Daniel Scheinert e roteiro dos mesmos diretores. O filme traz

---

1. Professora Doutora do Programa de Pós-graduação do Instituto de Artes da UNESP.

importante reflexão sobre as possibilidades de criarmos destinações diversas para nossas vidas. Mostra uma intensa luta interna de uma mulher com as limitações e padecimentos de sua vida, de suas escolhas. Luta interna com nossos fantasmas para mudarmos nossos destinos, para fugirmos da visão fatal de que não temos escolhas. E mostra, corajosamente, também, como presente, passado e futuro se entrelaçam em nós e nos perdemos, ou por ficarmos presos ao passado ou a fantasias e temores do futuro, perdendo a oportunidade do presente. Perdendo a oportunidade de mergulharmos no agora com nossa potência criativa entrelaçada a nossos vínculos. Nunca isolados, nunca desprovidos de companhias. Mergulhar no presente considerando nosso ser como múltiplo. Condensar no presente o nosso modo múltiplo de ser. Considero o filme uma boa metáfora quando pensamos no cotidiano, muitas vezes perverso, que impede os educadores de se reconhecerem como criadores de seus destinos entrelaçados a seus coletivos de força. O cotidiano profissional tão perverso que impede grande maioria dos educadores de reconhecerem e participarem de coletivos de força. Grande maioria, em padecimento, não consegue integrar militância política por melhores condições de vida ao desempenho diário de sua profissão. São impedidos de ver tudo no mesmo lugar ao mesmo tempo, fragmentando partes de sua vida, compartimentando horas de lazer e horas de trabalho. As primeiras são as horas do prazer, as horas de trabalho são as horas do sacrifício, do sofrimento diário.

Quero aproveitar o título do filme também para me referir ao perfil dos educadores que pretendo sugerir nesse texto. Considero a mim mesma e aos educadores, ao mesmo tempo e em todo lugar: ensinador/a, aprendiz, comunicador/a e profissional. Como marcas de um perfil mutante, em permanente construção e resultando de muitas lutas internas com nossas histórias, quero pensar a presença dos educadores em todo lugar atenta e desperta. Ao mesmo tempo, ensinando e aprendendo. E capaz, como sugere o filme, de vislumbrar múltiplas possibilidades para seu destino.

Capaz de integrar passado e futuro na presentificação da história e das referências, na construção hoje de um amanhã, que, por ser imponderável, possa nos encontrar preparados/preparadas/preparades e em companhia de nossos coletivos de força para o que der e vier e para as consequências do que inventarmos.

Cenários que se destacam nesse século XXI

Nosso cenário cultural, ou nossa ambiência plena de objetos, necessidades, discursividades e experiências relacionais da cultura contemporânea, nos coloca frente às tecnologias da informação e a um mundo conectado ao mesmo tempo, que fomenta individualismos e absolutizações do eu, com proliferação de postagens da própria imagem, nas redes sociais, além de *influencers* seguidos por milhões de pessoas com exibição de suas histórias privadas. Ao mesmo tempo que são acelerados os avanços tecnológicos e o uso de redes sociais, temos um mundo no qual milhões são excluídos do acesso aos benefícios das inovações tecnológicas. Cenário de exclusão com incentivo ao consumo, em tensão com necessidades básicas não satisfeitas de milhões: sem tetos, insegurança alimentar, sem saúde, sem dignidade.

Vivemos um cenário no qual vidas são expostas em vídeos, fotos, redes sociais. Vidas expostas ao risco.

A mesma tecnologia que nos conecta e faz com que saibamos o que acontece no planeta de imediato, potencializando negócios, pesquisas e comunicações, é a tecnologia geradora de medo, de contato com tragédias diárias: violência urbana, escravização, catástrofes climáticas, guerras, movimentos migratórios com pessoas desesperadas morrendo em travessias ou deixando seus territórios de origem para manter-se vivas a qualquer preço. Avanços tecnológicos acelerados provocam novas relações de trabalho, desempregos em massa e incertezas sociais. Os jovens manifestam ansiedade diante da incerteza na escolha profissional: novas profissões instalam-se da noite para o dia. Idosos são excluídos por falta de preparo em relação às novas linguagens e recursos que surgem em velocidade cada vez mais acelerada.

Conflitos regionais e exclusão de milhares de pessoas do acesso ao trabalho e condições dignas de vida provocam movimentos migratórios e os mesmos geram novos conflitos com a resistência de povos para receber numerosos grupos de outros territórios. A busca por melhores condições de vida tem levado milhares à morte em travessias marcadas por riscos e mais explorações.

Num mundo de incertezas, a palavra criatividade ganha força e é requisitada para a invenção permanente de novos modos de ser e viver.

Em termos culturais, no mesmo cenário de uma economia globalizada, temos a valorização de culturas locais e produtos artesanais tornam-se bens de consumo sofisticados e caros. Em contrapartida aos apelos para generalizações de valores para todo o planeta, temos afirmações de valores e movimentos fundamentalistas de algumas culturas, de alguns grupos religiosos e políticos, para impor visões de mundo e práticas tradicionais.

Ao mesmo tempo que temos tal cenário de intenso conflito e exclusão, encontramos também uma ampliação de consciência em diferentes campos. O mundo conectado traz a perspectiva plural para a palavra cultura, na medida em que entramos em contato com diferentes modos de vida espalhados pelo planeta. Uma consciência planetária é intensificada e surgem movimentos de defesa ambiental, de necessidade de socorro a vítimas de catástrofes e dominações políticas. A palavra ética ganha força, ênfase e destaque especial, fundada na necessidade de reflexão sobre os significados criados historicamente em torno da palavra democracia. A perspectiva democrática defendida no campo filosófico, educacional, sociológico e cultural pode ser resumida com a imagem segundo a qual cada um cuida de si para cuidar de todos, controlando seus desejos individuais e sempre perguntando se os mesmos não causam riscos ao outro. Pode ser associada à imagem de todos com acesso aos benefícios materiais e culturais coletivamente inventados. Pode ser associada à imagem de que todos expressam suas vozes. A busca pela palavra comum que atenda a interesses de todos, considerando a palavra de cada um, também é uma imagem que assume relevância em diferentes coletivos que se organizam em defesa de direitos civis e condições dignas de vida para todos. Em nossa sociedade complexa, as leis, normas e contratos servem ao propósito de limitar vontades individuais e garantir convivência em conglomerados urbanos. Democracia e ética, fundadas na ideia do cuidado de si para cuidar do outro, embasam a luta por inclusão, respeito à diversidade, anticolonialismo, antirracismo, feminismo, direitos de pessoas LGBTQIA+, acessibilidade para pessoas com deficiência – PCD, proteção de crianças, jovens e idosos.

Especificamente, em termos da construção de conhecimentos, pesquisas sobre subjetividades, identidades e diversidades ganham projeção no campo educacional, no campo da Psicologia e da Sociologia. Realidades naturais e culturais exigem conjunto de saberes para serem compreendidos, exigem abordagem interdisciplinar.

O movimento interdisciplinar surge no campo da produção científica já no final dos anos cinquenta, na Europa e EUA, em resposta à super fragmentação dos saberes que resulta do intenso e acelerado processo de especializações em todos os campos. Nos anos sessenta, na Europa, organizam-se seminários em diferentes países para propor uma nova organização curricular nas universidades, com foco na crítica à fragmentação do saber. Os anos setenta veem o movimento interdisciplinar ser ampliado e pesquisadores buscam definir palavras como interdisciplinar, multidisciplinar e transdisciplinar. Para a educação escolar, esses conceitos sofreram mediações e adaptações, considerando a necessidade de inter-relacionar disciplinas do currículo para o ensino e não exatamente para a realização de uma pesquisa que exigisse soluções e formulações de novos conceitos integrando pesquisadores e abordagens teóricas de várias ciências. Na Educação Básica, tratou-se de considerar a interdisciplinaridade não apenas como sinônimo de *relação entre disciplinas*, mas também como integração de conteúdos por meio de uma nova forma da interação entre as pessoas, modificando a relação professor-aluno, aluno-aluno, buscando imprimir às unidades curriculares um tratamento metodológico variado para garantir diferentes dinâmicas de interação entre os atores do processo de ensino-aprendizagem, assim como a contextualização e articulação dos conhecimentos a serem construídos.

O mais importante para a educação escolar é compreender que a perspectiva de integrar disciplinas, ou seja, que a abordagem interdisciplinar é importante para superar visão fragmentada da realidade; para superar o modo de entender a realidade como partes que não se relacionam entre si. Favorece o entendimento de que os problemas sociais e os processos naturais estão intrinsecamente relacionados e que a ação humana sobre a natureza tem consequências e nem sempre positivas. No interior da escola, a abordagem interdisciplinar interessa para superar dicotomias:

1. entre saber escolar e saber cotidiano
2. entre teoria e prática
3. entre arte e ciência
4. entre emoção e razão
5. entre escola e comunidade

À coordenação pedagógica cabe orientar os professores a analisarem seus planos de aula, perguntando-se sobre as dicotomias acima destacadas e como podem ajudar a superá-las. Que os professores possam perguntar a si mesmos e narrar seus dilemas, dúvidas e descobertas nos espaços coletivos de reflexão.

Perfil de educadores e educadoras no cenário contemporâneo

Não gosto da palavra perfil quando ela formula critérios de padronização que negam, na maioria das vezes, o modo de ser de um profissional. Cada profissional e, portanto, cada educador e educadora, cada professor e professora, cada coordenador pedagógico e cada coordenadora inventa seu modo de ser profissional na integração sintética de diversas referências e exigências de seu tempo e seu espaço. Muitas vezes, a necessidade de seguir um padrão estipulado histórica e socialmente leva o profissional a silenciar suas invenções, suas criações e os sentidos que elabora sobre sua experiência.

Importante é a consciência de que se trata de um perfil em mutação permanente, porque a acelerada invenção tecnológica, bem como as relações de trabalho e os costumes, exigem novos posicionamentos em intervalos de tempo cada vez menores. Um perfil-gangorra que se move entre alguns dilemas que descrevemos brevemente a seguir.

O dilema entre ser professor ou educador. Esse dilema é antigo e talvez já esteja superado em muitas experiências educacionais. Trata-se daquela distinção feita entre dar aulas informando os estudantes e explicando conceitos de interesse para vestibulares e outros preparos exigidos pelo desempenho capitalista e a opção por formar para cidadania em uma abordagem menos conteudista/informativa e mais atenta aos processos criativos de cada estudante em sua leitura do mundo. Ainda encontramos instituições educacionais e professores colocando-se tal dilema, como se fosse perda de tempo formar para cidadania e ética. Como você leitor, percebe essa questão e como resolve esse dilema praticamente em seu cotidiano?

O dilema entre Chronos e Kairós. Os gregos antigos, me parece que antevendo o que viveríamos hoje, criaram duas palavras para falar do tempo: Chronos e Kairós. Digo antevendo porque atualmente a questão tempo sempre comparece como falta para diferentes profissionais e muito intensamente para educadores: falta tempo para refletir, para descansar, para ler, para escrever, para... para... para...

Chronos é um deus associado à matematização do tempo; ele responde pelo tempo medido, pelo cronômetro, pela cronologia, ou seja, por nossa necessidade de medir e dividir o tempo em segundos, minutos, horas, dias, meses e anos. Responde pelo tempo dos seres humanos que plantam, colhem, trabalham transformando a natureza. Tem em si ainda a noção de passado, presente e futuro. Kairós é um outro deus e responde pelo tempo dos deuses, um tempo interno aos seres humanos, um tempo subjetivo que não pode ser medido. Tempo do conhecimento, da pausa para reflexão e do presente, tempo de não se prender no passado ou no futuro imaginário. É o tempo de nossa percepção, do que precisamos para nossas criações, por isso é interno e não corresponde a prazos e relógios. Precisamos dos dois tempos para nossa vida social, equilibrando tempos internos com tempos exigidos de nossa cultura. Como vocês, coordenadores pedagógicos, auxiliam os professores a encontrarem o equilíbrio entre o tempo interno e o tempo cronológico?

O dilema entre inovação e preservação de práticas, recursos, modelos pedagógicos. Em cada encontro de educadores, seja em palestras, congressos, processos de educação continuada ou escutas em pesquisas, encontramos narrativas que descrevem os desafios e pressões para que professores e gestores inovem, criando novas formas para organizar aulas ou reproduzindo o uso de recursos considerados inovadores pelo discurso pedagógico contemporâneo. Cobranças em termos de inovações têm sido uma das queixas mais recorrentes entre educadores, provocando a questão: o que merece ser inovado e o que merece ser preservado em um projeto pedagógico?

Se inovar é introduzir mudanças planejadas visando melhorias, não se pode esquecer que melhoria é um termo carregado de valores. O que se valoriza como melhor em um projeto pedagógico? Ou em uma política pública dos sistemas educacionais? Inovação em educação vem associada a concepções de educação e a contextos históricos. Em cada contexto educacional, diferentes concepções se chocam, geram conflitos e tensões. E muitos questionamentos são endereçados à importação do termo inovação do mundo empresarial para o mundo da educação.

O professor António Nóvoa ajudou a enfrentar essa questão, no Congresso Nacional de Formação de Educadores realizado em Águas de Lindoia em 2011, chamando a atenção para o fato de que é preciso mais que reformas para trazer o novo para a educação. Disse ele que necessitamos de uma verdadeira revolução no campo educacional, com mudanças no campo da organização dos tempos e espaços da escola, com valorização radical dos educadores e com a revisão permanente dos conteúdos a serem ensinados. Sua fala permite um deslocamento das inovações superficiais para mudanças urgentes que possam tornar a profissão dos educadores, bem como os espaços escolares, territórios de interesse, de conhecimento, de estímulo à curiosidade e de formação cidadã. Em resumo, ele nos fez pensar que precisamos inovar, sim, mas operando uma mudança estrutural e não apenas inovar em recursos tecnológicos da aula. E penso eu que precisamos inovar analisando com nossos pares, com os estudantes e com as famílias o que queremos preservar de nossas conquistas e o que precisamos inventar para garantir conhecimento a todos. Os coordenadores pedagógicos podem ajudar e muito com essa reflexão junto aos professores de seus grupos.

O dilema entre enquadrar ou emancipar, dizendo de outro modo: a educação tem como objetivo principal o enquadramento de bebês, crianças, jovens, adultos e idosos em práticas socioculturais que precisam ser preservadas historicamente ou o objetivo central da educação é emancipar intelectual, afetiva e politicamente os estudantes? Paulo Freire (1987), Rancière (2011) e tantas outras referências nos ajudam a pensar a educação como campo comprometido com a emancipação, com a criação de novas e melhores relações entre seres humanos. Porém, o dilema se impõe diante de tantos apelos para o preparo de crianças e jovens para ingresso em mercado de trabalho, ingresso em cursos superiores, reprodução de valores e práticas milenares relacionadas ao trabalho, à vida afetiva, à vida política. E convém lembrar o que nos legou Hannah Arendt (1990), filósofa alemã que viveu no século XX: nós, adultos que nos ocupamos de educar os seres novos que nascem a cada segundo, enfrentamos a questão de não silenciar a nova palavra e as perguntas que trazem, questionando nosso modo de vida e a necessidade de transmitir fundamentos que valorizamos e o que já conquistamos em termos de uma convivência ética.

Penso que tal reflexão exige a mesma postura em relação ao que apresentamos sobre inovação e/ou preservação, ou seja, temos todos que nos perguntar e cuidar de manter o que já se conquistou em termos de uma vida ética e também cuidar de não silenciar o novo que precisa surgir para aperfeiçoarmos nossas cidades, nosso planeta.

Os coordenadores pedagógicos, cujos corpos estão colados, como mediadores de reflexão, aos corpos dos professores, podem ajudar também com perguntas sobre enquadramentos que os professores consideram necessários e projetos emancipadores em termos intelectuais, afetivos e políticos.

Até aqui, temos imagens que sugerem a contemporaneidade e imagens de dilemas vivenciados por educadores. Vamos, agora, fazer o esforço de pensar um perfil para educadores nos contextos e questões que destacamos.

Uso a palavra perfil com ressalvas e na tentativa de trazer imagens que considero importantes em qualquer tempo e espaço sobre modos de ser educador/professor; são características ancoradas no compromisso do ofício e as considero fundamentais para a travessia e existência, no cenário descrito acima. Insisto: falo de um perfil em mutação, ensaio apenas fixar algumas imagens para garantir a presença do corpo professor junto ao corpo estudante; do corpo coordenador junto ao corpo professor.

Ouso afirmar que os professores e seus formadores, com destaque para os coordenadores pedagógicos, são ensinadores, aprendizes, comunicadores e profissionais.

O **ensinador** é a parte do educador, professor ou gestor, capaz de contar uma boa história. Os educadores são pessoas que tem boas histórias para contar. Porque eles criam histórias no conjunto dos conteúdos de seu campo, de um campo do saber humano. Os coordenadores criam histórias no campo teórico da formação docente, por exemplo. Criam histórias com as histórias que contam os estudantes, no caso dos professores. E com histórias que trazem os professores, no caso dos coordenadores. O ensinador cria histórias a partir de experiências oferecidas pela vida: experiências culturais, profissionais, afetivas, religiosas, políticas. Fundamental que os educadores se assumam como pessoas que tem o que dizer, o que narrar para quem está em formação.

O educador **aprendiz/pesquisador** é aquele que se encanta com histórias alheias, de autores, autoras, estudantes, professores. É aquele capaz de ficar perplexo e formular perguntas ao seu contexto, ao seu tempo. É capaz de não aceitar primeiras respostas e fazer perguntas mais fundas a cada vez. O educador aprendiz é capaz de arriscar hipóteses, de errar e assumir erros para aperfeiçoar sua experiência, é aquele que pede ajuda. É capaz de inventar e inaugurar situações, revendo certezas e lutando sempre coletivamente para o melhor para si e para todos. A postura do aprendiz, curiosa, perguntadora, inspira os estudantes a não caírem em armadilhas de informações mentirosas nas redes sociais. Inspira a questionar, perguntar, confrontar informações e suas origens. Não seria essa a postura mais adequada para este mundo de excesso de opiniões, excesso de informação, excesso de discursividade sobre tudo e todos?

O professor como **comunicador** é o que dedica tratamento cuidadoso à linguagem, às diversas linguagens como oralidade, escrita, arte, para ampliar sua condição de dizer e a dos estudantes e professores, no caso dos coordenadores. O educador comunicador dedica tratamento cuidadoso ao seu corpo: à sua voz, a seus gestos, ao brilho de seus olhos, à sua expressão. O comunicador tem entusiasmo com o poder de divulgar a palavra de fazer pensar e inspirar o agir dos estudantes na perspectiva de melhores formas de conviver e de dispor do conhecimento como ferramenta ética.

O educador como **profissional** cultiva a consciência de vinculação com outros profissionais, em certo chão e certo tempo, vivenciando o enfrentamento analítico e propositivo das necessidades de seu campo profissional. O profissional vivencia experiências de lutas por valorização em termos de planos de carreira, melhores salários e formação permanente. Identifica afetos em relação às políticas públicas voltadas para educação.

Para finalizar

Ensinador, aprendiz, comunicador e profissional, no mesmo lugar, ao mesmo tempo, imerso em múltiplas motivações teóricas e práticas, conscientes e inconscientes, que se manifestam em síntese, imbricadas, coladas, condensadas em gestos, movimentos, palavras, modos de ser educador, educadora.

Nós, educadores, professores ou gestores, nos inventamos coletiva e individualmente. De nossos velhos e nossa cultura, recebemos modelos, valores, línguas, palavras, conceitos, significados. Produzimos sentidos a partir de toda essa herança, criando novos significados, conceitos, modos de ser. O espaço formativo instalado em cada escola pelos coordenadores pedagógicos é lugar de encontrar com a própria experiência e produzir sentidos sobre a mesma. A experiência como lugar de muitas camadas que ainda padecem da imponderabilidade é da classe dos processos complexos. A complexidade sugere muitos lados, muitos sentidos, muitas camadas. A mediação dos coordenadores junto aos professores pode ajudar nos deslocamentos do olhar que se volta para a própria experiência. Amparando o olhar que vê os vários lados das coisas, o olhar que vê e pensa o que vê. O olhar que se volta para a experiência é esse olhar ancorado no desejo de tudo ver. Acontece que o olhar também é um lugar de camadas múltiplas. Da camada do desejo de quem olha. Da camada dos valores de quem olha. Da camada dos medos de ver. Da camada de doer os olhos à luminosidade do que se vê. Da camada da pretensão e da vaidade de quem vê. A camada das perguntas de quem vê.

Em um processo reflexivo, qual a camada que mais nos interessa e quais cuidados exige esse olhar que se volta para a experiência, quando o compromisso é aperfeiçoar a experiência?

A experiência formativa é constituída de quais processos e produções?

Como os planos de formação inspiram e são traduzidos em experiência/vida?

Como se apresentam os participantes dos processos formativos (professores, coordenadores pedagógicos)? Quem são? Histórias de vida, universo cultural, valores, concepções de educação, de conhecimento, de cidadania?

Como nós, formadores, nos relacionamos com os registros de nossos grupos de formação?

Algumas condições podem interessar aos coordenadores pedagógicos para essa ajuda aos olhares que se voltam para a própria experiência:

1. Considerar a experiência como processo complexo no qual não incide uma teoria de forma transitiva/impositiva/racionalizada.
2. Considerar o olhar que se volta para a experiência como algo que todos temos e exige exercício de despojamento e perguntas.
3. Distinguir ações, processos, produções no processo formativo para olhar com vagar.
4. Fazer perguntas ao plano de ação formativa mediante o olhar que se volta para o real; sabatinar intenções à luz da experiência.
5. Aproximação ao pensamento e aos gestos de quem está em formação. Um ser que busca integrar ensinador, aprendiz, comunicador e profissional é um ser de muitas camadas. Uma aproximação delicada e cuidadosa exige leitura sem pressa de cada gesto e cada palavra.
6. Considerar os registros como exposição de quem registra e exigem, pois, a delicadeza de não serem enquadrados em erros, em padronizações negadoras dos sentidos produzidos ao se registrar. Valorizar mais a orientação para explicitações sobre o que já aparece e perguntar mais do que julgar e cancelar.
7. Falas e registros podem indicar necessidade de ler novamente diretrizes, referências, valores de um projeto pedagógico. Tal proposição sugere cuidado e conversa sobre diversos entendimentos que serão indicadores para experiência.
8. Instalar tempo e espaço para reflexão coletiva permanente e para estar com coordenadores pedagógicos individualmente, se necessário. Isso se chama rotina de formação ou formação como rotina.

Em nossa experiência, acompanhada de muitos mistérios e processos que não alcançamos nomear, criamos nossas aulas, nossos encontros formativos entre coordenadores e professores, nossa trajetória comprometida com um conhecimento que se espalha e ajuda a acolher a todos, passando por cada um.

O filme **Tudo em todo lugar ao mesmo tempo** também faz pensar que nosso gesto importa e desloca outros gestos, que nossa palavra importa e convoca outras palavras. Faz pensar que estamos todos interligados; mais que conectados por recursos tecnológicos, somos corpos vinculados por terra, água, fogo e ar. Por redes invisíveis entre pensamentos. Por necessidades comuns. Por nossos medos. Por nossa esperança.

Há 20 anos, pensei por aqui a dispersão, a fragmentação, a interrupção.

Vinte anos depois, quero pensar o que nos une e fortalece e romper com o eu absoluto e a solidão absoluta que um mundo conectado nos acarretou.

A mão
Wislawa Szimborska

Vinte e sete ossos,
Trinta e cinco músculos,
Cerca de duas mil células nervosas
em cada ponta dos nossos dedos.
Isso é o bastante
para escrever Mein Kampf
ou As aventuras do ursinho Pooh.

Referências

ARENDT, H. *Entre o passado e o futuro*. São Paulo: Perspectiva, 1990.

CHRISTOV, L. H. S. Garota interrompida: metáfora a ser enfrentada, in: PLACCO, V. M. N. S.; ALMEIDA, L. R. (orgs.) *O coordenador pedagógico e o cotidiano da escola*. 5. ed., São Paulo: Loyola, 2003.

FREIRE, P. *Pedagogia do oprimido*. 17. ed., Rio de Janeiro: Paz e Terra, 1987.

RANCIÈRE, J. *O mestre ignorante*. Belo Horizonte: Autêntica, 2011.

A coordenação pedagógica: reflexões a respeito das inovações tecnológicas e suas implicações para a aprendizagem

Antonio Carlos Caruso Ronca[1]
(accronca@gmail.com)
Harley Arlington Koyama Sato[2]
(harleysato@gmail.com)
Priscila Gabriela Costa[3]
(prigacosta@hotmail.com)

Diego não conhecia o mar. O pai, Santiago Kovadloff,
levou-o a vê-lo.
Foram para o Sul.
Ele, o mar, estava para lá das dunas altas, à espera.
Quando o menino e o pai chegaram, finalmente,
àqueles cumes de areia,
depois de muito caminharem, o mar explodiu-lhes diante dos
olhos. E era tal a imensidão do mar e tal
o seu fulgor, que o menino
emudeceu de formosura.
Quando enfim conseguiu falar, trêmulo, gaguejante, pediu ao pai:
– Ajuda-me a olhar!
(Galeano, 2019, p. 15)

---

1. Professor Titular da Pontifícia Universidade Católica de São Paulo (PUC-SP). Ex-Reitor-PUC-SP e ex-Presidente do Conselho Nacional de Educação.
2. Doutorando do Programa Educação: Psicologia da Educação da Pontifícia Universidade Católica de São Paulo (PUC-SP).
3. Doutoranda do Programa Educação: Psicologia da Educação da Pontifícia Universidade Católica de São Paulo (PUC-SP).

Um olhar para o mundo contemporâneo

Muitos são os estudiosos e pesquisadores (Morozov, 2018; Schwab, 2019; Abranches, 2017; Bucci, 2021), das mais diversas áreas do conhecimento, que estão apontando as radicais transformações que vêm ocorrendo em sociedades do nosso planeta.

Algumas dessas mudanças apontam para um avanço civilizatório, enquanto outras trazem profundas preocupações, seja porque são questionáveis do ponto de vista ético, como também pelas consequências nefastas que podem advir para toda a humanidade.

Também as inovações tecnológicas, que têm ocorrido principalmente desde o início do século XX, fazem parte do conjunto de transformações que podem contribuir decisivamente para a melhoria da qualidade de nossas vidas. Entretanto, ao mesmo tempo, podem acarretar aumento das desigualdades sociais, possíveis invasões em nossa subjetividade e modificações substanciais nas relações de trabalho, dentre outras consequências muitas vezes imprevisíveis e que não contribuem para a preservação e a melhoria de padrões de qualidade de vida ou de relações humanas mais saudáveis, dentro de padrões éticos.

A partir da segunda metade do século XX, assistimos à intensificação de mudanças na produção do conhecimento pelo uso dos mais diversos instrumentos tecnológicos. Surgiram os computadores, a internet, a eletrônica e as redes que podem ser acionadas por procedimentos eletrônicos, acarretando implicações, por exemplo, em como nos relacionamos com os outros e nas diversas formas como trabalhamos. Esta foi a terceira revolução industrial, também denominada de revolução digital.

No entanto, de acordo com Schwab, já estamos vivenciando a quarta revolução industrial.

> Ciente das várias definições e argumentos acadêmicos utilizados para descrever as três primeiras revoluções industriais, acredito que hoje estamos no início de uma quarta revolução industrial. Ela teve início na virada do século e baseia-se na revolução digital. É

caracterizada por uma internet mais ubíqua e móvel, por sensores modernos e mais poderosos que se tornaram mais baratos e pela inteligência artificial e aprendizagem automática (ou aprendizado de máquina). (Schwab, 2019, p. 35)

Nesse contexto, deve-se ressaltar que a velocidade dessas mudanças provenientes das inovações tecnológicas é, muitas vezes maior do que o tempo exigido para que medidas políticas e de organização social sejam tomadas para garantir, por parte da sociedade, a observância de princípios éticos e jurídicos e daquelas práticas que possam estar a serviço da consolidação da democracia e do desenvolvimento de cada ser humano.

O caráter dessas alterações também deve ser avaliado diante da observação do imenso poder que as grandes empresas possuem e do sucesso do uso dos seus produtos em todo o mundo – poder que pode ser usado para censurar informações ou até mesmo para boicotar determinados atores do mundo político, que passam a sofrer procedimentos de "cancelamento". Dessa forma, a tecnologia pode até mesmo interferir nos resultados das eleições e, consequentemente, afetar o jogo democrático.

Sobre isso, Bucci já alertava:

> Em janeiro de 2020, uma informação correu o mundo, mas não chamou a atenção de quase ninguém: as empresas Apple, Amazon, Alphabet (dona da Google), Microsoft e Facebook tinham alcançado, juntas, o valor de mercado de cinco trilhões de dólares. Menos de seis meses depois, em junho do mesmo ano, a Apple sozinha valia 1,5 trilhão de dólares. Aí, sim, o tema ganhou destaque. (Bucci, 2021, p. 15)

Os fatos acima nos fazem refletir sobre os cuidados com a democracia em face dos avanços digitais. Junto com outros fatores, o novo repertório de instrumentos digitais pode contribuir para colocar em risco a existência do regime democrático em um determinado país, seja por meio da farta disseminação de notícias falsas ou, ainda, da tentativa de "convencer" indivíduos a concentrarem sua atenção em apenas um ou outro veículo da mídia, demonizando alguns dos meios de comunicação.

O avanço tecnológico também está trazendo profundas consequências para o mundo do trabalho, não só pela quantidade de oferta de novos postos, mas pelas características dos diversos empregos que vão continuar existindo. Segundo o relatório do Banco Mundial (2023, p. 1) sobre o futuro do emprego, "[...] espera-se que cerca de 23% dos empregos mudem até 2027, com 69 milhões de novos empregos criados e 83 milhões eliminados."

Outro aspecto para o qual a sociedade como um todo deve olhar, com olhos de urgência máxima, diz respeito à promoção e à consolidação da economia de baixo carbono no Brasil, com o uso de energias limpas e propondo o desenvolvimento de políticas públicas que busquem incentivar, pelos mais diversos meios, a utilização racional dos recursos da natureza, inclusive explorando de forma sustentável as matas e florestas.

A inovação de processos e a criação de novas tecnologias serão indispensáveis para fomentar alternativas de novas formas de energia limpa, de modo que possam contribuir para que o Brasil concretize o seu compromisso na luta mundial para o cumprimento da meta do Acordo de Paris, de limitar o aumento da temperatura média global a bem abaixo de 2° Celsius e aumentar os esforços para limitá-lo a 1,5° Celsius.

Questões da educação

No Brasil, os processos contínuos de inovação tecnológica acontecem em um país com extremas desigualdades, que foram mais agravadas com a pandemia da Covid-19. Na educação básica, uma das urgências é a concretização de políticas públicas que possibilitem que todas as crianças sejam alfabetizadas até o final do 3° ano do ensino fundamental, ou seja, com no máximo oito anos de idade, conforme previsto na meta 5 do Plano Nacional de Educação (Brasil, 2014).

No entanto, ao lado de um grande esforço para que todos os alunos sejam alfabetizados, uma agenda para a educação básica no Brasil deverá também prever ações concretas para o letramento digital de todas as crianças, sejam de escolas públicas ou particulares. Buckingham define esse conceito da seguinte maneira:

> Conclui-se que o letramento digital é bem mais do que uma questão funcional de aprender a usar o computador e o teclado, ou fazer pesquisas na web, ainda que seja claro que é preciso começar com o básico. Em relação à Internet, por exemplo, as crianças precisam saber como localizar e selecionar o material – como usar os navegadores, hyperlinks, os mecanismos de procura etc. Mas parar por aí é confinar o letramento digital a uma forma de letramento instrumental ou funcional: as habilidades que as crianças precisam em relação à mídia digital não são só para a recuperação de informação. Como com a imprensa, elas também precisam ser capazes de avaliar e usar a informação de forma crítica se quiserem transformá-la em conhecimento. Isso significa fazer perguntas sobre as fontes dessa informação, os interesses de seus produtores e as formas como ela representa o mundo, compreendendo como estes desenvolvimentos tecnológicos estão relacionados a forças sociais, políticas e econômicas mais amplas. (Buckingham, 2010, p. 49)

O letramento digital está relacionado à importante questão das desigualdades. Ao lado da pobreza, da fome, da injusta distribuição de bens e da consequente falta de oportunidades aos menos favorecidos, a ausência de equipamentos adequados, conectividade e de oportunidades para que todos sejam incluídos no mundo digital amplia as assimetrias, pois nossa sociedade está cada vez mais organizada na dependência da utilização de instrumentos tecnológicos que se apresentam num nível crescente de sofisticação, exigindo múltiplas habilidades motoras e cognitivas para o seu uso adequado.

Assim, a inclusão digital, hoje, é indispensável para enfrentar a pobreza e as desigualdades. Logo, sua má distribuição, privilegiando os mais favorecidos economicamente, intensifica justamente o que se deseja combater. A pandemia evidenciou esse fato. Durante esse período, como nem as famílias, nem as escolas públicas dispunham de equipamentos adequados ou meios eletrônicos que permitissem a conexão, muitas crianças e jovens passaram um ou dois anos sem nenhum contato com a escola, tendo sua educação formal interrompida.

Essa questão exige ações urgentes! É necessário um trabalho conjunto dos diversos entes federados – União, estados e municípios – para recuperar as aprendizagens que deveriam ter acontecido para todos os jovens e crianças, principalmente em nossas escolas públicas. Para tanto, políticas públicas adequadas devem ser especificamente formuladas para responder a esse grave problema.

Assim, cada vez mais se faz necessário que todas as escolas do país tenham acesso à internet e a equipamentos eletrônicos que permitam a devida conectividade para alunos e professores, além da fundamental formação para o seu uso. A utilização das mais diversas ferramentas e plataformas poderá contribuir para uma educação de qualidade e para preparar nossos estudantes de educação básica para o uso adequado e crítico das inúmeras formas de tecnologia. O trabalho do coordenador pedagógico, portanto, em conjunto com os professores, será indispensável para o sucesso dessas políticas ou de qualquer outra ação para melhorar as aprendizagens dos alunos.

No entanto, deve-se ressaltar que a exigência acima colocada, apesar de ser indispensável, é insuficiente para a formação de nossas crianças e jovens e para o enfrentamento de um mundo de complexidade cada vez mais crescente. A questão fundamental, que vai além da preparação dos nossos estudantes para o uso da tecnologia, é: como as nossas escolas vão preparar seus estudantes para o desenvolvimento cognitivo avançado, como habilidades em análise de dados, criatividade, capacidade de síntese e reflexão crítica, numa perspectiva de totalidade que permita ampliar a consciência sobre as inúmeras contradições presentes em nossa sociedade?

Vislumbrando-se tal desenvolvimento integral, a utilização dos avanços tecnológicos na escola também pressupõe que se propicie, ao mesmo tempo, uma formação humanista, com acesso à sociologia, à filosofia e às questões propostas pelas diversas manifestações culturais como literatura, arte, pintura e teatro. Isso permitirá um suporte para que se escape do tecnicismo e se possa compreender o real significado dos diversos usos da tecnologia e, principalmente, a serviço de quem a tecnologia está.

Um coordenador pedagógico com um novo olhar

Essa realidade exige uma escola que saiba compreender as complexidades das mudanças em curso e que seja capaz de enfrentar os desafios que se apresentarem. A escola não pode estar ausente, e os professores, alienados dessas discussões. As finalidades da escola segundo Lenoir et al. (2016, p. 11) têm "[...] a necessidade de uma contextualização externa, na realidade social". Dessa forma, a escola deve estar atenta às discussões fundamentais da nossa sociedade, como as questões discutidas no começo deste texto sobre o clima e o avanço tecnológico, e responsabilizar-se em trazer essas discussões para dentro da sala de aula.

> As finalidades educativas escolares estão presentes, explicitamente ou não, em todas as instâncias e etapas do sistema educacional, influenciando as políticas públicas, a organização dos currículos, a formação docente, a elaboração do projeto político-pedagógico e a qualidade do trabalho desenvolvido pelas escolas. (CEPId, 2020, p. 1)[4]

Assim, como trazer essas discussões para dentro da escola e de fato para a sala de aula?

Sendo a inclusão digital finalidade da escola, um possível primeiro passo é incluir essa intenção dentro do documento que estabelece

---

4. O grupo de pesquisa CEPId (Contexto Escolar, Processos Identitários da Formação de Professores e Alunos da Educação Básica) da PUC-SP, sob a coordenação da Profa. Dra. Vera Maria Nigro de Souza Placco, com apoio do CNPq, realizou a pesquisa "Desafios da escola na atualidade: Qual a escola para o século XXI? Uma pesquisa com diversos atores, no estado de São Paulo", entre os anos de 2017 e 2022 (no prelo).

princípios, diretrizes e objetivos das instituições de ensino, que é o Projeto Político Pedagógico (PPP). Para isso, no PPP, devem constar objetivos e princípios que evidenciem a importância dos temas que se deseja discutir como, por exemplo, o letramento digital e a questão ambiental na formação dos estudantes. Para que isso se torne um movimento mais prático, esses e outros temas fundamentais da contemporaneidade devem aparecer na organização curricular, nas estratégias de ensino e na relação com a comunidade escolar.

O currículo escolar também deve conter o conjunto de saberes que desejamos que os alunos aprendam. Assim, uma possível maneira de estruturá-lo é em função de conhecimentos, habilidades e competências, alinhado com as diretrizes educacionais do país, como a Base Nacional Comum Curricular (BNCC), e com o PPP da escola. "A elaboração do currículo tem lugar em um mundo em que condições sociais, culturais e políticas em mudança alteram continuamente o meio ambiente e as metas das escolas e de seus alunos" (Bruner, 1973, p. 8). Dessa forma, é indispensável que o currículo acompanhe as mudanças sociais, culturais e políticas e integre as discussões das novas configurações da modernidade, incluindo o letramento digital e ambiental.

Retomando e aprofundando o conceito de letramento digital já visto no começo do texto, muito mais do que ensinar computação, a escola deve se responsabilizar em garantir que os alunos saibam analisar, avaliar e criar conteúdo digital, além de compreender as questões éticas e de segurança envolvidas no uso da tecnologia.

Já o letramento ambiental envolve a conscientização e o pensamento crítico sobre diferentes temas, como os desafios ambientais globais, a poluição, as mudanças climáticas, a perda de biodiversidade e o uso insustentável dos recursos naturais, por exemplo. Assim, é importante que as políticas públicas e o PPP incluam a temática ambiental de forma transversal em todos os níveis de ensino, proporcionando oportunidades de aprendizagem e engajamento em questões relacionadas ao meio ambiente.

Incluir o letramento ambiental no currículo, portanto, significa promover uma compreensão mais profunda dos problemas ambientais, estimular o pensamento crítico sobre as causas e consequências desses problemas e fornecer ferramentas e estratégias para a ação efetiva em prol da sustentabilidade.

A inclusão do letramento ambiental e digital no currículo escolar e no PPP da escola é fundamental para criar condições para que esses temas sejam abordados de forma integrada e sistemática ao longo do processo educativo, preparando os estudantes para enfrentar os desafios do mundo contemporâneo e promovendo consciência ambiental e habilidades digitais para uma participação cidadã na sociedade. Além disso, promover a integração desses dois temas possibilita uma interconexão da tecnologia para contribuir na solução de problemas ambientais e promover a conscientização sobre eles.

Entre as diversas funções do coordenador pedagógico estão apoiar os professores na elaboração e implementação do currículo, promover a formação docente e orientar as práticas de ensino e acompanhar a aprendizagem dos alunos. Assim, para que essas discussões cheguem à sala de aula, é papel do coordenador compreender toda a complexa dinâmica da sociedade, o que exige um novo olhar, que integre a sociedade, a escola e sua prática. Esse olhar deve ser utilizado durante a função de formador do coordenador pedagógico, nesse contexto que é de grande importância, pois, além de permitir coletivamente captar (perceber) os novos rumos, poderá trazer reflexões sobre a prática desenvolvida pela escola.

Tecnologia e aprendizagem

Um possível tema de formação conectado com as mudanças da sociedade é o letramento digital e sua relação com as aprendizagens dos alunos, que talvez seja a finalidade última da escola.

Para discutir quais são as implicações do advento de novas tecnologias, como, por exemplo, a Inteligência Artificial (IA), às aprendizagens para os alunos, um caminho é discutir e refletir a respeito de como as pessoas aprendem. Para fazer isso de forma mais consciente, escolhemos, como referencial, a teoria da aprendizagem significativa proposta por Ausubel, Novak e Hanesian (1980). Nas palavras de Gatti:

> Não se pode deixar de considerar nesse cenário vertente de estudos que está, mais recentemente, tomando fôlego, que são as teorias de caráter computacional, com ideias da cibernética, em que se privilegia o tratamento formal do fluxo de informações em redes de possibilidades, e, (sic) abordagens na perspectiva da inteligência artificial (IA), apostando em simulações de processos atribuídos à inteligência humana, simulações que se constituem como paralelo entre as estruturas computacionais e sistema cognitivo. Os estudos nessas perspectivas aliam-se com uma outra teoria de aprendizagem mais consolidada, bem como com os conhecimentos da neuropsicologia. Piaget, Vigotski, Skinner, já referidos, e Ausubel (1968; 1982), por exemplo, são autores utilizados em trabalhos com enfoque da IA. (Gatti, 2019, p. 57-58)

Segundo a citação acima, teorias de aprendizagem, como as de Ausubel, são atualmente utilizadas em discussões, como a proposta por este texto, sobre a IA. Um dos motivos da escolha desse referencial é o desejo de escolher princípios que estimulem aprendizagens por meio das quais os alunos possam ir além do simples decorar ou da substituição de dados numéricos em fórmulas matemáticas, pois desejamos que eles atribuam significado ao que estão aprendendo.

A atribuição de significado ao novo que se está aprendendo não ocorre de forma arbitrária ou aleatória. Ausubel, Novak e Hanesian (1980) propõem formas de esse processo acontecer que são comuns a todas as pessoas, logo, naturais do ser humano. Conhecer tais formas é importante constituinte do saber docente para aquele que opta por uma prática de atividade científica, na qual as conclusões e inferências são feitas a partir de dados – no caso do processo de ensino e aprendizagem dos alunos –, e de referenciais teóricos adequados, para ir além das ideias do senso comum. As ciências humanas e as da educação, segundo Tardif:

> não se limitam a produzir conhecimentos, mas procuram também incorporá-los à prática do professor. Nessa perspectiva, esses

conhecimentos se transformam em saberes destinados à formação científica ou erudita dos professores, e, caso sejam incorporados à prática docente, esta pode transformar-se em prática científica, em tecnologia da aprendizagem, por exemplo. (Tardif, 2014, p. 36)

Ausubel, Novak e Hanesian (1980) propõem que as pessoas aprendem de forma significativa por descoberta ou por assimilação. A aprendizagem por descoberta ocorre, fundamentalmente, em crianças muito pequenas. Dessa forma, para a grande parte dos momentos da vida, as aprendizagens ocorrem por assimilação. A aprendizagem por assimilação pode ainda ser dividida em três tipos, sendo que, por diferentes motivos, o mais frequente é denominado Aprendizagem Significativa por Assimilação Subordinada. É sobre esse tipo de aprendizagem significativa que desejamos discutir aqui.

Para explicar como ocorre esse tipo de aprendizagem significativa, Ausubel, Novak e Hanesian (1980) apresentam o conceito de estrutura cognitiva, principal fator influenciador na aprendizagem de uma pessoa, que consiste no conjunto de conhecimentos estabelecido e adquirido cumulativamente ao longo da vida de um indivíduo.

Esse conjunto de conhecimentos do indivíduo é ponto chave para que a aprendizagem significativa ocorra. Segundo Moreira (2011), esse tipo de aprendizagem significativa ocorre quando os novos conhecimentos que estão sendo aprendidos interagem com elementos já existentes em sua estrutura cognitiva.

Destacamos, aqui, a necessidade de **interação** para que ocorra aprendizagem significativa. Dessa forma, para que haja tal interação, é necessário que o professor, ao preparar suas aulas, identifique os conhecimentos que os alunos possuem em sua estrutura cognitiva. Só assim, ele planejará suas aulas intencionalmente, de forma que a interação ocorra. Ausubel, Novak e Hanesian destacam a importância de o professor conhecer a estrutura cognitiva do seu aluno na epígrafe dessa obra:

> Se eu tivesse que reduzir toda a psicologia educacional a um único princípio, diria isto: O fator isolado mais importante que influencia

a aprendizagem é aquilo que o aprendiz já conhece. Descubra o que ele sabe e baseie nisso os seus ensinamentos. (Ausubel; Novak; Hanesian, 1980, p. viii)

Uma característica da estrutura cognitiva é que ela é organizada hierarquicamente. A maneira como as ideias são organizadas ocorre em função do quanto podem ser abrangentes e generalizadas: ideias mais abrangentes e com maior capacidade de generalização ficam no topo da hierarquia; já as menos abrangentes e pouco generalizáveis, encontram-se na base da hierarquia.

Ausubel, Novak e Hanesian (1980) identificam, por meio de um princípio denominado Princípio da Diferenciação Progressiva (PDP), que a interação entre os novos conhecimentos e os presentes na estrutura cognitiva ocorre de forma mais frequente e facilitada quando as novas ideias que estão sendo aprendidas são menos abrangentes do que as presentes na estrutura cognitiva.

Retornando à discussão sobre tecnologia, um dos seus papéis é executar tarefas que são típicas do ser humano de forma mais rápida, barata e precisa. Esse é ponto delicado a ser tratado, pois a tendência é de que, quanto a tecnologia mais avança, mais se reduzem os papéis atribuídos ao ser humano. Isso nos remete a uma outra dimensão do avanço tecnológico: a questão ética da sua utilização.

O que vai ocorrer com os inúmeros postos de trabalho com o avanço da tecnologia na busca por mais lucro? As pessoas estão preparadas para essa nova situação? Todos tiveram oportunidade de se preparar para essa realidade? Caminharemos para um mundo mais justo ou mais desigual?

A discussão ética não é restrita à questão do trabalho. Tomemos como exemplo de tecnologia a IA, que pode produzir textos utilizando a linguagem verbal de forma massificada, de forma que pode manipular parte das pessoas em prol daquilo que é sua meta. Por exemplo, quais seriam as consequências para uma eleição se um conjunto de notícias falsas (*fake news*) a respeito de determinado candidato fosse espalhada pelos meios digitais durante o período que antecede o pleito? O quanto a IA está sendo utilizada para reforçar e potencializar uma sociedade consumista?

Por outro lado, como já foi citado neste texto, o uso da tecnologia possibilita melhoria na qualidade de vida do ser humano, na medida em que pode dar contribuições nas aprendizagens dos nossos alunos, tornando grandes processos avaliativos mais acessíveis e otimizados, por exemplo. Seja por meio de grandes plataformas adaptativas ou em um simples formulário online, o uso da tecnologia pode nos ajudar na investigação da estrutura cognitiva dos alunos. Sendo *online*, ela pode alcançar pessoas de maneira menos burocrática e fornecer respostas de forma mais rápida, precisa e sem a intervenção humana. Sem a presença da tecnologia, talvez a atividade nem mesmo pudesse ocorrer, devido ao aumento do tempo gasto com o volume de trabalho ou à impossibilidade de acesso dos alunos a esse tipo de material.

Conhecer a estrutura cognitiva do aluno é um ponto muito importante, pois, para que ocorra a aprendizagem significativa, devemos conhecer o que o aluno sabe para propor atividades que possibilitem a ocorrência da interação entre a ideia nova que está sendo aprendida com aquelas que o aluno já possui.

Moreira (2011) reforça a importância de conhecermos os saberes do nosso aluno dizendo que, para que ocorra aprendizagem significativa, é necessário que o material de aprendizagem tenha potencial para ser significativo. Compreende-se por material de ensino tudo aquilo externo ao aluno que está envolvido no seu processo de aprendizagem, como livros, sequência didática, apoio do professor e outros. Tal material deve possibilitar a relação, citada anteriormente, entre as ideias que estão sendo aprendidas e as que estão na estrutura cognitiva do aluno.

Ausubel, Novak e Hanesian (1980) propõem outra condição para que ocorra aprendizagem significativa, que é a de que quem aprende deve ter predisposição a aprender. Essa é uma afirmação que deve ser lida com cuidado, pois pode ser utilizada para culpar o aluno pela sua falta de envolvimento e participação. As aprendizagens dos alunos são responsabilidade dos alunos, mas também são responsabilidade nossa, como educadores.

Em momentos nos quais os alunos não se envolvem nas atividades de aula, é injusto e pouco democrático culpar exclusivamente os estudantes, pois a responsabilidade por sua aprendizagem é de todos. Será que estamos criando condições, enquanto educadores, para que ocorra aprendizagem significativa? Ao planejar nossas aulas, estamos escolhendo conteúdos que possibilitem interação com elementos da sua estrutura cognitiva? Estamos levando em consideração o PDP e os diferentes níveis de generalidade dos conceitos a serem estudados? Nós conhecemos os saberes dos nossos alunos para produzir aulas potencialmente significativas?

Caso sejam considerados tais pontos, podemos utilizar a tecnologia para preparar nossas atividades de aula e buscar, por exemplo, na internet, atividades que sejam interessantes, envolventes e que possibilitem a interação entre o novo que está sendo aprendido e o que o aluno já possui na sua estrutura cognitiva. Entretanto, a busca por esse tipo de material deve ser feita com cuidado, pois as fontes na internet são diversas e frequentemente pouco confiáveis. Critérios de busca de informação de quaisquer naturezas na rede devem ser observados.

Dentro do mundo da IA, em alguns momentos o Chat GPT[5] fornece respostas não confiáveis, algumas vezes equivocadas e sem referências, podendo também oferecer respostas com erros conceituais ou, em uma busca por uma pessoa de determinado perfil, simplesmente inventar uma pessoa que nunca existiu.

Segundo o próprio Chat GPT (2023), após ser questionado se sua resposta estava correta: *"Peço desculpas pelo equívoco. A informação que forneci anteriormente é incorreta"*, ou ainda, *"é importante observar que, apesar dos esforços para garantir a*

---

5. O Chat GPT é uma ferramenta online de Inteligência Artificial. Teve seu desenvolvimento pautado em redes neurais e *machine learning*, tendo sido criado com foco em diálogos virtuais. O Chat GPT se alimenta de informações que coleta na internet para responder as dúvidas dos usuários.

qualidade e a confiabilidade das respostas, eu posso ocasionalmente gerar informações incorretas ou imprecisas".

Dessa forma, a tecnologia pode apoiar o professor para propor atividades potencialmente significativas aos alunos, mas, como educadores, devemos ser criteriosos na escolha das ferramentas adequadas para cada etapa da aprendizagem e rigorosos ao avaliar os resultados que as ferramentas tecnológicas fornecem.

Considerações finais

Esse capítulo apresentou um conjunto de reflexões sobre algumas das grandes questões da contemporaneidade e suas implicações para o trabalho desenvolvido pelo Coordenador Pedagógico nas escolas da Educação Básica.

Vivemos em uma sociedade em profunda e contínua mudança que, pelas mais diversas razões, busca encobrir as contradições presentes e suas consequências para o desenvolvimento das pessoas e da própria sociedade.

Daí a atualidade da epígrafe escolhida, em que Galeano (2019), por meio de uma metáfora, mostra o filho que, diante da imensidão do mar, pede ao pai: Ajude-me a olhar! Ou seja, o ato de ver e analisar a realidade, que pode ser extremamente cruel, necessita do diálogo com os outros, que acontecerá tanto nas relações interpessoais como por meio do trabalho coletivo. Devemos, assim, ressaltar a ambiguidade da sociedade atual: por vezes, extremamente fascinante e com características muito positivas do ponto de vista do desenvolvimento da civilização; e, em outros momentos, oferecendo sérios e graves retrocessos, principalmente para os padrões éticos de respeito à dignidade humana.

Não há como não celebrarmos os inúmeros avanços permitidos pela aplicação das inovações tecnológicas, por exemplo, no campo da medicina! Aparelhos de ultrassom que ganham mobilidade por terem o tamanho que cabem no bolso de uma pessoa, próteses de órgãos que são produzidas de forma personalizada devido à tecnologia de impressão 3D, o desenvolvimento de equipamentos de tecnologia assistiva para pessoas com deficiência utilizando IA. Por outro lado, permanece a angústia com as desigualdades e a fome que afeta milhões de seres humanos em todo o mundo.

Vivemos um período de transição histórica, com mudanças que ocorrem com velocidade e escala cada vez maiores, como nos alerta Abranches (2017, p. 20), "[...] as marcas desse tempo são a velocidade espantosa da mudança e a imprevisibilidade do futuro".

Nesse contexto de uma crise cada vez mais global, é indispensável a superação de uma perspectiva pessimista e fatalista, que afirma a impossibilidade de superação dessa crise e o surgimento de um novo tempo. Por outro lado, devemos também evitar uma perspectiva que vive o fascínio da tecnologia e manifesta uma crença ingênua, que acredita que, por meio da tecnologia e do mercado, poderemos ultrapassar todos os problemas que nos afligem.

Além da análise sobre essas macroquestões, refletimos sobre quatro dimensões que atualmente afetam a escola da Educação Básica e o trabalho do Coordenador Pedagógico: inovação tecnológica, letramento ambiental, letramento digital e as relações entre tecnologia e aprendizagem. Essas questões estão diretamente relacionadas à necessária superação das desigualdades que marcam a sociedade brasileira e constituem uma verdadeira chaga ética.

São problemas muito complexos, que exigem múltiplas ações para o seu enfrentamento, e a escola pode ser um instrumento de mediação importantíssimo para ajudar na ampliação da consciência, mostrando que estamos diante de inúmeras urgências! Tomemos como exemplo a dramática situação do clima no mundo! Precisamos agir com muita rapidez. E, muitas vezes, não nos damos conta desse sentido de urgência.

Ao lado de políticas públicas especialmente voltadas para a superação dessa injusta problemática, a construção de um TEMPO NOVO também deve atravessar a escola – e esta precisa se manifestar. Para tanto, o trabalho dos coordenadores pedagógicos será indispensável, principalmente na formação continuada de professores e na elaboração do PPP de cada escola, de modo que contemplem as grandes questões da humanidade.

Referências

ABRANCHES, S. *A Era do Imprevisto: a grande transição do século XXI*. 1. ed., São Paulo: Companhia das Letras, 2017.

AUSUBEL. D. P.; NOVAK, J. D.; HANESIAN, H. *Psicologia Educacional*. Rio de Janeiro: Interamericana, 1980.

BANCO MUNDIAL, World Economic Forum, News release. *Relatório sobre o futuro dos empregos 2023*. p. 1. Disponível em: <https://www3.weforum.org/docs/WEF_Future_of_Jobs_2023_News_Release_Pt_BR.pdf>. Acesso em: 30 mai. 2023.

BRASIL. *Plano Nacional de Educação 2014-2024* [recurso eletrônico]: Lei nº 13.005, de 25 de junho de 2014, que aprova o Plano Nacional de Educação (PNE) e dá outras providências. Brasília: Câmara dos Deputados, Edições Câmara, 2014. Disponível em: <http://www.proec.ufpr.br/download/extensao/2016/creditacao/PNE%202014-2024.pdf>. Acesso em: 30 mai. 2023.

BRUNER, J. S. *O Processo da educação*. 3. ed., São Paulo: Nacional, 1973.

BUCCI, E. *A Superindústria do Imaginário: como o capital transformou o olhar em trabalho e se apropriou de tudo que é visível*. Belo Horizonte: Autêntica, 2021.

BUCKINGHAM, D. Cultura digital, educação midiática e o lugar da escolarização. *Educação & Realidade*, v. 35, n. 3, p. 37-58, 2010.

GALEANO, E. *O Livro dos abraços*. Porto Alegre: L&M, 2019.

GATTI, B. A. Conversando sobre o campo da Psicologia da Educação, in: RONCA, A. C. R.; ALMEIDA, L. R. *50 Anos de Produção em Psicologia da Educação: relatos de pesquisa*. Campinas: Pontes Editores, 2019.

LENOIR, Y.; ADIGÜZEL, O.; LIBÂNEO, J. C.; TUPIN, F. (orgs.). *Les finalités éducatives scolaires: une étude critique des approches théoriques, philosophiques et idéologiques*. Saint-Lambert: Éditions Cursus Universitaire, 2016.

MOREIRA, M. A. *Aprendizagem significativa: a teoria e texto complementares*. São Paulo: Editora Livraria da Física, 2011.

MOROZOV, E. *Big Tech: a ascensão dos dados e a morte da política*. São Paulo: UBU, 2018.

SCHWAB, K. *A quarta revolução industrial*. São Paulo: Edipro, 2019.

TARDIF, M. *Saberes docentes e formação profissional*. Petrópolis: Vozes, 2014.

A formação do coordenador pedagógico na Educação Infantil à luz de referenciais freireanos

André Luiz Pancotto[1]
(andre.pancotto@gmail.com)
Ana Maria Saul[2]
(anasaul@uol.com.br)

Este texto origina-se de uma pesquisa realizada entre os anos de 2021 e 2022, apresentada como Dissertação de Mestrado*, que se propôs a investigar o processo de formação de coordenadores e coordenadoras pedagógicos/as de Educação Infantil, implementado pela Secretaria Municipal de Educação (SME) de uma cidade da região metropolitana de São Paulo.

A escolha pelo segmento da Educação Infantil se deu pelo caráter específico da educação das crianças pequenas, que exige de professores/as e coordenadores/as um olhar atento para as práticas pedagógicas e formativas, que correspondem às necessidades próprias dessa faixa etária. Como fundamentação, a pesquisa traz aportes do pensamento de Placco e Souza (2012) e Placco, Almeida e Souza (2015), dentre outras referências, tendo, no entanto, Paulo Freire como principal referência teórica. A produção de dados para esta

---
   1. Mestre em Educação: Formação de Formadores da Pontifícia Universidade Católica de São Paulo (Formep/PUC-SP).
   2. Professora dos Programas de Pós-Graduação em Educação: Formação de Formadores e Currículo da PUC-SP; Coordenadora da Cátedra Paulo Freire da PUC-SP. Orientadora da dissertação da qual se originou esse texto.

investigação, de abordagem qualitativa, utilizou como procedimentos a análise de documentos, um grupo de discussão com as formadoras dos coordenadores e das coordenadoras pedagógicos/as e a aplicação de questionários aos coordenadores e às coordenadoras da rede.

Assumindo que o papel central do coordenador e da coordenadora pedagógico/a na escola é o de formador/a da equipe escolar, sendo responsável pela liderança pedagógica da instituição, surgiram necessárias questões a respeito da formação desse/a profissional. Parte dos questionamentos se resumem a: Que tipo de formação o coordenador ou a coordenadora pedagógico/a desenvolve junto ao corpo docente? Qual é a autonomia desse/a profissional e de que forma ela é exercida na escola? E, com maior ênfase: *Quem forma esse formador ou essa formadora?*

A questão que direcionou o olhar para o processo formativo de coordenadores e coordenadoras pedagógicos/as desenvolvido pela SME assumiu grande proporção. Observou-se que o processo formativo de coordenadores e coordenadoras pedagógicos/as assumido pelas Secretarias de Educação caracteriza-se, por vezes, por uma ação verticalizada e hierárquica, em que as concepções definidas unilateralmente por uma equipe de formadores e formadoras se sobrepõem a toda uma rede de educadores e educadoras.

A tomada de consciência de sua realidade, no entanto, por parte da base de educadores e educadoras (coordenadores/as pedagógicos/as, professores/as e demais profissionais que atuam diretamente nas instituições – e que são formados/as diretamente pelo/a coordenador/a pedagógico/a), tem o potencial de abalar todo o processo formativo ao reivindicar seu direito à voz e à participação ativa no processo de tomada de decisão, com vistas à transformação da realidade.

Refletir sobre o processo de formação de coordenadores e coordenadoras pedagógicos/as à luz de referenciais freireanos[3],

---

3. Este texto assume o adjetivo "freireano" em vez de "freiriano" de forma deliberada e em concordância com Saul, Saul e Quatorze Voltas (2021, p. 5), quando afirmam que se trata de uma "[...] questão de preferência, pela

um campo ainda pouco explorado no que se refere à formação de formadores e formadoras, pode contribuir com a constituição desse profissional e auxiliar na busca de caminhos que possam se contrapor ao fluxo verticalizado da formação, democratizando esse percurso e conferindo autonomia a esses/as profissionais no desenvolvimento de suas ações. A democratização do percurso de formação pode, certamente, estabelecer parcerias com a SME e corresponsabilidades, tendo em vista a construção de uma educação com qualidade social.

Colocar em destaque a obra de Paulo Freire, na contemporaneidade, além de um ato de resistência, é resgatar o legado de um autor clássico, cuja obra é reconhecida ao redor do mundo. A pedagogia freireana tem sido destacada em estudos relativos à Educação de Jovens e Adultos (EJA). No entanto, há evidências, constatadas em pesquisas, que demonstram que princípios e conceitos do pensamento de Paulo Freire oferecem contribuições relevantes para a formação de educadores e educadoras (Saul, 2016).

As suas propostas e práticas, no período em que foi Secretário Municipal da Educação em São Paulo (1989-1991), estão condensadas em seu livro de entrevistas *A educação na cidade* (Freire, 1991). Como enfatizam importantes autores e autoras da área da Educação, embora tenhamos uma grande diversidade de ações pedagógicas em diferentes municípios, que fazem adesão à pedagogia crítica, a gestão de Paulo Freire foi a principal referência para as políticas educacionais implantadas nessa direção.

A opção de Freire por uma educação crítico-libertadora incomodou, e incomoda, os/as representantes das forças conservadoras e autoritárias. As ideias de Freire foram consideradas perigosas durante a ditadura civil militar brasileira. Ainda hoje, grupos opressores que

---

compreensão de que a manutenção da grafia integral do sobrenome do autor destaca com mais vigor a procedência das produções: a matriz de pensamento de Paulo Freire. Em alguns redutos acadêmicos significativos, seguiu-se, pois, o seguinte critério: à ortografia original do antropônimo, foi acrescentado o sufixo ano, resultando no adjetivo freireano".

assumem o poder utilizam-se de dispositivos político-normativos e de recursos midiáticos, tendo em vista desqualificar a personalidade e o legado freireano para angariar adeptos à manutenção do *status quo*.

No período em que esteve à frente da pasta da Educação, Paulo Freire deu grande ênfase à *formação permanente*, entendendo que os educadores e as educadoras necessitavam de uma prática político-pedagógica séria e competente que respondesse à nova fisionomia da escola que se buscava construir (Freire, 1991). Freire defendia, com convicção, que a "mudança da cara da escola", como ele dizia coloquialmente, na perspectiva crítico-emancipatória, somente poderia ocorrer com uma mudança de paradigma, tanto em relação à reorientação curricular como no domínio *da formação de educadores e educadoras*.

Uma incursão pela obra de Freire permite-nos concluir que o autor tratou, com profundidade, a questão da formação sob diferentes ângulos. Os seus argumentos e as suas proposições sobre essa temática foram derivados, ao mesmo tempo, de suas convicções sobre o ato de educar, de inspirações de sua prática e de diálogos que manteve com educadores e educadoras ao redor do mundo.

No conjunto de sua obra, Freire discute *a formação* em meio a tramas conceituais nas quais várias categorias do seu pensamento se entrelaçam, com destaque para a consciência do inacabamento, o diálogo, a relação teoria-prática, a construção do conhecimento e a transformação da sociedade, em uma moldura que mostra, com clareza, a politicidade da educação.

Desde os seus primeiros escritos, Freire foi elaborando a sua concepção de *saberfazer* docente, quer dando ênfase aos fundamentos políticos, filosóficos e antropológicos de sua concepção de educação, construindo, assim, o cenário para a compreensão da prática docente, quer aprofundando, em obras das décadas de 1980 e 1990, conceitos específicos relacionados ao ensinar-aprender e à formação dos educadores e das educadoras. Especialmente em seus livros: *Medo e ousadia – o cotidiano do professor* (Freire; Shor, 1987), *Professora sim, tia não – cartas a quem ousa ensinar* (Freire, 1993b), *A educação na cidade* (Freire, 1991), *Política e Educação*

(Freire, 1993a) e, sobretudo, em *Pedagogia da autonomia – saberes necessários à prática docente* (Freire, 1996), o autor sistematiza suas reflexões sobre o tema da docência e da formação de educadores e educadoras. Em especial nessa obra, a última publicada enquanto vivia, Freire apresenta um conjunto de 27 saberes necessários à prática educativa. É uma síntese original, atravessada pelas dimensões ético-política, filosófica, epistemológica, metodológica e pedagógica, que compõem a concepção e a prática de Freire, no tocante à formação de professores e professoras.

O paradigma de Freire tem, na categoria *formação permanente* e na *tríade dialética ação-reflexão-ação*, os seus fundamentos. Em *Política e Educação* (Freire, 1993a), encontram-se os dizeres que explicitam a compreensão de Freire sobre a *formação permanente, destacando a raiz ontológica* dessa categoria. Assim ele escreveu:

> A educação é permanente não porque certa linha ideológica ou certa posição política ou certo interesse econômico o exijam. A educação é permanente na razão, de um lado, da finitude do ser humano, de outro, da consciência que ele tem de sua finitude. Mais ainda, pelo fato de, ao longo da história, ter incorporado à sua natureza não apenas *saber que vivia*, mas *saber que sabia* e, assim, saber que podia saber mais. A educação e a formação permanente se fundam aí. (Freire, 1993a, p. 22-23)

Na práxis freireana, a formação pressupõe que o formador e a formadora e o formando e a formanda se compreendam como *seres inconclusos*, sendo uma condição humana que impele o indivíduo a se enveredar, curiosamente, na busca pelo conhecimento de si e do mundo. Freire considera que essa é uma vocação ontológica e que, ao perceberem que o destino não está dado, os sujeitos possam, cada vez mais, ser capazes de (re)escrever suas histórias, contribuindo para a mudança da ordem social injusta que desumaniza e oprime.

A concepção *de formação permanente freireana* distancia-se de outros usos que tomam a expressão "permanente" como sinônimo de ações cronológicas de formação e/ou de propostas que priorizam, de maneira explícita ou implícita, o produtivismo e a rentabilidade que pode ser gerada pelos trabalhadores e pelas trabalhadoras, cujo objetivo é torná-los/as melhor adaptados/as às exigências das mudanças tecnológicas e do desenvolvimento econômico (Saul, 2016).

Quanto à análise da prática docente pelos educadores e pelas educadoras que participam da formação, fundamento igualmente basilar desse paradigma contra-hegemônico, ressalte-se que ele põe em evidência o binômio teoria-prática (escrito por Paulo Freire, sempre com um hífen, demonstrando a relação indissociável entre esses conceitos). A relação teoria-prática dá concretude à tríade dialética ação-reflexão-ação, na prática formativa. Essa tríade deriva-se da construção teórico-metodológica da pedagogia freireana (Freire; Shor, 1987), que inclui três momentos: leitura ou diagnóstico da realidade, análise crítica da realidade e elaboração de propostas de ação. Observa-se, assim, que a prática é ponto de partida e de chegada da ação formativa transformadora.

O referencial de Freire para a formação de professores e professoras, na contramão das políticas e das práticas hegemônicas do campo, inverte a lógica das decisões tomadas de forma centralizadora, mostrando-se como um caminho possível para responder, ainda na contemporaneidade, aos desafios da formação docente. Desse modo, enfrenta as denúncias de que os modelos hegemônicos de formação têm proporcionado pouca mudança porque, em muitos casos, trabalham com uma perspectiva idealizada da prática docente e limitam-se a um campo teórico que não afeta os problemas reais dos professores e das professoras e da escola, conforme escritos de Gatti, Barreto e André (2011), Vaillant (2003) e Zeichner (2006).

Quando Freire já não estava entre nós, em sua homenagem, a Pontifícia Universidade Católica de São Paulo (PUC-SP) criou, no segundo semestre de 1998, a Cátedra Paulo Freire, sob a direção do Programa de Educação: Currículo, no qual Paulo Freire trabalhou pelo período de 17 anos[4]. A Cátedra é um espaço singular para o

---

4. A Cátedra Paulo Freire da PUC-SP é coordenada, desde 1998, pela professora Ana Maria Saul.

desenvolvimento de estudos e pesquisas sobre e a partir da obra de Paulo Freire. Nesse lócus de estudos e debates, são analisadas as repercussões políticas e teórico-práticas do pensamento freireano para a educação, no Brasil e no exterior, em uma perspectiva crítica. Na Cátedra, são desenvolvidas ações de ensino e de pesquisa. São oferecidos dois cursos anuais, em nível de Pós-Graduação, nos quais são trabalhadas as dimensões políticas, teóricas e práticas da pedagogia freireana para a docência e para a pesquisa.

No percurso dos seus 25 anos de existência, a Cátedra Paulo Freire tem construído um trabalho que se notabiliza por ser inovador, tanto no ensino como na pesquisa. Com inspiração freireana, o ensino busca reinventar a "prática pedagógica" preservando, porém, os princípios da política, teoria e prática de Freire. Paulo Freire, com humildade intelectual, afirmou que não queria ser imitado, replicado, mas recriado, reinventado.

A trama conceitual freireana é uma proposição construída a partir do pensamento de Paulo Freire. Traz a inspiração de Freire, quando ele assim nomeou os *acontecimentos da vida*, principalmente em seus livros *Pedagogia da Esperança* (Freire, 2006), *À sombra dessa Mangueira* (Freire, 2003) e *Cartas a Cristina* (Freire, 1994), dizendo de tramas vividas. Esses acontecimentos, segundo o autor, são tramas historicamente situadas e sujeitas a múltiplos condicionamentos. Cabe ao ser humano "puxar os fios" dessas tramas para compreendê-las e agir em uma direção contra-hegemônica, possibilitando caminhar no sentido da libertação (Saul, 2018).

Desde o ano de 2001, trabalha-se na Cátedra Paulo Freire com a construção de tramas conceituais em contextos de ensino-pesquisa, para a compreensão/recriação de conceitos da obra de Paulo Freire. O que faz com que seja possível construir as tramas é o caráter relacional do pensamento freireano (Saul; Saul, 2013). De acordo com Freire (1979, p. 62), "[...] o conceito de relações da esfera puramente humana guarda em si conotações de pluralidade, de criticidade, de consequência e de temporalidade". É importante ressaltar que os conceitos da trama se implicam mutuamente, em diversas direções possíveis.

Embora plural, a construção da trama conceitual freireana requer atenção ao fato de que as articulações propostas respeitem a lógica interna da obra de Freire. A trama pode integrar diferentes conceitos abarcados pela obra, tendo em vista explicitar a leitura que o autor dessa construção faz da relação entre os conceitos. Para além de uma representação gráfica de conceitos e de sua organização, as tramas conceituais freireanas têm conexão com uma dada realidade e buscam explicar e/ou inspirar ações de transformação dessa realidade. É aqui que se encontra o movimento de criar, recriar e decidir que permite a integração e não a acomodação ao seu contexto (Freire, 1979).

A elaboração de tramas conceituais freireanas para o desenvolvimento de pesquisas, ou em contextos de ensino-aprendizagem, requer do pesquisador/educador e da pesquisadora/educadora a construção de representações que incluem conceitos que se unem, uns aos outros, a partir de um conceito central. Entende-se, pois, que toda a trama é motivada por um objeto de estudo do seu autor/da sua autora, situado em um contexto cultural que inclui, além dos fatos e dados da realidade, a percepção do pesquisador/da pesquisadora sobre essa mesma realidade. Por isso, as relações da trama podem variar, mesmo quando se propõem à compreensão/explicitação de um mesmo conceito central.

Neste texto, apresenta-se uma trama centrada na *formação permanente crítico-emancipatória*, categoria relevante da obra de Freire que se opõe, na teoria e na prática, às formações que se assentam em quadros de referência conservadores e neotecnicistas, nos quais os educadores e as educadoras são treinados/as ou capacitados/as, majoritariamente, a partir da leitura de textos selecionados *a priori* e, exclusivamente, por quem dirige a formação, com a hipótese de que tal ação pode mudar a prática docente.

O pensamento de Paulo Freire tem sido referência para um grande número de pesquisas na área acadêmica. O portal da Coordenação de Aperfeiçoamento de Pessoal de Nível Superior (Capes) registra mais de 2.000 dissertações e teses que, em seu quadro teórico, trabalharam com a pedagogia de Paulo Freire.

O amplo projeto sediado na Cátedra Paulo Freire da PUC-SP, sob a coordenação da Prof.ª Ana Maria Saul, hoje na quarta edição, tem recebido o apoio do Conselho Nacional de Desenvolvimento Científico e Tecnológico (CNPq), desde o ano de 2010. O objetivo desse projeto é investigar a presença do legado de Paulo Freire, e sua reinvenção, na educação brasileira. Nessa edição, a pesquisa tem como título "Paulo Freire: um pensamento voltado para a justiça social – análise de políticas e práticas". Essa pesquisa já se espraia por 12 estados brasileiros e conta com pesquisadores e pesquisadoras que atuam na pós-graduação, em 20 Instituições de Ensino Superior. Desde a primeira edição, esse projeto vem consolidando uma rede freireana de pesquisadores e pesquisadoras.

Os achados desta pesquisa sobre os coordenadores e as coordenadoras pedagógicos/as alinham-se aos resultados de outros estudos que apontam para a necessidade emergente de Formação de Formadores em todas as instâncias, desde a formação inicial até aquela que é promovida, em ampla escala, pelas Secretarias de Educação.

No decorrer dos últimos anos, as pesquisas relativas à formação de formadores e formadoras vêm ocupando lugar de destaque no ambiente acadêmico, com o aumento de estudos realizados em nível de pós-graduação (Mestrado e Doutorado), como comprovam os estudos correlatos que foram selecionados para compor o referencial teórico desta pesquisa. Nesse cenário, a PUC-SP se destaca com trabalhos elaborados por alunos e alunas do Programa de Formação de Formadores no Mestrado Profissional (Formep).

No entanto, pesquisas que associam a formação de formadores e formadoras com o crivo crítico da Pedagogia de Paulo Freire, na perspectiva crítico-emancipatória, ainda são escassas, embora imprescindíveis. Na contemporaneidade, em que os avanços dos ideais neoliberais e ataques à democracia são contundentes, o pensamento de Paulo Freire mostra-se fundamental.

Como um dos resultados da pesquisa realizada com os coordenadores e as coordenadoras pedagógicos/as de Educação Infantil apontam, as reflexões sobre a pedagogia freireana permitiram propor indicações para compor um processo de formação, apoiado em subsídios do legado freireano. Nesse sentido, na Figura 1, apresenta-se uma trama conceitual freireana que tem, como conceito central, a formação permanente crítico-emancipatória.

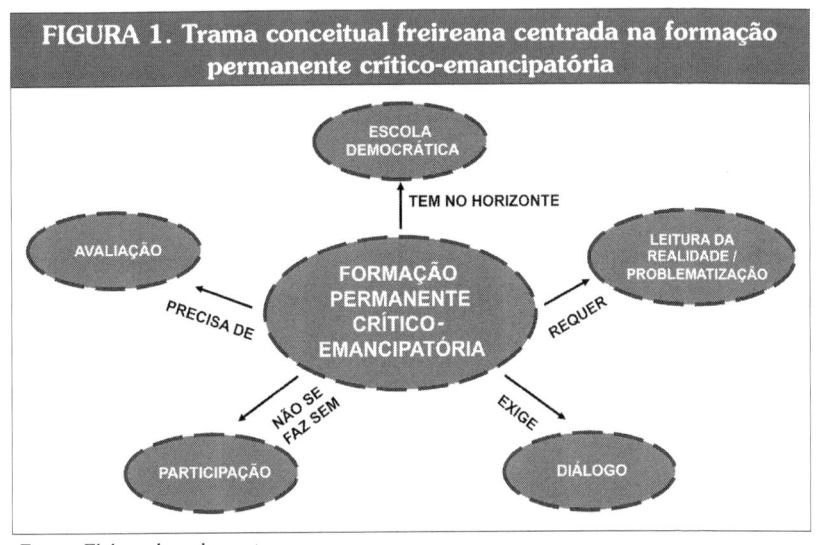

FIGURA 1. Trama conceitual freireana centrada na formação permanente crítico-emancipatória

[Diagrama: FORMAÇÃO PERMANENTE CRÍTICO-EMANCIPATÓRIA no centro, conectada a: ESCOLA DEMOCRÁTICA (tem no horizonte), LEITURA DA REALIDADE / PROBLEMATIZAÇÃO (requer), DIÁLOGO (exige), PARTICIPAÇÃO (não se faz sem), AVALIAÇÃO (precisa de)]

Fonte: Elaborada pelos autores.

Uma educação que se queira emancipatória reconhece a *não neutralidade* da educação, posiciona-se em favor do oprimido e da oprimida e tensiona a promoção de um movimento de transformação e libertação. Para Freire (2018b, p. 191), esse movimento indica "[...] um processo político das classes dominadas que buscam a própria liberdade da dominação, um longo processo histórico de que a educação é uma frente de luta".

O verbete "emancipação", do *Dicionário Paulo Freire* (Moreira, 2019, p. 186), destaca que "[...] o processo emancipatório freireano decorre de uma *intencionalidade política* declarada e assumida por todos aqueles que são comprometidos com a transformação das condições e de situações de vida e existência dos oprimidos [...]".

Assim sendo, a seguir, serão feitos breves destaques a respeito das relações entre os conceitos que se situam no entorno do conceito central da trama conceitual apresentada na Figura 1.

a) **Formação permanente crítico-emancipatória tem no horizonte uma escola democrática**: Paulo Freire levou para a administração pública os pressupostos da educação popular. A opção política por uma educação crítica, comprometida com princípios de solidariedade e justiça social, a luta pela qualidade social da educação, a abertura da escola à comunidade, a construção do currículo, de forma participativa, autônoma e coletiva, o estímulo à gestão democrática da educação, o respeito ao saber do educando e a indispensável e necessária formação dos educadores e das educadoras foram marcos fundamentais que nortearam o seu *quefazer* na educação de São Paulo.

A concretização da proposta político-pedagógica, na gestão Paulo Freire, instalou uma nova lógica no processo de construção curricular, na realidade brasileira. Reorientar o currículo sob a óptica da racionalidade crítico-emancipatória implicou considerar a relação dialética entre o contexto histórico-social-político e cultural e o currículo. Trabalhou-se com a proposta de construção de uma escola voltada para a formação social e crítica dos educandos e das educandas, uma escola séria, na apropriação e na recriação de conhecimentos e, ao mesmo tempo, alegre, estimuladora da solidariedade e da curiosidade. A prática dessa nova lógica considerou, todo o tempo, a necessária participação dos educadores e das educadoras, dando ênfase ao trabalho coletivo e à formação dos educadores e das educadoras. A busca de melhoria da qualidade da educação pública municipal propôs mudanças nas relações internas da escola e na relação escola/população. Entendeu-se, também, que a escola deveria estar aberta para que a população pudesse participar do processo de *mudança da cara da escola*, dar-lhe ânimo, outra vida e, principalmente, reconstruir criticamente o saber. A participação popular na criação da cultura e da educação rompia com a tradição de que só a elite é competente e sabe quais são as necessidades e os interesses da população.

Na Secretaria de Educação, Paulo Freire deu especial destaque à formação permanente dos educadores e das educadoras. Os princípios subjacentes ao programa de formação de educadores e educadoras, proposto em sua gestão, foram assim enunciados: a) o/a educador/a é o sujeito de sua prática, cumprindo a ele/ela criá-la e recriá-la; b) a formação do educador/da educadora deve instrumentalizá-lo/a para que ele/ela crie e recrie a sua prática por meio da reflexão sobre o seu cotidiano; c) a formação do educador/ da educadora deve ser constante, sistematizada, porque a prática se faz e se refaz; d) a prática pedagógica requer a compreensão da própria gênese do conhecimento, em outras palavras, de como se dá o processo de conhecer; e) o programa de formação de educadores e educadoras é condição para o processo de reorientação curricular; f) os eixos básicos do programa de formação de educadores e educadoras precisam atender à fisionomia da escola que se quer, como horizonte da nova proposta pedagógica, à necessidade de suprir elementos de formação básica aos educadores e às educadoras e à apropriação, pelos educadores e pelas educadoras, dos avanços científicos do conhecimento humano que possam contribuir para a qualidade da escola que se quer (Freire, 1991).

b) **Formação permanente crítico-emancipatória requer leitura da realidade/problematização**: Considerar a formação de coordenadores e coordenadoras no âmbito de uma perspectiva crítica requer a leitura da realidade, de modo a identificar barreiras presentes no cotidiano, que obstaculizam o fazer docente. A problematização da realidade apresenta-se como mecanismo de reflexão crítica sobre o objeto da pesquisa, de modo a compreendê-lo profundamente e potencializar a construção de conhecimentos necessários para transformá-lo. O sujeito deve agir, diante do objeto, sempre com a atitude de "[...] questionamento, de dúvida, de não aceitação passiva do saber que existe sobre o objeto. No entender de Freire, o sujeito só pode aprender efetivamente se for ativo, se agir problematizando o que vê, ouve, percebe" (Mühl, 2019, p. 383).

Proposições e práticas democráticas de formação possibilitam maior envolvimento e empenho dos/as participantes, posto que são encorajados/as a participar e analisar criticamente suas realidades, transformando-as em objetos de investigação compartilhada. A partir das interações concretizadas durante as formações, portanto, as demandas são levantadas de forma coletiva e são problematizadas pelo formador/pela formadora com a intencionalidade de promover reflexões críticas sobre a realidade concreta, para que sejam pensadas em soluções para os problemas identificados por todos e todas. É nesse sentido que Saul, Saul e Quatorze Voltas (2021, p. 9) destacam que:

> Para Freire, problematizar é mais do que levantar questões, é promover o distanciamento crítico que permite ver além das aparências, romper a anestesia do cotidiano, e construir um novo olhar sobre o objeto de conhecimento. Ao admirar partes da realidade que já conhecem, os educadores têm a oportunidade de refletir e aprender novos aspectos de suas próprias experiências. Em uma concepção dialética de construção de conhecimento, após esse momento de admiração de uma face do objeto, é fundamental o movimento de retorno para o todo, que implica problematizar a parte admirada e suas conexões com a realidade totalizante, permitindo que o educador avance em uma compreensão mais crítica do contexto em que vive.

O movimento formativo é, por conseguinte, o de produzir os dados necessários para a reflexão a partir da prática dos coordenadores e das coordenadoras pedagógicos/as, expressos de forma dialógica na relação com os formadores/as formadoras. Para Paulo Freire, a educação problematizadora objetiva a emancipação dos sujeitos a partir da tomada de consciência de suas realidades e da tomada de decisões libertadoras. Nessa perspectiva, os dados produzidos na formação seriam problematizados pelos formadores/pelas formadoras, no intuito de propor reflexões críticas sobre a prática, compreender a realidade contextual e tomar decisões compartilhadas em prol de soluções, construindo, ao mesmo tempo, novos saberes e uma nova prática. Para Freire (2018a, p. 97), "[...] a educação problematizadora, de caráter autenticamente reflexivo, implica um constante ato de desvelamento da realidade".

c) **Formação permanente crítico-emancipatória exige diálogo**: Paulo Freire nos ensina que o diálogo não é uma simples conversa, não é um vaivém de informações, não é uma técnica para alcançar resultados ou para fazer amigos (Freire; Shor, 1987, p. 122). O diálogo não existe em um vácuo político, não significa chegar sempre a um consenso, mas também não é "discussão guerreira", em que se busca vencer. No diálogo, confrontam-se argumentos para convencer, o que significa vencer junto. O diálogo freireano implica uma partilha de saberes. É condição para a construção de conhecimento, porque, na situação dialógica, a comunicação entre os sujeitos que estão dialogando, problematiza o objeto de conhecimento, questionando, criticando, avaliando, trazendo novos aportes de informação, enfim, ampliando as dimensões do que é possível saber sobre o objeto a ser conhecido/reconhecido. Para Paulo Freire, o diálogo é "[...] uma relação horizontal de A com B. [...]. Nutre-se de amor, de humanidade, de esperança, de fé, de confiança" (Freire; Shor, 1987, p. 68). O diálogo, na formação, requer que se estabeleça uma relação horizontal entre os sujeitos, porque pressupõe que todos sabem alguma coisa, saberes críticos ou não.

Para Freire (1996, p. 132, grifos do autor), "[...] o espaço do educador democrático, que aprende a falar escutando, é *cortado* pelo silêncio intermitente de quem, falando, cala para escutar a quem, *silencioso*, e não *silenciado*, fala". Nessa concepção, é desfeita a verticalidade das relações, em que um grupo domina (ou subjuga) outro, para ceder lugar ao envolvimento igualitário, em uma escala equilibrada de poder.

A ação de escutar exige, desse modo, a disponibilidade empática para compreender a perspectiva do outro, conhecer sua realidade e atuar em parceria para encontrar soluções para os problemas levantados. Trata-se de um movimento que parte da perspectiva dialética do formador COM e não PARA o formando/a formanda, frequentemente reforçada por Freire.

Em *Pedagogia do Oprimido* (Freire, 2018a), Freire aponta que, no diálogo, a *palavra* ocupa um lugar central e implica ação e reflexão. Nessa direção, ele alerta para o cuidado de não dicotomizar ação e reflexão, sob pena de promover o esvaziamento da palavra. Se, de um lado, evidencia-se a dimensão da reflexão, com a exclusão da ação, corre-se o risco de transformar a palavra em "verbalismo, em blá-blá-blá" (Freire, 2018a, p. 108). Por outro lado, se a ênfase está na ação, em detrimento da reflexão, "[...] a palavra se converte em *ativismo*. Este, que é a ação pela ação, ao minimizar a reflexão, nega também a práxis verdadeira e impossibilita o diálogo" (Freire, 2018a, p. 108, grifo do autor).

Aos formadores/Às formadoras dos coordenadores e das coordenadoras pedagógicos/as, portanto, cabe a ação problematizadora a partir dos elementos trazidos de forma desestruturada por coordenadores/coordenadoras e levar para a reflexão, de modo que, por meio do diálogo (como ação-reflexão), mediatizado pelo mundo, produzam conhecimentos significativos, capazes de transformar a prática formativa com os/as docentes nas respectivas escolas.

Dar voz aos educadores e às educadoras, em um processo de formação, implica, desse modo, a necessária revisão de um processo formativo que seja o contraponto de uma perspectiva transmissiva, pautada no "antidiálogo" que "não comunica, faz comunicados" (Freire, 2018b, p. 142).

d) **Formação permanente crítico-emancipatória não se faz sem participação**: A participação, na concepção freireana, é um dos requisitos fundamentais para a construção crítica e libertadora da educação e da sociedade, na medida em que concebe o formando/a formanda como sujeito e não como objeto do processo formativo. Como sujeito ativo nesse processo, rompe-se, assim, o paradigma da formação transmissiva/tecnicista para dar lugar à problematização sobre a prática, atuando de forma crítica sobre as necessidades fundamentais do meio em que atua.

Outro aspecto relevante, ao considerar a participação como fundamento para o processo formativo, está na possibilidade de reconfiguração das relações de poder. Os formandos e as formandas passam a atuar como corresponsáveis pela tomada de decisão e elaboração de planejamentos a partir de sua realidade contextual, com as demandas reais que precisam ser problematizadas e refletidas, à luz de fundamentações, e retornadas à prática, como novos saberes e possíveis soluções.

De acordo com Saul e Saul (2018, p. 1163), "[...] participar corresponde a uma ação compartilhada, em que todos os sujeitos possam 'ter voz' e intervir em diferentes níveis de poder, tendo o dever de não se omitir", o que corresponde, em grande medida, ao processo democrático e horizontal desejado para as relações formativas.

A formação permanente de coordenadores e coordenadoras pedagógicos/as exige, no que se refere à participação, que haja uma formulação democrática, dialógica entre os sujeitos, de modo que todos e todas possam ter assegurados os seus direitos de expressão, de discordância e de tomada de decisão em conjunto com os formadores/as formadoras.

> Para que os docentes se apropriem, de fato, do seu direito de participar e do dever de não se omitir no espaço da formação, é preciso que sintam que sua voz gera repercussão na realidade vivida. Desse modo, a formação permanente freireana intenciona criar condições para que os docentes se apropriem do espaço formativo, ampliando a sua participação nos processos que envolvem a identificação de temas significativos referidos à realidade concreta, a busca coletiva por soluções, o encaminhamento de planos de ação que ajudem a superar os obstáculos constatados, a escolha e a indicação de subsídios teóricos para o estudo coletivo e, mesmo a eventual condução de debates. (Saul; Saul; Quatorze Voltas, 2021, p. 11)

Nesse sentido, a implicação entre educação permanente crítico-emancipatória e participação, nos processos de formação de coordenadores e coordenadoras pedagógicos/as, potencializa-se com a possibilidade de os coordenadores e as coordenadoras serem atentamente ouvidos/as por seus formadores/suas formadoras – sobretudo os formadores/as formadoras das equipes técnicas das Secretarias de Educação, os quais detêm espaço privilegiado para a leitura crítica da realidade e da problematização das demandas apontadas pelos coordenadores e pelas coordenadoras pedagógicos/

as. Além disso, é preciso fugir do paradigma da formação pautada na prescrição (Freire, 2018a).

e) **Formação permanente crítico-emancipatória precisa de avaliação**: A literatura de avaliação educacional registra, a partir da segunda metade dos anos de 1980, produções de autores e autoras que se referem às chamadas lógicas da avaliação. Embora com diferentes denominações, contornos e nuances, esses autores e essas autoras analisam e demonstram, de forma contrastante, modelos de avaliação que se posicionam em quadros de referência que se opõem.

No tocante à avaliação, na perspectiva crítica, Paulo Freire expressou, em sua prática de educador e, em muitas de suas obras, uma posição muito clara a respeito da relação entre a avaliação e as práticas educativas. Em suas palavras: "[...] não é possível praticar sem avaliar a prática [...]. A prática precisa de avaliação como os peixes precisam de água e a lavoura da chuva" (Freire, 1992, p. 83). Para Freire, avaliar a prática é analisar o que se faz. Freire assim se manifesta:

> Não é possível praticar sem avaliar a prática. Avaliar a prática é analisar o que se faz, comparando os resultados obtidos com as finalidades que procuramos alcançar com a prática. A avaliação da prática revela acertos, erros e imprecisões. A avaliação corrige a prática, melhora a prática, aumenta a nossa eficiência. (Freire, 1992, p. 83)

Os argumentos apresentados por Paulo Freire, em debate com os educadores e as educadoras na Prefeitura de São Paulo (1989-1991), ocasião em que ele esteve à frente da pasta da Educação, insistiam na defesa de práticas democráticas de avaliação e repudiavam as práticas avaliativas autoritárias que estivessem a serviço da domesticação. Em sua obra, *Pedagogia da Autonomia*, ele escreveu:

> Os Sistemas de Avaliação Pedagógica de alunos e de professores vêm se assumindo cada vez mais com discursos verticais, de cima para baixo, mas insistindo em passar por democráticos. A questão

> que se coloca a nós, enquanto professores e alunos críticos e amorosos da liberdade, não é, naturalmente, ficar contra a avaliação, de resto necessária, mas resistir aos métodos silenciadores com que ela vem sendo às vezes realizada. A questão que se coloca a nós é lutar em favor da compreensão e da prática da avaliação enquanto instrumento de apreciação do "que-fazer" de sujeitos críticos a serviço, por isso mesmo, da libertação e não da domesticação. Avaliação em que se estimule o "falar a" como caminho do "falar com". (Freire, 1996, p. 116)

Nessa expressão de Freire, é possível observar a íntima relação entre a sua proposta de educação libertadora – o coração de sua pedagogia – e a defesa de uma avaliação a serviço de uma intencionalidade democrática.

A proposta de avaliação, assumida por Freire, tem características de uma "avaliação centrada no objetivo transformador" por contemplar aspectos de agenda social e de defesa de direitos. Nesse sentido, compromete-se com o direito à informação para o público avaliado e demais públicos interessados. O acesso à informação é uma condição de partilha de poder e, portanto, uma oportunidade de fortalecimento dos/as participantes, tanto para a compreensão e para o julgamento de um programa como para a participação na tomada de decisões.

Palavras finais

Na pesquisa realizada com os coordenadores e as coordenadoras pedagógicos/as de Educação Infantil, base para este capítulo, os pressupostos e os conceitos registrados neste texto, à luz do pensamento de Paulo Freire, foram propostos como indicações que poderão orientar um programa de formação permanente no campo investigado. A intenção, coerente com o paradigma crítico-emancipatório, opção que referenciou esta pesquisa, não foi a de apresentar um programa de formação pronto, acabado e engessado, definido por agentes ou instâncias externas, sem que se considere, efetivamente, a voz dos coordenadores e das coordenadoras pedagógicos/as.

É este o convite e a proposição deste capítulo: que ele possa inspirar os/as responsáveis pela formação de coordenadores pedagógicos e coordenadoras pedagógicas na construção coletiva de programas de formação permanente na perspectiva crítico-emancipatória, com vistas a uma educação com qualidade social.

* **Nota complementar:** Dissertação intitulada *A formação do coordenador pedagógico de educação infantil na perspectiva da educação crítico-emancipatória* (Pancotto, 2023), apresentada, em 2023, como exigência para a obtenção do título de Mestre Profissional em Educação: Formação de Formadores (Formep/PUC-SP), sob a orientação da Prof. Dra. Ana Maria Saul.

Referências

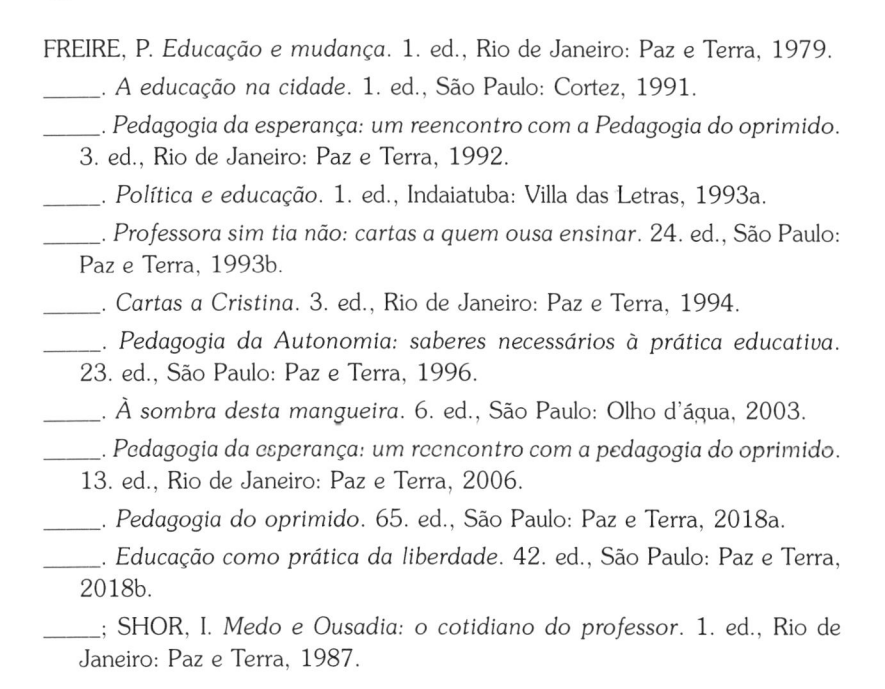

FREIRE, P. *Educação e mudança*. 1. ed., Rio de Janeiro: Paz e Terra, 1979.

_____. *A educação na cidade*. 1. ed., São Paulo: Cortez, 1991.

_____. *Pedagogia da esperança: um reencontro com a Pedagogia do oprimido*. 3. ed., Rio de Janeiro: Paz e Terra, 1992.

_____. *Política e educação*. 1. ed., Indaiatuba: Villa das Letras, 1993a.

_____. *Professora sim tia não: cartas a quem ousa ensinar*. 24. ed., São Paulo: Paz e Terra, 1993b.

_____. *Cartas a Cristina*. 3. ed., Rio de Janeiro: Paz e Terra, 1994.

_____. *Pedagogia da Autonomia: saberes necessários à prática educativa*. 23. ed., São Paulo: Paz e Terra, 1996.

_____. *À sombra desta mangueira*. 6. ed., São Paulo: Olho d'água, 2003.

_____. *Pedagogia da esperança: um reencontro com a pedagogia do oprimido*. 13. ed., Rio de Janeiro: Paz e Terra, 2006.

_____. *Pedagogia do oprimido*. 65. ed., São Paulo: Paz e Terra, 2018a.

_____. *Educação como prática da liberdade*. 42. ed., São Paulo: Paz e Terra, 2018b.

_____; SHOR, I. *Medo e Ousadia: o cotidiano do professor*. 1. ed., Rio de Janeiro: Paz e Terra, 1987.

GATTI, B.; BARRETO, E. S.; ANDRÉ, M. E. D. A. *Políticas docentes no Brasil: um estado da arte*. Brasília: Unesco, 2011.

MOREIRA, C. E. Emancipação, in: STRECK, D.; REDIN, E.; ZITKOSKI, J. J. (orgs.). *Dicionário Paulo Freire*. 4. ed., Belo Horizonte: Autêntica, 2019, p. 181-182.

MÜHL, E. H. Problematização, in: STRECK, D.; REDIN, E.; ZITKOSKI, J. J. (orgs.). *Dicionário Paulo Freire*. 4. ed., Belo Horizonte: Autêntica, 2019, p. 383-384.

PANCOTTO, A. L. *A formação do coordenador pedagógico de educação infantil na perspectiva da Educação Crítico-Emancipatória*. 2023. 101 f. Dissertação (Mestrado em Educação: Formação de Formadores) – Pontifícia Universidade Católica de São Paulo, São Paulo, 2023.

PLACCO, V. M. N. S.; SOUZA, V. L. T. O trabalho do coordenador pedagógico na visão de professores e diretores: contribuições à compreensão de sua identidade profissional, in: PLACCO, V. M. N. S.; ALMEIDA, L. R. (orgs.). *O coordenador pedagógico: provocações e possibilidades de atuação*. São Paulo: Loyola, 2012, p. 9-20.

____; ALMEIDA, L. R.; SOUZA, V. L. T. Retrato do coordenador pedagógico: nuanças das funções articuladoras e transformadoras, in: PLACCO, V. M. N. S.; ALMEIDA, L. R. (orgs.). *O coordenador pedagógico no espaço escolar: articulador, formador e transformador*. São Paulo: Loyola, 2015, p. 9-24.

SAUL, A. M. Paulo Freire na atualidade: legado e reinvenção – Apresentação do dossiê. *Revista e-Curriculum*, São Paulo, v. 14, p. 3-8, 2016. Disponível em: <https://revistas.pucsp.br/index.php/curriculum/article/view/27365>. Acesso em: 10 jul. 2023.

____; SAUL, A. Mudar é difícil, mas é necessário e urgente: um novo sentido para o projeto político pedagógico da escola. *Teias*, Rio de Janeiro, v. 14, p. 102-120, 2013. Disponível em: <https://www.e-publicacoes.uerj.br/index.php/revistateias/article/view/24367/17345>. Acesso em: 10 jul. 2023.

____; SAUL, A. Uma trama conceitual centrada no currículo inspirada na *Pedagogia do oprimido*. *Revista e-Curriculum*, São Paulo, v. 16, n. 4, p. 1142-1174, out./dez. 2018. DOI: <https://doi.org/10.23925/1809-3876.2018v16i4p1142-1174>.

____; SAUL, A.; QUATORZE VOLTAS, F. Formação permanente freireana na Educação de Jovens e Adultos: reinventando políticas e práticas no município de São Paulo. *Práxis Educativa*, Ponta Grossa, v. 16, p. 1-19, 2021. DOI: <https://doi.org/10.5212/PraxEduc.v.16.16601.002>.

VAILLANT, D. *Formação de Formadores: estado da prática*. [s.l.]: PREAL, 2003. Disponível em: <http://www.oei.es/docentes/articulos/formacion_formadores_estado_practica_vaillant_portu gues.pdf>. Acesso em: 10 jul. 2023.

ZEICHNER, K. M. Different conceptions of teacher expertise and teacher education in the USA. *Education Research and perspectives*, Crawley, v. 33, n. 2, p. 60-79, 2006. Disponível em: <http://erpjournal.net/wp-content/uploads/2020/01/ERPV33-2_Zeichner-K.-2006.-Different-conceptions-of-teacher-expertise-.pdf>. Acesso em: 10 jul. 2023.

De gestores a professores – tramas identitárias

Margarete Cazzolato Sula[1]
(margaretecazzolato@gmail.com)
Vera Maria Nigro de Souza Placco[2]
(veraplacco7@gmail.com)

> [...] *O que ainda guarda sentido?*
> *Tenho evitado as dores e as fadigas.*
> *Busco na realidade tangível*
> *na alegria imprudente das crianças*
> *a força para retomar o cotidiano.*
> *Talvez, o tempo possa consentir as respostas*
> *O tempo do necessário recolhimento.*
> *Tempo de realinhavar a vida,*
> *Cerzir os fios, ressignificar os valores*
> *e tecer as apostas no futuro.*
> *[...] Mas, é cedo! O tempo não curou a ferida.*
> *Ainda não dissolveu os temores.*
> *Deixemos a pilha em sua potente solidão.*
> *Ao aguardo de quem partiu em viagem,*
> *À espera de bons ventos*
> *Que reverberem luz e propósitos de futuro*

---

1. Professora da Rede Municipal de Santo André-SP e Doutora em Psicologia da Educação pela Pontifícia Universidade Católica de São Paulo – PUC-SP.
2. Professora Titular dos Programas de Educação: Psicologia da Educação e Educação: Formação de Formadores da Pontifícia Universidade Católica de São Paulo – PUC-SP. Professora Doutora pela Pontifícia Universidade Católica de São Paulo.

> *Esperançosa, quiçá, fico à espreita do retorno.*
> *Idas e vindas inimagináveis*
> *Ainda alimentam a minha utopia...*
> (Sula, Primavera 2016)

Notas iniciais sobre os temores que nos moveram a desvelar as tramas identitárias

São Paulo, inverno de 2023.

Caros leitores/as:

Com a alegria que move o saber e gesta os caminhos da pesquisa, intentamos narrar, a partir da escrita desta carta, as tramas identitárias que foram tecidas nos processos de construção, desconstrução e reconstrução identitária, vivenciados por vinte professores concursados, atuantes na Rede Municipal de Ensino de Santo André, região metropolitana da Grande SP, nas modalidades de Creche (0 a 3 anos), Educação Infantil, Ensino Fundamental (Anos Iniciais) e Educação de Jovens e Adultos, no contexto da Educação Básica.

Para melhor contextualizarmos o/as leitores/as desta missiva[3], ressaltamos que, em diferentes momentos de suas trajetórias profissionais, o/as participantes do estudo vivenciaram, na referida rede, a função de gestores escolares – no âmbito da escola – e/ou de gestores educacionais – na esfera do sistema de educação – retornando à sala de aula por diferentes motivações: escolhas pessoais, desafios manentes da gestão, condições de trabalho não favorecedoras, intempéries partidárias, dificuldades nas relações interpessoais, dentre outras.

---

3. O propósito desta carta é explicitar os caminhos e elucubrações identitárias documentadas pela pesquisa de doutorado "Entre idas e vindas: 'ser um professor que viveu a experiência da gestão'. Notas sobre as construções, desconstruções e reconstruções identitárias", orientada pela Profa. Dra. Vera Maria Nigro de Souza Placco (PUC-SP) e defendida em 2023. Ressaltamos, ainda, que a pesquisa contou com 19 participantes do sexo feminino e 1 do sexo masculino.

É importante que todos/as tenham clareza de que, na Rede Municipal de Santo André, as funções de diretor(a) escolar, coordenador(a) pedagógico(a), dentre outras, estão sujeitas às descontinuidades, pois não há concurso público para o provimento de cargos de gestão, sendo estes ocupados por professores de carreira, em caráter de função gratificada. Tendo em vista essa organização funcional, o acesso à gestão é legitimado pelo Estatuto do Magistério Municipal (Santo André, 1991), que prescreve que as funções de gestão sejam desempenhadas por professores com, no mínimo, três anos de atuação em sala de aula.

Sem sombra de dúvidas, o acesso à gestão é favorecido pelas condições de trabalho da rede; porém, a permanência na função é suscetível às interrupções, sendo ela cerceada por tensionamentos de diferentes ordens: estruturais, políticos, ideológicos, dentre outros. Tal condição dialoga com as ideias de Huberman (1999, p. 38), que, ao analisar os ciclos de desenvolvimento profissional, assevera que uma carreira se caracteriza como "[...] um processo e não uma série de acontecimentos. Para alguns, este processo pode parecer linear, mas, para outros, há patamares, regressões, becos sem saída, momentos de arranque, descontinuidades".

A experiência de constituir-se gestor no cotidiano da rede municipal e, posteriormente, voltar a atuar como professor foi, portanto, o objeto de estudo da pesquisa de doutorado que inspira a escrita desta carta. Como professora da Rede Municipal, uma das escritoras desta missiva vivenciou diversos movimentos de idas e vindas – da sala de aula à gestão e vice-versa – e, em cada um de seus reinícios, conviveu com diferentes percepções de parceiros de trabalho que reagiram de formas diferentes às situações transicionais de função.

Em 2017, após ter vivenciado a gestão escolar e a educacional por diversos anos e logo após ter finalizado o Mestrado no Programa de Estudos Pós-Graduados em Educação: Formação de Formadores (Formep), na Pontifícia Universidade Católica de São Paulo (PUC-SP), ela retornou à sala de aula, passando a atuar com turmas de Educação Infantil e Ensino Fundamental. Naquele momento, todos os sentimentos e emoções se mostraram desarranjados em quem fora e, no apagar das luzes, não atuava mais como gestora, muito embora ainda se sentisse diretamente ligada à gestão. Do chão da sala de aula, muitos sentimentos emergiram, reverberando em movimentos de crises e suscitando questionamentos constantes sobre os movimentos identitários.

Além desses sentimentos, a escuta de queixas recorrentes vindas de outros profissionais acerca da volta e de seus desafios contribuiu para gerar sucessivas reflexões a respeito de como cada professor (ex-gestor) ressignificava a experiência vivida na gestão, em face de suas aprendizagens, seus saberes, sentimentos e, também, de como se percebiam diante dessas negociações identitárias em relação às suas atribuições e pertenças.

Assim, diante do contexto de estudo do doutorado, tais inquietações, que permearam essas trajetórias pessoais e profissionais, contribuíram para a consolidação de um conjunto de problematizações, que culminaram nas questões da pesquisa em pauta: como os professores (ex-gestores) reconstroem e ressignificam a sua identidade profissional à luz da experiência vivida na gestão, tendo em vista a percepção de que esse movimento de ruptura é gerador de tensionamentos e renegociações identitárias? Afinal, o que sentiam os professores (ex-gestores) nesse retorno? Que saberes, desenvolvidos na gestão, eram ressignificados nesse movimento? Quais crises e tramas identitárias eram vivenciadas e poderiam ser narradas por eles?

Como foi possível perceber, a partir destas reflexões, construímos nosso caminho de pesquisa, que nasceu dos muitos temores partilhados nas idas e vindas, temores que nos atravessaram e constituíram, pois "fazer uma experiência quer dizer, portanto: deixar-nos abordar em nós mesmos por aquilo que nos interpela, entrando e submetendo-nos a isso. Nós podemos, assim, ser transformados por tais experiências, de um dia para o outro ou no transcurso do tempo". (Larrosa, 2011, p. 13).

Esperamos que, na rotina atribulada de seus muitos fazeres, vocês consigam dedicar um tempo para refletirem conosco sobre as inquietações e descobertas que nos moveram nessa jornada.

Notas sobre a carta que se escreve e as que foram escritas ao longo do nosso pesquisar

> Cada vez que me chega tua carta, eis-nos imediatamente juntos. [...] O traço de uma mão amiga, impresso sobre as páginas, assegura o que há de mais doce na presença: reencontrar.
> (Foucault, 2004, p. 156)

Foucault (2004, p. 156) assevera que escrever cartas é uma maneira de "[...] 'se mostrar', se expor, fazer aparecer seu próprio rosto perto do outro". Desse modo, tomamos a liberdade de escrever esse capítulo em formato de carta, pois a pesquisa foi inspirada pelos estudos que focalizam as narrativas (auto)biográficas, valendo-se das cartas como fonte histórica (Diaz, 2016), como forma de dizer e, principalmente, como instrumento metodológico de diálogo e interlocução com os seus participantes. Convém esclarecermos que nossa proposta metodológica foi disparada a partir da escrita de uma "carta-convite", que mobilizou os participantes a narrarem sobre suas trajetórias profissionais, assim como os impactos do retorno à sala de aula e sobre como essas vivências afetaram, ou não, a sua identidade profissional.

Aprendemos, com Delory-Momberger (2012), que as atividades de biografização da experiência vivida superam a ideia de um discurso que retrate a realidade dos fatos. Elas se implicam com um processo de compreensão do "campo de representações" (Delory-Momberger, 2012, p. 525) do sujeito, relacionando-se ao modo como eles interpretam narrativamente as suas experiências, como dão a ela coerência e sentido, à luz de uma organização temporal e espacial, na contínua relação do sujeito com o mundo histórico e social. Por essa óptica, as cartas se fizeram, então, uma fonte narrativa potente para dar um contorno à experiência do/das participantes: uma escrita (auto)biográfica que permitiu ressignificar o vivido, resgatando memórias, acontecimentos, eventos, enfim, experiências constituidoras da identidade profissional.

Para seguirmos nessa empreitada, com vistas ao aprofundamento de nossas discussões conceituais acerca das tramas identitárias, apoiamo-nos, principalmente, em alguns aportes teóricos da Sociologia do Trabalho. Desse modo, os estudos de Dubar (2009, 2020) foram essenciais para o entendimento da temática da identidade profissional dos professores (ex-gestores), visando compreender e analisar as experiências vividas, os desafios, os sentimentos, as emoções, as percepções, os saberes e as relações de poder que se embrenham às múltiplas tramas identitárias vivenciadas e narradas por tais profissionais.

Segundo Dubar, as identidades são construções sociais constituídas por meio da articulação entre os **atos de atribuição** – "[...] 'que tipo de homem (ou de mulher) você é', ou seja, a identidade para o outro [...]" (Dubar, 2020, p. 137, grifo do autor) – e os **atos de pertencimento** – "[...] 'que tipo de homem (ou de mulher) você quer ser, ou seja, a identidade para si'." (Dubar, 2020, p. 137, grifo do autor). Isto posto, a construção das identidades (formas identitárias) deve ser entendida como um processo contingente, permanente e dialético, que está imbricado às histórias de vida dos sujeitos, aos seus contextos históricos e sociais e aos diferentes processos de socialização, desenvolvidos na esfera da família, nas experiências escolares, no mercado de trabalho, no contexto do próprio trabalho e em múltiplos espaços de participação social (Dubar, 2009, 2020).

Animadas por esses conceitos, dialogamos com as narrativas produzidas por esses sujeitos, tão presentes nos saberes, nas memórias e nos afetos que constroem, desconstroem e reconstroem as suas identidades profissionais. Esse diálogo nos brindou com inúmeras provocações, dentre as quais um desafio metodológico: como promover esse encontro com a palavra do/das participantes e estabelecer uma comunicação entre as cartas, tendo por objetivo articular todas as narrativas, cerzindo os fios dessa tessitura?

Assim, nesse caminho de compreensão das experiências vividas, que envolveu a leitura e a interpretação das cartas, os fundamentos da análise de prosa propostos por André (1983), somados aos estudos de Sigalla (2018) e Sigalla e Placco (2022), ajudaram-nos a desvelar as minúcias das tramas identitárias. Relembramos que, para André (1983, p. 67), a análise de prosa é entendida como "[...] um meio de levantar questões sobre o conteúdo de um determinado material: o que é que este diz? O que significa? Quais suas mensagens?".

Ao procurar compreender tais mensagens e interpretar as cartas, fomos por elas atravessadas, pois as narrativas nos convidaram a desenvolver um olhar aprendente, de quem se encanta com o ato de pesquisar, ressignificando-se na relação com o outro, com o conhecimento e com o inusitado a ser desvelado. Pudemos, ainda, confirmar que a transição gestor/professor corrobora a ideia de Dubar (2009, p. 196) de que "[...] toda mudança é geradora de 'pequenas crises': ela requer um 'trabalho sobre si mesmo', uma modificação de certos hábitos, uma perturbação das rotinas anteriores.".

Sentimo-nos, dessa maneira, imensamente responsáveis em trazer à tona esse tema tão sensível e instigante, que promoveu imersões na subjetividade das pessoas e investiduras profundas na identidade profissional docente.

Notas sobre os elementos constitutivos do ser professor e do ser gestor: desafios, aprendizagens e sentimentos engendrados às tramas identitárias

Caros leitores/as, vocês já devem ter vivenciado a sensação de ter muito a narrar e poucas linhas para se expressar. Assim, trouxemos para esta discussão apenas alguns dos achados e sínteses da pesquisa, deixando o convite aos que queiram conhecê-la na totalidade.

As cartas retrataram experiências de professores que deram visibilidade a esse sujeito que se tornou professor, que se constituiu gestor ao longo de sua carreira na rede e que deixou a gestão, vivendo rupturas em suas idas e vindas, em distintos cenários sociais e históricos.

Chamou-nos a atenção a presença das muitas marcas temporais que se enlaçam às experiências do "ser professor" e do "ser gestor", tecidas ao longo de seus diferentes momentos históricos, trazendo o saber da historicidade desses sujeitos em memórias individuais que se entremearam às coletivas. As histórias de vida e experiências que foram narradas emocionaram-nos, desvelando os percursos trilhados, as escolhas feitas e os motivos que as desencadearam; falaram-nos das alegrias vividas, das tristezas, das perdas, das ressignificações, dos saberes constituídos, dos jogos de vaidades e das dinâmicas interpessoais permeadas por relações implícitas e explícitas de poder, entremeados de reflexões preciosas e críticas.

As tramas identitárias foram tecidas pelo fio precioso da memória, reafirmando a importância desse elemento identitário nos processos de formação do adulto-professor, pois, como asseveram Placco e Souza (2006, p. 54), "a memória é constitutiva da identidade, no que ela tem de singular e coletivo".

As narrativas foram permeadas de episódios a respeito dos processos de socialização primária dos professores (ex-gestores), sendo que algumas cartas focalizaram as influências familiares anteriores à escolha da docência, assim como as experiências educacionais não-formais, reconhecidas no presente como constitutivas da identidade profissional.

> *Nesses grupos, acompanhei todas as conversas de minha mãe (Eu e minhas irmãs estávamos por perto, já que ainda não tínhamos onde ficar no período contrário ao período de aulas. E nos encontrávamos também com os filhos de outras mães). Logo estava reunida a grupos de jovens políticos. [...] Grupos de diferentes conversas que fui incorporando, inclusive, como minha luta também. (Raquel) (Sula, 2022, p. 190-191)*

As figuras maternas e paternas irromperam das narrativas, desvelando a relevância dos vínculos relacionais familiares, das identificações herdadas e visadas e das primeiras socializações que antecederam à entrada no Magistério, articulando-se à perspectiva discutida por Dubar (2009, 2020) de que os processos biográficos e relacionais "[...] concorrem para a produção das identidades" (Placco; Souza, 2010, p. 88).

Outras cartas fizeram menção à importância do estágio no Magistério, rememoraram o potencial formativo do Centro Específico de Formação e Aperfeiçoamento do Magistério (Cefam), apontaram para episódios significativos da entrada na docência na rede municipal, clamando pela pungente necessidade de acolhimento e de inserção profissional aos professores iniciantes na carreira.

> *Quando o grupo de professores iniciantes na rede, do qual eu fazia parte, foi apresentado à Secretaria de Educação, aos colaboradores e gestores... meus olhos brilharam. Percebi que estava numa rede que tinha, como princípio, a formação docente e que procurava investir nos sujeitos em diferentes modalidades. Eu, uma professora iniciante de rede pública, fiquei deslumbrada com as diversas possibilidades formativas. [...].* (Anne) (Sula, 2022, p. 197)

Cumpre-nos destacar que uma robusta literatura acadêmica tem se dedicado a evidenciar a importância dos processos de indução pedagógica. Marcelo García (2010, p. 32), por exemplo, discorre sobre a importância dos primeiros anos da docência para o desenvolvimento profissional do professor, visando assegurar um profissional "[...] motivado, envolvido e comprometido com sua profissão". Enquanto buscam identificar-se com os fundamentos da profissão, os professores iniciantes, expostos a contextos instáveis de atuação, são chamados a mobilizar conhecimentos pouco desenvolvidos, apropriando-se, de forma célere, de múltiplas atribuições que lhes são imputadas pelo sistema e pelas escolas (Marcelo García, 2010).

Em relação à entrada no trabalho, Dubar (2020, p. 150) também nos ensina que a primeira "identidade profissional para si" é frequentemente marcada pela incerteza, estando envolta em contínuos "ajustes e conversões sucessivas", desafios esses que se conectam à formação. Assim, "acolher e criar vínculos" foi entendido pelo/as participantes como uma das primeiras e importantes etapas desse processo de socialização profissional, sendo base para qualquer ação formativa que se pretenda desenvolver. Nessa direção, muitas foram as reminiscências que validaram a importância da formação continuada, no contexto da própria escola, e dos parceiros mais experientes na construção da identidade profissional do professor.

Nesse contínuo movimento de interpretação, também voltamos nossas atenções à constituição do "ser gestor", focalizando as atribuições e pertenças dos gestores nos âmbitos da escola e da Secretaria de Educação, diante da condição de função gratificada.

As narrativas foram prenhes de significados diversos, dando ênfase às motivações dos participantes para a entrada na função e à importância atribuída aos parceiros mais experientes e aos profissionais de referência ao longo dos processos formativos vivenciados pelo/pelas participantes – momentos que nomearam como "divisores de águas", destacando, de forma calorosa e afetiva, os muitos "Outros" (Almeida, 2014) que os constituíram nesses movimentos de construção identitária.

> *Quando iniciei na rede, tinha 19 anos, com uma turma de 30 crianças de seis anos. Essa primeira escola era constituída de professoras que se dedicavam muito pela educação das crianças de cinco e seis anos. Lá, eu aprendi a planejar e realizar as propostas pedagógicas com muito cuidado, capricho e pensando nas crianças. A diretora estava por inteiro, inclusive na organização das propostas pedagógicas – na época, não tinha ainda equipe gestora. Vale dizer que quase todas as professoras dessa escola, posteriormente, vivenciaram a experiência em outras funções na gestão de escolas e/ou na gestão da rede.* (Lygia) (Sula, 2022, p. 200)

A veemência das lembranças do/das participantes relacionadas ao tempo vivido na gestão revela as profundas significações promovidas pela assunção dos papéis de gestores, traduzindo, também, as transformações vivenciadas por esses sujeitos no exercício profissional. Um ponto em comum entre algumas narrativas, principalmente as escritas pelos profissionais com maior tempo de rede, foi a preocupação em detalhar os marcos históricos, que, do ponto de vista destes atores, compuseram suas transformações identitárias.

> *Há quase 20 anos, venho atuando e procurando contribuir com a educação pública. Não nasci aqui, mas foi aqui que aprendi*

a ser professora e me constitui formadora de professores e gestores, tornando-me a profissional que sou hoje. (Jane) (Sula, 2022, p. 205)

Por esse prisma, a experiência da gestão pareceu "atravessar" a cada um destes sujeitos de modo singular, deixando-se em seus muitos saberes, em vestígios, em marcas, em feridas, constituindo-se uma experiência de um sujeito passional. "Daí que o sujeito da experiência não seja, em princípio, um sujeito ativo, um agente de sua própria experiência, mas um sujeito paciente, passional" (Larrosa, 2011, p. 8).

Dentre os elementos constitutivos das identidades do/das participantes, as oportunidades formativas possibilitadas pela gestão foram muito valorizadas. Relembrando Placco (2008), a formação continuada, como uma das principais dimensões da formação, deve fomentar a postura de constituir-se um pesquisador de sua própria prática, estando aberto à atualização constante de conhecimentos e à incorporação de novos saberes. O/as participantes rememoram cursos, especializações, incentivo para cursar o Mestrado e o Doutorado, dentre outras ações, que instigaram articulações entre a Cultura e a Educação. Esses movimentos viabilizaram o alargamento da **dimensão estética e cultural** (Placco, 2008) e corroboraram para a ampliação dos saberes dos gestores, condição essencial para o desenvolvimento profissional e para a formação identitária.

[...] enquanto estudávamos Especialização na Universidade de São Paulo – [havia] diálogos durante o almoço, no trajeto do ônibus da Prefeitura à Universidade e vice-versa. Participei [nessa época] de entrevista com o Diretor de Educação, Prof. M. V., que contribuiu imensamente com a abordagem que acolhe as intersubjetividades da profissão docente; a cidade interligando-se de micro ao macro e vice-versa, encontros intersetoriais em processos formativos, a cultura compondo o tecido dos espaços de educação; e com a equipe da Secretaria de Educação. Os livros de Manoel de Barros me acompanhavam em minhas leituras. (Paulo) (Sula, 2022, p. 214)

Nessa direção, as cartas evidenciaram diferentes modelos e concepções formativas que incidiram sobre o desenvolvimento profissional dos sujeitos em diferentes períodos históricos, perpassando momentos de intensa valorização da autoria docente e da construção identitária e oscilando para outros que denunciam a inexistência, a inconsistência e a precarização dos processos formativos, tendo em vista objetivos mais voltados aos entremeios de uma política neoliberal, como assevera Libâneo (2012), ao nos relembrar do dualismo que se enseja de forma perversa na escola pública brasileira: uma escola fortalecida pelo conhecimento para os ricos, e outra de acolhimento social aos mais empobrecidos.

> [...] a necessidade de estudo, discussão, é muito grande, e o que temos hoje é discussão de senso comum; não avançamos, não sabemos o que as pessoas que trabalham conosco pensam sobre escola, criança, currículo... tudo é muito fragmentado. (Simone) (Sula, 2022, p. 278)

Tais achados abriram frentes para a discussão das **dimensões da formação** (Placco, 2008) e frisaram a importância da articulação escola/universidade e da organização de espaços e dispositivos de formação, visando à constituição de comunidades de prática, com foco na cultura de trabalho colaborativo, no fortalecimento da ação dos gestores, do pertencimento à profissão e da construção identitária, com valorização dos espaços de reunião, do acompanhamento pedagógico e da formação continuada dos gestores.

As cartas revelaram que as experiências na gestão foram permeadas por crises identitárias, sendo que desafios de diferentes naturezas tensionaram os sujeitos em relação ao papel desempenhado, instigando conflitos entre o que a Secretaria de Educação espera dos gestores institucionalmente e o que eles tomam, efetivamente, como pertença para si.

> O que me inquietava e desmotivava, na maioria das vezes, eram as crescentes demandas advindas da SE [Secretaria de Educação], somadas à falta de escuta dedicada aos Gestores e

professores e os "projetos" prontos com soluções padronizadas que surgiam dos "especialistas" em educação. Como levar essas questões, com que eu mesma não concordava, a um grupo tão crítico? (Cora) (Sula, 2022, p. 225)

Tomemos, como exemplo, as palavras da coordenadora pedagógica Cora, que, questionando a ausência de escuta e a padronização de projetos via Secretaria, revela-se em crise em face das contradições vivenciadas e das atribuições predominantemente burocráticas, que pouco favoreciam o exercício crítico e reflexivo do grupo, colaborando para a sua alienação ao invés da sua emancipação – ponto este sensível à sua construção identitária como formadora, defensora da escuta, da construção colaborativa e da autonomia do fazer docente.

Essa tensão permanente entre o individual e o social e o jogo de forças entre as atribuições e as pertenças geraram rupturas, provocaram conflitos que, em alguns casos, possibilitaram negociações identitárias e/ou foram determinantes na decisão dos sujeitos em retornar à sala de aula. Os desafios e os modos de ver a gestão impactaram nas dinâmicas identitárias, não apenas constituindo a identidade da pessoa do gestor e do profissional, mas também interferindo na organização do trabalho pedagógico e nas relações interpessoais dentro do espaço escolar, conferindo uma vulnerabilidade que repousa em uma inquietação: "Sou ou estou gestor?" (Sula, 2022, p. 80).

Notas sobre as aprendizagens, os sentimentos e os saberes consolidados nas tramas identitárias: ser um professor que viveu a experiência da gestão

Ao longo de nosso estudo, concordamos com as ideias de Silva et al. (2014, p. 124), de que "as transições de cargos organizacionais são experiências carregadas de emoções, desafios, perdas e oportunidades que afetam o desempenho das pessoas e o funcionamento das organizações, sendo, às vezes, seu impacto ignorado ou minimizado". Dessa perspectiva, "deixar a gestão" não é um movimento trivial, desprovido de significados mais profundos, pois, mesmo quando se almeja retornar ou quando a mudança acontece por motivações externas à vontade dos sujeitos, a volta à sala foi entendida como um momento de crise, de rompimento com identificações já sedimentadas e/ou com projetos visados.

Do ponto de vista de Dubar (2009, 2020), essas tramas são constituintes de uma dimensão de crise identitária, pois engendram rupturas com as formas de identificação antes elaboradas pelos sujeitos, sendo que "[...] as crises se multiplicam em todas as existências e em todas as idades. [...] passando pelas decepções políticas, os abandonos de crenças, os requestionamentos de convicções anteriores que se desfazem" (Dubar, 2009, p. 143).

As narrativas também evidenciaram que os desajustes, os confrontos e as indisposições entre as "atuais atribuições de professor" e as "antigas pertenças como gestor" tensionaram, de forma pungente, o cotidiano desses profissionais, como narra a participante Zélia.

> *Nesta experiência de retorno, tive algumas dificuldades ao voltar o meu olhar para a organização da rotina das crianças e de uma sala de aula, e não mais ocupar-me com o que estava errado na organização da escola, da equipe de funcionários, na falta de cuidado da professora – da sala ao lado – que foi desatenta com uma criança que necessitava de acolhimento.* (Zélia) (Sula, 2022, p. 229)

No caso a seguir, a professora (ex-gestora) Bette, que permaneceu na mesma unidade após à saída da direção, vivenciou profundos e dolorosos impactos identitários, ainda que ela tivesse plena consciência da provisoriedade da função.

> *Eu, sinceramente, não me dei conta do impacto que isso traria em minha vida. [...].* (Bette) (Sula, 2022, p. 229)
>
> *Que ano difícil, Margarete! Sofri tanto, a ponto de me perder na minha organização, justamente eu, sempre tão elogia-*

da por organizar não somente o meu planejamento, mas a maneira que intercedia junto aos alunos. (Bette) (Sula, 2022, p. 230)

Percebemos que Bette tinha uma forte identificação profissional com os papéis instituídos. As mudanças profissionais não desejadas obrigaram-na a desconstruir rapidamente a sua identidade profissional como gestora – uma reconstrução geradora de muitas turbulências emocionais, pois, para Dubar (2020, p. XXV), "[...] a identidade de uma pessoa é o que ela tem de mais valioso: a perda de identidade é sinônimo de alienação, sofrimento, angústia e morte".

Ao narrar suas angústias e seus desconfortos ao deixar a gestão na virada das transições governamentais, deparamo-nos com a pungência dos sentimentos, emoções e paixões da professora (ex-gestora) Bette, embrenhada às tramas identitárias e urdida nas relações interpessoais estabelecidas entre os antigos e os atuais gestores. Nessa conjuntura, os elos com as questões partidárias foram narrados com intensidade, uma vez que a volta à sala de aula desencadeou disputas e jogos de poder, mobilizando mágoas, incompreensões e ressentimentos.

Ao voltarmos nossos olhares para as emoções e os sentimentos gerados pelo retorno à docência, deparamo-nos com questões que permeiam a dimensão afetiva. Nesse caminho, as lentes teóricas de Almeida e Mahoney (2014), apoiadas na teoria de Wallon, iluminaram-nos para compreender a afetividade como uma disposição do ser humano de ser afetado, manifestando-se a partir de sensações agradáveis e desagradáveis.

Pudemos, também, identificar que as ressignificações identitárias foram permeadas de muito saudosismo e de uma gama de sentimentos com tonalidades desagradáveis, que se mostraram de forma expressiva nas narrativas. Medo, tristeza, desencanto, mágoa, desmotivação, falta de reconhecimento, silenciamento, rejeição; sentir-se impotente, inseguro, perseguido, estigmatizado, humilhado e em luto foram alguns dos sentimentos mencionados.

> *Isso me entristece, pois sinto que somos figurinhas carimbadas por ter exercido a função gratificada, e a desmotivação muitas vezes se faz presente.* (Anne) (Sula, 2022, p. 249)
>
> *Não foi fácil voltar para a sala de aula depois de alguns anos longe dela. Fiquei muito chateada, pois, infelizmente, meu trabalho não foi reconhecido. Chorei muito – não é fácil voltar a ser professora depois de um tempo no cargo... parece que as pessoas te veem de maneira diferente. Muitas vezes, me senti derrotada, e meu trabalho parecia não ser visto e nem reconhecido. [...]* (Grace) (Sula, 2022, p. 265)
>
> *[...] Sabe, tudo foi difícil. Eu vivi um luto – é a única palavra que me vem à mente – perdi o chão.* (Bette) (Sula, 2022, p. 259)

Ao mesmo tempo, em quantidade menos expressiva, mas com forte carga emocional, foram desvelados sentimentos com tonalidades agradáveis, tais como: gratidão, responsabilidade, resiliência, tranquilidade, humildade e alegria pelo trabalho realizado com as famílias e crianças. Nesse sentido, a sala de aula foi vista como um "porto seguro", e o/as participantes enfatizaram que a "amplitude do olhar" possibilitada pelo exercício da gestão transformou-os de forma benéfica, fortalecendo o agir profissional, favorecendo relações mais empáticas com os atuais gestores, ampliando os saberes e as perspectivas de aprendizagem, de modo que todos os professores deveriam atuar como gestores, ainda que essa experiência possa vir a ser geradora de sentimentos não tão aprazíveis.

> *[...] Voltar é revigorante, pois é possível ver o seu fazer pedagógico dando frutos de forma mais palpável no dia a dia.* (Elizabeth) (Sula, 2022, p. 271)
>
> *Cara amiga, voltar para a sala, posso dizer "somente para os fortes", e como temos que ser!!! Não voltamos "mais os mesmos", o olhar ganha amplitude...* (Florbela) (Sula, 2022, p. 273)
>
> *Considero que todos os profissionais deveriam ter a oportunidade de vivenciar diferentes funções, pois faz com que julgamentos, avaliações e solicitações sejam mais coerentes e nos tornemos*

> *menos dominados, [menos] enganados e mais críticos, reflexivos.* (Tarsila) (Sula, 2022, p. 274)

Ao depararmo-nos com as relações de poder que se esgueiram nas tramas identitárias, vislumbramos que ser gestor na condição de função gratificada pareceu associar a imagem do professor (ex-gestor) a um determinado partido político, trazendo-lhe o estigma de agir conforme suas concepções e ideologias.

> *Ao final desses quatro anos, eu era uma inimiga política daquela gestão, de corpo e alma, [e] canalizei meus sentimentos contidos nesta luta contra a exclusão e a diferença que existia em nossa escola. [...]. Tive muitos problemas. Um deles era a comparação dos pais que eram mais antigos, do Conselho de Escola, e pagava caro por isso, a ponto de eu pedir encarecidamente para que não me citassem mais como exemplo!* (Bette) (Sula, 2022, p. 259)

Voltar à sala em virtude das transições políticas é estar sujeito à influência dessas situações, pois "[...] as rivalidades partidárias se manifestam em micropoderes após as viradas de gestão, e seus efeitos são, por vezes, nocivos, persistentes e impactantes, tanto para os sujeitos como para o clima organizacional" (Sula, 2022, p. 259). Segundo Dubar (2009), para o enfrentamento dessas situações, o recolhimento ou a conversão identitária se vislumbram como caminhos para lidar com essas rupturas e desconstruções dolorosas, pois

> Eles [os acontecimentos] implicam a reconstrução de uma nova identidade pessoal, diferente da antiga, não apenas porque o estatuto muda "objetivamente" mas porque o sujeito deve gerar "subjetivamente" novas relações com os outros, e, talvez, sobretudo, a continuidade entre seu passado, seu presente e seu futuro. (Dubar, 2009, p. 204)

Ao defendermos, portanto, que a volta à sala de aula, após a experiência da gestão, representa um momento permeado por emoções e sentimentos diversos e difusos, caracterizado por uma intensa agitação afetiva e cognitiva, consideramos que tal movimentação exerceu grande impacto na constituição identitária do professor (ex-gestor), o que o levou a ressignificar seus saberes, seus modos de pensar e agir diante dos novos desafios que se colocaram em sala de aula e na escola onde atuam (Sula, 2022).

Os processos de reconstrução identitária foram, ainda, mobilizados por diferentes percepções. O sentimento de responsabilidade, de sentir-se implicado com o trabalho, independentemente da função exercida, e o compromisso pedagógico e social com os alunos e suas famílias exerceram papéis decisivos nas ressignificações identitárias. Na escola, buscou-se reconstituir os vínculos com o grupo, convivendo com o estigma de terem sido gestores, atuando, em algumas situações, como parceiros mais experientes no grupo.

Ressignificar o trabalho pedagógico, para alguns participantes, também gerou sentimentos de insegurança acerca dos próprios saberes em relação à prática profissional, pois o tempo na gestão os tirou do ritmo de trabalho em sala de aula, alterando completamente as rotinas a que estavam acostumados, implicando-os em movimentos de transformação de si.

Uma das formas encontradas pelo/as participantes para ressignificar a volta esteve atrelada à formação. O retorno à sala sensibilizou o/as participantes para a necessidade de engajamento em contínuos movimentos de formação continuada, com vistas ao desenvolvimento profissional, com a ampliação dos estudos em nível de Mestrado e Doutorado.

O retorno à sala promoveu, ainda, questionamentos a respeito dos jogos de vaidade e da qualidade das relações interpessoais estabelecidas entre os diferentes pares no espaço escolar, dando indícios de que seja urgente ressignificar as indisposições político-partidárias, com vistas a um melhor desenvolvimento dos processos pedagógicos e educacionais, uma reflexão permanente aos que visam acessar a gestão, tendo em vista as mudanças que, eventualmente, se acenam e nos lançam às construções, desconstruções e reconstruções identitárias.

Tais elementos, dentre outros aqui não evidenciados, puderam contribuir para a ressignificação da identidade profissional desses sujeitos, assim como para a prospecção de novos projetos de vida, pessoal e profissional, após a saída da gestão.

Considerações finais: notas sobre os movimentos identitários e as propostas formativas

Aproximando-nos das palavras que encerram esta carta, destacamos, aqui, alguns aspectos que não podem ser esquecidos em relação aos movimentos identitários.

Os achados evidenciaram que o reconhecimento de não ser mais um gestor se desenha como um processo marcado por turbulências e questionamentos de ordem pessoal e profissional. Dado o seu caráter contingencial, a "função gratificada", como uma realidade intrínseca à carreira profissional dos professores que acessam a gestão escolar/educacional na rede de Santo André, exigiu destes sujeitos uma constante ressignificação de seu fazer e de sua identidade profissional, assim como reverberou diretamente sobre as questões manentes da existencialidade, afetando seus modos de ser e de agir na sala de aula e as relações com os novos pares, favorecendo, também, a mobilização de saberes plurais e ampliando os olhares e as percepções a respeito das relações de poder que se manifestam de forma local e institucional.

Nesse processo contínuo e dialético de constituição de suas identidades profissionais, a oportunidade de rememorar, narrar e refletir sobre a experiência vivida, por meio de narrativas (auto)biográficas, transcendeu a ideia de uma narrativa sustentada por uma mera sucessão de acontecimentos. O balanço biográfico possibilitou que o/as participantes selecionassem, do passado, o que foi efetivamente formador em seu percurso de vida profissional, assim como os significados atribuídos às diferentes experiências, permeadas de temporalidade e historicidade.

Se, por um lado, a alternância de poder parece fortalecer o fluxo democrático das instituições escolares, por outro, reafirmamos que a mudança de gestores pode conduzir à interrupção de projetos institucionais e locais, gerando ineficiências e impactos prejudiciais aos alunos e ao trabalho pedagógico. Paradoxalmente, tais movimentações também podem vir a afetar, de forma sensível, a constituição identitária de sujeitos que estejam vivenciando a experiência da gestão, em contextos instáveis e provisórios.

As tramas identitárias apontaram, ainda, para a necessidade de os professores (ex-gestores) se sentirem acolhidos no espaço escolar e de serem reconhecidos e valorizados pela trajetória trilhada, algo que nem sempre é alvo de atenção institucional. A esse respeito, Silva e Cunha (2013) apontaram para a necessidade de as transições serem tratadas de forma cuidadosa, produzindo menos desgastes emocionais e menores impactos identitários a quem as vivencia.

Refletir sobre como essas transições são articuladas nas diferentes redes de ensino que se organizam de modo similar ao movimento explicitado nesta carta deve ser foco de atenção contínua, pois é necessário que abracemos o compromisso de entender melhor esses efeitos, conscientizando-nos de seus impactos. Quando pensamos em tramas identitárias, a ideia que enfatizamos repousa na convicção de que precisamos nos preocupar urgentemente com os movimentos identitários nas formações, principalmente quando esses movimentos são provocados pelas políticas públicas que fazem com que esse vai e vem entre as funções interfira diretamente nos processos de construção e constituição identitárias.

Queremos reafirmar que a formação dos gestores, assim como a dos professores, é um movimento contínuo, que implica em diferentes dimensões formativas e que se faz indissociável das dimensões pessoais, profissionais e organizacionais (Nóvoa, 2009). Requer, portanto, intencionalidade, continuidade, tato pedagógico e respeito aos profissionais e às suas trajetórias profissionais, independentemente da função exercida ao longo de suas carreiras.

O impacto das idas e vindas requer que, como formadores, possamos entender que precisamos estudar melhor esses eventos e movimentos identitários, de tal maneira que finalmente possamos chegar a uma proposta de formação que considere esse movimento, com vistas a um bom desenvolvimento dos profissionais.

Tendo em vista as rupturas na carreira dos professores que venham a exercer funções gestoras, outras indagações se anunciam: que profissionais somos e queremos ser e que carreiras almejamos? Como promover o desenvolvimento profissional desses gestores, de modo que se apropriem efetivamente do imprescindível papel que exercem nas escolas? "E como prepará-los para a incerteza alocada nessa volta, que se descortina, vez ou outra, como uma possibilidade concreta?" (Sula, 2022, p. 345). Perguntas tão salutares que não se esgotam e que inspiram outros tantos diálogos!

Por fim, resta-nos relembrar que não há trama que seja cerzida sem que os fios sejam devidamente urdidos. A consistência das tramas, caros/as colegas, nasce da vontade de múltiplos coletivos que se conectam e inspiram por objetivos comuns. Assim, esperamos, no esperançar freireano, que esta carta os convide a dissolver os temores e que, juntos, possamos urdir os fios e os pontos tão cruciais das tramas identitárias!

Outrossim, que ela também possa nos nutrir de um vigor precioso; que nos anime, com ternura e problematização, a sustentar as nossas convicções e utopias, valorizando a nossa constituição identitária como educadores, na potência das tessituras individuais e na necessária tessitura das redes.

Carinhosamente,

Margarete e Vera.

Referências

ALMEIDA, L. R. A questão do Eu e do Outro na psicogenética walloniana. *Estudos de Psicologia* (Campinas) [online]. 2014, v. 31, n. 4, p. 595-604. Disponível em: <https://doi.org/10.1590/0103-166X2014000300013>. Acesso em: 21 abr. 2022.

____; MAHONEY, A. A. *Afetividade e aprendizagem: contribuições de Henri Wallon*. 4. ed., São Paulo: Loyola, 2014, 173p.

ANDRÉ, M. E. D. A. Texto, contexto e significados: algumas questões na análise de dados qualitativos. *Cadernos de Pesquisa*, São Paulo, FCC, n. 45, maio

1983, p. 66-71. Disponível em: <https://publicacoes.fcc.org.br/cp/article/view/1491>. Acesso em: 5 maio 2022.

DELORY-MOMBERGER, C. Abordagens metodológicas na pesquisa biográfica. *Revista Brasileira de Educação*, São Paulo, v. 17, n. 51, p. 523-536, dez. 2012. Disponível em: <https://www.scielo.br/j/rbedu/a/5JPSdp5W75LB3cZW9C3Bk9c/?format=pdf>. Acesso em: 1 set. 2021.

DIAZ, B. *O gênero epistolar ou o pensamento nômade: formas e funções da correspondência em alguns percursos de escritores do século XIX*. São Paulo: Edusp, 2016, 272p.

DUBAR, C. *A crise das identidades: a interpretação de uma mutação*. Trad.: Mary Amazonas Leite de Barros. São Paulo: Editora da USP, 2009, 292p.

_____. *A socialização: construção das identidades sociais e profissionais*. Trad.: Andrea Stahel M. da Silva. 2. ed., São Paulo: Martins Fontes, 2020, 343p.

FOUCAULT, M. *Ética, sexualidade, política*. Rio de Janeiro: Forense Universitária, 2004.

HUBERMAN, M. O ciclo de vida profissional dos professores, in: NÓVOA, A. (org.). *Vidas de professores*. 2. ed., Porto: Porto, 1999.

LARROSA, J. B. Experiência e alteridade em educação. *Revista Reflexão e Ação*, Santa Cruz do Sul, v. 19, n. 2, p. 4-27, jul./dez. 2011. Disponível em: <https://online.unisc.br/seer/index.php/reflex/article/view/2444/1898>. Acesso em: 8 out. 2020.

LIBÂNEO, J. C. O dualismo perverso da escola pública brasileira: escola do conhecimento para os ricos, escola do acolhimento social para os pobres. *Educação e Pesquisa*, São Paulo, v. 38, n. 1, p. 13-28, 21 out. 2012. Disponível em: <https://www.scielo.br/j/ep/a/YkhJTPw545x8jwpGFsXT3Ct/?format=pdf&lang=pt>. Acesso em: 20 ago. 2021.

MARCELO GARCÍA, C. O professor iniciante, a prática pedagógica e o sentido a experiência. *Formação Docente – Revista Brasileira de Pesquisa sobre Formação de Professores (RBPFP)*, Belo Horizonte, v. 2, n. 3, p. 11-49, ago./dez. 2010. Disponível em: <http://formacaodocente.autenticaeditora.com.br/>. Acesso em: 31 ago. 2021.

NÓVOA, A. Para uma formação de professores construída dentro da profissão, in: NÓVOA, A. (org.). *Professores, imagens do futuro presente*. Lisboa: Educa, 2009, 95p.

PLACCO, V. M. N. S. Processos multidimensionais na formação de professores, in: ARAUJO, M. I. O.; OLIVEIRA, L. E. (orgs.). *Desafios da formação de professores para o século XXI: o que deve ser ensinado? O que deve ser aprendido*. Sergipe: Editora UFS, 2008, p. 185-198.

____; SOUZA, V. L. T. (orgs.). *Aprendizagem do adulto professor*. São Paulo: Loyola, 2006, 96p.

____; SOUZA, V. L. T. Identidade de professores: considerações críticas sobre perspectivas teóricas e suas possibilidades na pesquisa, in: CORDEIRO, A. F. M.; HOBOLD, M. S.; AGUIAR, M. A. L. (orgs.). *Trabalho docente: formação, práticas e pesquisa*. Joinville: Editora Univille, 2010, p. 79-98.

SANTO ANDRÉ. *Lei Ordinária n°. 6.833/1991, de 15 de outubro de 1991*. Estatuto do Magistério. Santo André: Câmara Municipal. 1991. Disponível em: <https://www.leismunicipais.com.br/a/sp/s/santo-andre/lei-133ordinaria/1991/683/6833/lei-ordinaria-n-6833-1991-dispoe-sobre-a-organizacao-administrativa-do-magisterio-municipal.html>. Acesso em: 4 out. 2021.

SIGALLA, L. A. A. *Tutoria acadêmica entre pares na pós-graduação stricto-sensu: contribuições desse espaço coletivo-colaborativo de trabalho e formação. A experiência do Formep, na PUC-SP*. 2018, 252 f. Tese (Doutorado) – Curso de Psicologia da Educação, Pontifícia Universidade Católica de São Paulo PUC-SP, São Paulo, 2018.

____; PLACCO, V. M. N. S. Análise de prosa: uma forma de investigação em pesquisas qualitativas. *Revista Intersaberes*, [s.l.], v. 17, n. 40, p. 100-113, 21 abr. 2022. Disponível em: <https://www.revistasuninter.com/intersaberes/index.php/revista/article/view/2276>. Acesso em: 13 jun. 2022.

SILVA, F. M. V.; CUNHA, C. J. C. A. Experiências vividas: a transição de líder para contribuidor individual em universidades de Santa Catarina. *Revista Gestão Universitária na América Latina – Gual*, [s.l.], p. 332-355, 9 set. 2013. Universidade Federal de Santa Catarina (UFSC). Disponível em: <http://dx.doi.org/10.5007/1983-4535.2013v6n3p332>. Acesso em: 15 out. 2022.

____. et al. Tornar-se e deixar de ser diretor: a experiência de professores em uma universidade federal do centro-oeste. *RACE Unoesc*, v. 13, n. 1, 2014, p. 123-151.

SULA, M. C. *Entre idas e vindas: "ser um professor que viveu a experiência da gestão" notas sobre as construções, desconstruções e reconstruções identitárias*. 374 f, 2022. Tese (Doutorado em Educação: Psicologia da Educação) Pontifícia Universidade Católica de São Paulo, São Paulo, 2022.

O CP e a formação em serviço: as marcas do outro em nós

Ana Claudia Esteves Correa[1]
(anaclaudiaestevescorrea@gmail.com)
Laurinda Ramalho de Almeida[2]
(laurinda@pucsp.br)

O que eu gostaria de saber é porque a rede furada da memória retém certas coisas e não outras (...)
(Calvino, 2000, p. 72)

Introdução

Que tipo de memória um professor pretende deixar em seus alunos? Marcas de lembranças boas ou cicatrizes? Memórias de tonalidades desagradáveis ou agradáveis? Que diálogo é possível estabelecer entre educador e educando, eu e o outro, para que as interações, contínuas, necessárias e indispensáveis, nas relações de ensino e aprendizagem, representem algo construtivo nas subjetividades em permanente constituição?

---

1. Doutoranda do Programa de Estudos Pós graduados em Psicologia da Educação: Pontifícia Universidade Católica de São Paulo. Coordenadora Pedagógica do Ensino Fundamental da rede privada de São Paulo – SP.
2. Doutora em Educação: Psicologia da Educação; docente na Pontifícia Universidade Católica de São Paulo, nos programas de Pós-Graduação em Educação: Psicologia da Educação e Educação: Formação de Formadores. Orientadora da pesquisa que deu origem a este capítulo.

O destaque que daremos neste capítulo decorre de uma pesquisa de mestrado (Correa, 2020), que leva em conta o fato de o professor ser o principal responsável pelo clima emocional da sala de aula; de ser ele quem garante sol ou nuvens escuras ao dia do aluno. Daí o objetivo de analisar como experiências vividas por professores, em sua trajetória como aluno, reverberam na sua atuação profissional e na sua formação docente.

A opção de considerar as experiências vividas por professores como elemento essencial num processo formativo, e seguir valorizando esse aspecto, possibilitou desenvolver e analisar uma proposta de formação em serviço, ou centrada na escola, como preferem alguns teóricos, que reitera o contexto escolar como lugar potente na produção de conhecimentos práticos. Essa escolha pode significar a tentativa do "novo" em processos de formação de educadores, superando um modelo pautado em necessidades e orientações externas, colocando em relevo a formação centrada na escola, valorizando os saberes adquiridos pela experiência. Nessa perspectiva, o papel do Coordenador Pedagógico é decisivo para alavancar tais processos ou inibi-los. Apresentaremos recortes da pesquisa e seus resultados, e podemos já adiantar que é necessária a atenção do CP para a articulação dos aspectos conceituais de formação aos saberes da experiência dos professores, notadamente os decorrentes das relações interpessoais.

A proposta formativa e a proposta de pesquisa

A pesquisa foi realizada em uma escola particular e bilíngue da cidade de São Paulo. Os participantes deste estudo foram professores dos anos finais do Ensino Fundamental. A proposta formativa teve início numa reunião de formação. O roteiro dessa reunião de formação se dividiu em etapas, descritas na íntegra, no anexo do estudo original (Correa, 2020). Participaram, inicialmente, 35 professores dos anos finais do Ensino Fundamental, o que representa a equipe completa de docentes desse segmento.

Utilizamos o artigo de Zarazaga (2006) como desencadeador para a discussão proposta no encontro formativo. No texto usado, o autor conta suas memórias de aluno, em três momentos, aos 8, aos 10 e aos 15 anos. Além disso, discute, como adulto, as emoções e sentimentos desencadeados por professores com os quais viveu nos momentos citados. Escolhemos excertos desse texto como estratégia para disparar as discussões, relatos e reflexões. Na sequência, solicitamos aos docentes que lembrassem e registrassem um episódio marcante na sua trajetória como alunos. Foi dada a possibilidade de que os registros fossem feitos em um texto escrito, um texto oral ou um desenho. Esses registros foram socializados e em um ambiente de segurança e conforto, cada um falou de si e do que viveu, compartilhando seus momentos de vida, suas histórias, através de uma dinâmica em que puderam se abrir e se sentirem ouvidos e cuidados.

A cada apresentação de episódio vivido, o grupo ouvia e tinha, como tarefa, identificar o motivo pelo qual aquele episódio era marcante para quem relatava, quais eram os sentimentos envolvidos na situação e o que a ação do mestre provocou no aluno. Os professores que escutavam, em diálogo com o professor narrador do episódio, foram elaborando uma rede de significados que agregava a percepção de todos, como ouvintes ativos, às sensações do professor que contava sua experiência. A dinâmica de trocas legítimas confirmou o espaço da escola como palco de aprendizagens não só para os alunos, mas também para os professores que se debruçaram sobre as próprias experiências, valorizando-as como saberes práticos, o que se alinha às ideias de Canário (1998).

A carga emocional que os episódios trouxeram ao grupo foi determinante para a decisão de tomá-los como objeto de pesquisa. Foram selecionados cinco professores que estiveram presentes na primeira reunião de formação para participarem de entrevistas reflexivas, nas quais aprofundariam o relato sobre seu episódio. A escolha dos cinco narradores se deu pelos seguintes critérios: a mobilização para a escuta que o episódio narrado causou no grupo e na pesquisadora, a intensidade emocional que o episódio revelou e a disponibilidade de comunicação do professor.

A realização de entrevista reflexiva para a produção de informações foi empregada como instrumento metodológico para dar continuidade à produção dos dados. Szymanski (2018, p. 10) explica que tal instrumento permite "uma solução para o estudo de significados subjetivos e de tópicos complexos demais para serem investigados por instrumentos fechados".

Cada professor passou por duas sessões de entrevista que foram iniciadas com as questões disparadoras, conforme constam nos quadros a seguir:

1ª entrevista	2ª entrevista
Como você relaciona as questões do desenho/relato com sua atuação hoje, como professor?	Você falou de uma experiência como estudante, em relação a um professor e do reflexo disso na sua atuação como docente hoje.
	Você acredita que seu relato, desenho ou entrevista alterou sua forma de olhar a própria docência e o levou a repensar sua atuação como professor? Como? Considera que isso constituiu um momento de formação?
Objetivo: levar o professor a relacionar a experiência vivida – relatada em desenho ou por escrito – à atuação profissional do professor hoje.	**Objetivo**: identificar o potencial formativo da atividade proposta, assim como o efeito que ela teria ou não causado na percepção do professor a respeito da própria docência.

Fonte: elabora pelas autoras.

Foram feitas transcrições, com cuidado de registrar detalhadamente o que fora dito, para então dar início ao momento de análise. Na sequência, após repetidas leituras dos resultados das entrevistas, elaboramos, para cada participante, um quadro com a síntese do conteúdo de sua entrevista.

A leitura atenta, aprofundada e investigativa de cada quadro buscou o que há de particular, pessoal, semelhante, complementar, contraditório, diferente no que os entrevistados trouxeram. Todo

processo de análise do material produzido fez emergir os núcleos temáticos de informações (categorias) que seguem:
1. Emoções, sentimentos e o clima emocional da sala de aula.
2. Lembrar, narrar e ser ouvido: compreender-se e transformar-se.
3. O professor que ficou em mim daquele que passou por mim. Lembrar, narrar e ser ouvido: se compreender... se transformar.

Incidentes Críticos e a Psicogenética Walloniana como recurso para compreendê-los

Considerando a centralidade da temática *a força que têm episódios vividos e registrados na memória* para a pesquisa ora relatada, percebemos a funcionalidade e adequação do uso desses episódios: incidentes críticos, tanto como estratégia formativa quanto de pesquisa. Diversos episódios ou "incidentes" acontecem na vida das pessoas; são tantos que não seria possível enumerá-los, descrevê-los ou analisá-los em sua completude. Mesmo assim, há alguns que permanecem claros nas mentes, resgatados em memórias significativas que podem ser retomados com riqueza de detalhes e que, não raro, trazem emoções e sentimentos de maneira intensa. Desse modo, o que faz com que um acontecimento seja marcante em nossas vidas? Almeida (2015), pautada nos estudos de Woods (1993) e Tripp (1993), considera que incidentes críticos são

> (...) momentos e episódios altamente significativos que têm enormes consequências para o desenvolvimento e mudanças pessoais. Não são planejados, antecipados ou controlados. São *flashes* que iluminam fortemente alguns pontos problemáticos. (Woods, 1993, p. 3, *apud* Almeida, 2015, p. 27)

Almeida (2020) reitera ainda que um incidente se torna crítico à medida que a própria pessoa lhe determina um sentido marcante. Narrando o que foi significativo para si, a pessoa tem a chance de colocar o episódio em nova perspectiva e, também, a possibilidade de, por meio da memória, relacionar experiências anteriores às atuais, podendo alcançar outras percepções do contexto e novas aprendizagens a partir delas. Almeida e Bonafé (2019, p. 33) explicam que incidentes críticos são micronarrativas e reiteram o potencial formativo delas:

> (...) A narrativa de um incidente crítico com caráter formativo engloba respostas a três questões fundamentais para o narrador: O que aconteceu? O que fiz com o que aconteceu? O que faço com o que aconteceu? Portanto, o que se deseja não é a descrição dos fatos exatamente como se deram, mas a partir da memória recuperar o que, para o narrador, foi emocionalmente desestabilizador pela sua capacidade de desafiar os papéis até então desempenhados e as concepções subjacentes a eles. Essa tomada de consciência permite refletir sobre como esta experiência impacta ainda hoje sua atuação, seja no ensino, na formação ou nas relações interpessoais que permeiam o desenvolvimento profissional.

A utilização da narração de episódios marcantes na vida dos docentes enquanto alunos trouxe maiores contribuições à pesquisa, à medida que foi articulada aos pressupostos da psicogenética Walloniana, especialmente considerando os conceitos de *socius* e afetividade. Correa (2020) retoma que

> a psicogenética walloniana (Wallon, 2007) colabora para a valorização dos incidentes críticos narrados como estratégias formativas no sentido de evidenciar que o psiquismo sempre é resultado da integração em dois sentidos: entre organismo e meio e entre os conjuntos funcionais (afetivo, cognitivo, motor e pessoa), em constante movimento. Sobre a integração organismo-meio, destaca-se a indissociação entre biológico e social, além da interdependência e complementaridade entre ambos, como uma ação recíproca. O indivíduo vai se constituir nas suas interações com o meio e levando em conta suas possibilidades orgânicas e seu estágio de desenvolvimento, bem como os recursos oferecidos pelo meio social.

Tendo-se em foco que um dos objetivos da pesquisa aqui relatada é entender as diferentes perspectivas e impactos das relações interpessoais nos participantes, vale ressaltar que emoções e sentimentos fundamentam essas relações. Almeida (2015, p. 26) elucida a noção de afetividade:

> Afetividade é a capacidade, ou condição, de nós humanos sermos afetados pelo mundo. É algo constitutivo da pessoa, por isso não pode ser ignorada. É um conceito amplo, que engloba emoções identificadas por seu lado orgânico; sentimentos, identificados mais por seu lado representacional, isto é, expressa a emoção por meio de diferentes linguagens; paixão, na qual predomina o autocontrole sobre o comportamento, para não evidenciar emoções e sentimentos e alcançar um objetivo bem definido.

Para analisar a articulação entre os referenciais teóricos brevemente discutidos e as falas dos docentes, nesta pesquisa, apresentamos a seguir cada núcleo temático e alguns comentários sobre eles.

1. Emoções, sentimentos e o clima emocional da sala de aula

Porque eu me apaixonei mesmo por essa professora
(Valéria)

Wallon (1995 [1934]) elucida quais são as quatro emoções básicas – raiva, medo, alegria e tristeza – e esclarece que a resposta biológica, nesses casos, sobrepõe-se à racionalidade. É importante retomar, aqui, a afirmação de que o sentimento se caracteriza pela expressão da emoção modulada pelo viés social. Esta seção tratará dos sentimentos e emoções desencadeados pelo episódio vivido e relatado por cada professor, tomados como uma categoria.

A narração do que foi vivido possibilitou a quem ouvia total compreensão do episódio, proporcionando uma sensação de imersão, tamanha riqueza de detalhes, como cores, sons, paisagens, cheiros etc. Emoções dissecadas e cenários completos formaram reconstituições precisas e intensas, evidência segura da complexidade de implicações envolvidas na relação professor-aluno. Reconhecer as emoções e os sentimentos dos alunos e os próprios constitui contribuição importante para o fazer docente.

Valéria, ao lembrar do carinho que até hoje sente por sua professora de infância, questiona-se sobre suas expectativas e possibilidades como docente:

> *Que tipo de lembrança eu quero ser para eles? Quero ser uma lembrança de alguém que ensinou bem, mas eu queria ser uma outra coisa. Queria ser uma lembrança de amor! Uma lembrança bonita assim, eu não queria ser "aquela que ensinou o verbo super bem!" e sim aquela que sorria, que conseguia lidar com os problemas, mas não é sempre que a gente consegue isso!*

Em vários relatos, foram identificados emoções e sentimentos dos participantes. Vergonha, medo, admiração, respeito, carinho, confiança, dúvida, insegurança e decepção apareceram nas descrições referentes ao que cada um lembra ter sentido, no momento do episódio vivido, e reiteram o quanto o que foi vivido se mantém e pôde ser resgatado mediante um gatilho que, no caso, foi a proposta de buscar um episódio significativo na memória.

Destaque importante deve ser dado à presença de tantas emoções e sentimentos que, muitas vezes, sequer foram percebidos ou considerados pelos professores "dos professores" que fizeram seus relatos nesta pesquisa. Os sentimentos e emoções vieram acompanhados de um conjunto de detalhes descritivos do lugar, da roupa usada pelo mestre, acessórios, forma de andar, tom de voz, traços faciais, gestos. Trechos das entrevistas preenchem de sentidos o significado que teve para cada um dos episódios descritos. Expressões como:

> *"Ele era um professor muito diferente dos outros."*
> *"No rosto dela, eu via um coração batendo."*
> *"Eu saí. Muito envergonhada. Fiquei com vontade de chorar de raiva."*
> *"É mais negativa (a lembrança) até do que o bullying que eu sofria porque era gago."*

A intensidade das emoções e sentimentos expressos na relação professor-aluno, apontada nos relatos, esteve sempre à frente de questões relacionadas aos conteúdos acadêmicos, que quase não tiveram relevância nas narrativas. Os registros afetivos aos quais os professores se referiram, vividos por eles, e pouco percebidos por alguns dos mestres, apontam para a necessidade de se enxergar o aluno como um todo, assim como considera Wallon (2007 [1941], p. 198): "É contra a natureza tratar a criança de forma fragmentária. Em cada idade constitui um conjunto indissociável e original. Na sucessão de suas idades é um único e mesmo ser em contínua metamorfose".

Essas constatações nos direcionam ainda às contribuições de Wallon (1986 [1954]), quando destaca a necessidade de se ter uma visão integrada do aluno, de percebê-lo, entendê-lo e tratá-lo em sua totalidade.

1.1. Propósito e resultado: efeitos das ações do professor no aluno

Durante a socialização dos episódios vividos e resgatados pelas memórias dos participantes foi proposto ao grupo de ouvintes o exercício de identificar qual teria sido o propósito do professor na situação descrita. O que o aluno sentiu na ocasião foi o que o professor intencionara provocar?

Qual poderia ter sido o propósito da mestra no episódio de Helena, que, quando aluna, cochicha com a amiga dizendo que a professora estava grávida? A mestra fica muito brava e diz que dará prova no dia seguinte para as duas pelo desrespeito. Para Helena:

> Lembrar disso foi uma mistura de sentimento engraçado pela situação, com pena de mim mesma quando criança... porque eu acho que a gente evoluiu em tratar as crianças e os alunos, porque a professora também não é culpada, não tinha essa formação de olhar para o aluno, simplesmente era um trator

e passava por cima: "Eu tenho autoridade, eu que mando, eu que estou aqui na frente!" Então, enquanto eu escrevia isso, era uma mistura de situação engraçada e quanto a minha ingenuidade na época... eu ficava com pena de mim mesma, porque eu nunca imaginava que ia tomar essa proporção e causar esse sentimento na professora e ela punir desse jeito. Parece que contar retomou todos aqueles sentimentos e, olhando de longe hoje, que pena, né? Triste.

No caso de Helena, o grupo identificou e ela concordou que a intenção da mestra ao ameaçá-la e à amiga de dar prova no dia seguinte, devido ao mau comportamento de ambas, era para mostrar autoridade. O que Helena relatou ter sentido foi medo e vergonha. Estaria claro para a professora de Helena os propósitos destrutivos que envolviam suas ações? Teria tomado essas atitudes em nome de algo que julgava positivo para a turma, como silêncio e disciplina?

Zarazaga (2006) destaca que o professor é o principal responsável pela qualidade do clima emocional que se estabelece na sala de aula. Reitera, em seus escritos, a importância dos códigos verbais para o estabelecimento de um ambiente positivo na classe. Quando um educador pretende ensinar os conteúdos e apoiar seus alunos para que também se desenvolvam emocionalmente, ele precisa encontrar formas adequadas para se expressar. No exemplo de Helena, supondo que o objetivo da mestra era atingir disciplina e silêncio para o bom andamento da aula (o que pode ser considerado positivo, a depender do ângulo que se analisa), a forma que usou para se expressar imprimiu marcas ruins nas memórias da estudante: vergonha e medo.

O autor analisa ainda a importância de que o professor desenvolva formas adequadas de comunicação verbal e gestual, e que seja sensível sobre a adequação do seu tom de voz, seus momentos de fala e de silêncio, pois assim avançará na produção de um clima emocional positivo com sua turma.

O professor será sempre uma referência para o aluno, por isso a relação de respeito que pode ser estabelecida entre eles será de grande valor para a conquista de um desenvolvimento equilibrado. Segundo Almeida (2012), para construir uma atitude de respeito ao aluno, no que tange às emoções e aos sentimentos, o docente deve:

— atender às necessidades do aluno em situações de imperícia;
— tomar distância da emoção do aluno para ajudá-lo a superar o momento de imperícia e
— lidar com a emoção para racionalizá-la, tanto no aluno quanto em si mesmo.

A autora aponta, ainda, que "vale lembrar que indivíduo racionalizado é aquele que percebe suas emoções, reconhece seus sentimentos e leva em conta as consequências da expressão de suas emoções e sentimentos no grupo" (Almeida, 2012, p. 82).

2. Lembrar, narrar e ser ouvido: se compreender... se transformar

> *Pra que a pessoa se entenda e*
> *depois possa se reconstruir.*
> (Jade)

A força de cada caso narrado revelou o quanto suas micronarrativas traziam as características de um incidente crítico: situações simples e corriqueiras, sentidas de forma singular, marcante e até, em algumas situações, transformadoras.

Narrar o vivido, pensar sobre ele e tê-lo como ponto de partida para conhecer-se e, além disso, refletir sobre os temas que transversalizam as práticas educativas, foi possível para os professores que participaram desse trabalho. Nessa direção, Passeggi (2011, p. 154) explica que:

> A ressignificação da experiência, que se faz no retorno sobre si mesmo, implica o distanciamento de nós mesmos e a possibilidade

de nos vermos como os outros nos veem, o que também implica contradições, crises, rejeição, desejos de reconhecimento, dilemas... Mas, se assim não fosse, como poderíamos ancorar a formação no processo de ressignificação da experiência vivida?

Dentre tantas análises que podem ser feitas em relação às informações que foram produzidas, por meio dos relatos, são destacadas nesta seção aquelas que têm conexão com os efeitos que o processo reflexivo sobre as micronarrativas teve nos docentes e em suas ações e percepções sobre a docência.

Helena, Jade e João trouxeram em seus relatos que algo de inesperado acontece e dispara uma sequência de sentimentos e emoções. Retomando, a seguir, os inesperados:

— de Helena – a mestra percebe que ela estava cochichando com a amiga sobre a sua barriga e a castiga com uma prova;
— de Jade – o mestre se irrita pelo fato de a aluna estar falando com o colega, durante a explicação da matéria e a manda sair da sala, expondo-a com uma fala extremamente grosseira e preconceituosa;
— de João – quando o mestre sai da sala, o aluno vai até a mesa dele e descobre que ele lê as respostas do livro, então não sabe o conteúdo; conclui que ele engana os alunos.

Woods (1993) atribui aos incidentes críticos as características de não planejamento, não antecipação e não controle. Isso confere um caráter de surpresa aos incidentes, que torna a situação diferente daquilo que se poderia prever. Como nos esclarecem Almeida e Silva (2020, p. 28):

> (...) as características indispensáveis à dinâmica de elaboração do incidente crítico: o efeito surpresa ocasionado pelo imprevisto do conteúdo, possibilitando a suspensão do automatismo; a reflexão do vivido; o alargamento do campo da consciência; e o processo de mudança.

Ao lembrar cada um dos episódios, estes pareciam intactos, como se estivessem num quadro, na memória de cada um, estavam como em suspensão, o que possibilitou algumas reelaborações sobre o vivido.

Helena relatou que o episódio a levou a pensar sobre o jeito impulsivo de falar. Concluiu que talvez fale assim desde pequena e revelou com isso uma mudança sobre o olhar para si própria e para a maneira como age hoje em algumas situações comunicativas:

> *Eu acho que o que mais me marcou foi assim... Eu não tinha a intenção de fazer tudo isso, de causar isso na professora, era simplesmente uma brincadeira de criança, mas entendo... compreendi hoje, que, para ela, na época, era uma questão forte. (...) Refletindo isso agora, acho que desde cedo o meu jeito de falar, de me expressar, às vezes as pessoas não me compreendem. (...) Acho legal que, quando a gente viveu a experiência dessa atividade, a gente percebe que no fundo, no fundinho, tem a ver com a gente hoje.*

Jade contou que relatar sua experiência a levou a redimensionar o sentimento que tinha até então sobre o ocorrido. Disse ter escolhido o episódio por considerar que seria chocante e, por isso, um momento que dispararia boas discussões. No entanto, surpreende-se com a análise dos colegas e passa a ver toda a situação também de uma nova perspectiva:

> *Ah, de certa forma, eu me senti aliviada de ter contado, mas também... como eu percebi... as pessoas se chocaram, de certa forma, com o fato do que o professor falou comigo. Mas também não foi aquela coisa de: Nossa! Que absurdo!! Gente! Nossa! Coitada! Sabe, porque existe coisa mais séria. Mas eu pensei assim... Depois eu comecei a olhar de um outro lugar, sabe? Eu comecei a... Ah, eu acho que eu fiquei com um pouco de... não é pena do professor. Ah, eu fiquei pensando que ele... talvez ele não tivesse outras possibilidades. Entendeu?*

João, por sua vez, relata:

> *E aí que eu vi que era livro, e eu nem sabia que existia livro de professor. Eu falei: É o livro que tem pergunta e resposta!! Igual*

o que ele fala para a gente fazer. Ó, está escrito a pergunta em preto e a resposta em azul. E voltei logo para a minha carteira, o pessoal: Não, mas é, não é? Eu falei: Vai lá ver! Mais uns dois ou três foram para olhar e constataram isso.

João explicou que foi tomado por tamanha decepção que, muitas vezes, em seu percurso profissional, agiu de modo inverso daquilo que o marcou em relação àquele mestre. Também relatou na entrevista que sentiu ter adquirido mais consciência sobre o quanto a descoberta inesperada, a respeito da mentira do mestre, está relacionada com o desejo de ser um professor que transmita segurança e confiança aos seus alunos.

O relato dos episódios trouxe à tona diferentes contextos, condições e características socioculturais que inevitavelmente balizaram os acontecimentos e as marcas deixadas e expostas por cada um pelas suas micronarrativas. Analisar e refletir sobre o que foi apresentado permitiu a eles a compreensão, sob múltiplas perspectivas, da relação estabelecida pelo docente com sua própria história em diferentes fases da vida e, consequentemente, em diferentes condições concretas e subjetivas de cada época.

2.1. O que está diferente em mim? Efeitos e transformações

Alguns trechos dos episódios narrados mostraram alterações do olhar do professor sobre a própria docência e de seu processo formativo, em função do processo vivido ao relatar seu episódio, ser ouvido pelo grupo, refletir sobre ele e discutir a respeito de seus elementos, impactos e consequências. Em algumas situações, o docente foi estabelecendo explicitamente um diálogo com ele mesmo, levantando hipóteses, constatando, rememorando, reconhecendo os próprios sentimentos, voltando o olhar para si no hoje. Alguns relatos evidenciaram o professor de hoje confrontando-se com o aluno do passado.

Percebe-se, no discurso de Jade, uma tensão entre o que fazia e o que sente que pode vir a fazer e transformar em suas ações:

> *E esse exercício serve pra muita coisa na vida. Porque você pode fazer isso pra pensar por que você é uma mãe de tal jeito... E em algum momento, até você falar: Preciso romper com isso! Por exemplo, se eu continuasse sendo muito passiva com um aluno. Uma hora eu tenho que romper. Eu não posso ser passiva só porque eu vou ferir o aluno. Eu não vou fazer com o aluno o que o professor fez comigo. Posso arrumar outras formas.*

Jade reconhece que passou a olhar para si mesma em outros papéis (como mãe, por exemplo) de forma mais reflexiva. Também analisa suas atitudes como professora e percebe que havia algo nelas que provavelmente estaria ligado à memória do professor tê-la envergonhado, mas concluí que pode alterar o rumo desse aspecto de sua forma de agir.

Já Rodrigo, outro participante, reconheceu a atividade da proposta formativa como algo disparador, um gatilho para a conexão do que narrou como episódio marcante, com sua atuação hoje e com a formação profissional da qual participa na instituição. Incorporou à atividade desenvolvida aquilo que considera seu processo mais amplo em termos de formação. A reflexão desse professor situa as atividades desenvolvidas e relatadas nesta dissertação como um ponto dentro de um espectro mais amplo, que ele próprio destaca: a própria formação conceitual em sua área, seus estudos paralelos, seu tempo de experiência na docência:

> *(...) E aí, quando eu resgatei a memória, pensei: não, isso é algo que eu acho bem significativo. Então, aí entra também a formação, eu acho que a formação acadêmica também. A atuação nesta instituição acaba também favorecendo. Quando você tem uma formação contínua, tem noção de algumas estratégias que vão compondo a sua forma de lecionar. Então, aqui [referindo-se à representação do desenho que explicitava seu episódio], acho que seria um start daquilo que eu considero como uma memória positiva... mas existem outras.*

Rodrigo, ao rever o passado, pôde pensar no sujeito que é hoje, compreender que há aspectos de sua atuação docente que estão articulados com o aluno que ele foi e com as vivências que teve, destacando a relevância que percebe na formação continuada também.

3. O professor que ficou em mim daquele que passou por mim. Lembrar, narrar e ser ouvido: se compreender... se transformar

> *Por que eu sou o que sou como professora hoje?*
>
> (Jade)

A dinâmica de socialização dos relatos a respeito de episódios marcantes e as entrevistas com os professores fizeram emergir um valioso conjunto de informações que confirmaram o quanto assumir uma condição de sujeito ativo em sua própria formação amplia a possibilidade reflexiva sobre sua atuação profissional. Placco e Souza (2006) tratam da aprendizagem do adulto destacando a importância de serem mobilizadas as vivências e as experiências para a construção de novos saberes, dando ênfase ao grande potencial formativo das interações grupais.

Imbernón (2010) defende a ideia de que a formação continuada deve promover a valorização dos vínculos afetivos entre os docentes, o compartilhamento e o reconhecimento das emoções de cada um no grupo.

3.1. A reversibilidade do olhar: mudanças, permanências e contradições

O que pretende fazer diferente do que viveu? O que quer manter? Há saberes transformados? Pensando em responder a essas questões, foram elencados alguns aspectos relativos a "mudanças e permanências" das informações trazidas pelos docentes que participaram desta pesquisa.

Helena não quer olhar para um aluno e analisar uma atitude isoladamente, julgar e condenar, e precipitar-se em conclusões, sem captar o todo da situação. Relata que tem buscado "olhar o aluno como um aluno gente". Sente que foi punida pela mestra e policia-se para não reproduzir essa forma de agir. Mesmo nesse contexto punitivo, Helena reconhece a coerência da atitude da professora, pois comenta que se sentiu respeitada quando a professora reconheceu a nota 10 que ela teve na "prova-castigo". Nessa direção, acredita que manter a coerência entre o que anuncia e o que faz é importante para os estudantes. Nesse sentido, esforça-se para, como professora, agir dentro de parâmetros coerentes. Helena, em seu relato, mostra também que se penalizou, quando criança, por ter sofrido com a atitude punitiva da professora. No entanto, hoje, relatou ter a preocupação com a qualidade de sua relação interpessoal com seus alunos, buscando encará-los como "pessoas", e não como "só mais um".

As reflexões de Jade, por sua vez, apontam para o fato de ela ter tomado consciência de que a vergonha que o mestre a fez passar sobrevivia nela e reaparecia em diversos momentos de sua atuação profissional: *"Tive muita dificuldade em aprender a dar bronca (...) eu não tinha percebido isso antes dessa atividade."* A fim de rejeitar completamente a possibilidade de envergonhar algum aluno, Jade omitia-se frente a atitudes inadequadas dos alunos e não lhes chamava a atenção.

3.2. Percepção de si e reelaboração a respeito do outro

A análise das informações produzidas pelos docentes remeteu nos a um olhar mais cuidadoso sobre a possibilidade de nomear percepções e sentimentos a respeito de si e, também, do mestre, representando, assim, um exercício de autoconhecimento e de conhecimento do outro.

Nos relatos de Helena e Jade, feitos a partir da atividade proposta pela pesquisadora, aparecem momentos reflexivos em que elas identificaram características pessoais, num movimento de autoconhecimento. Helena, referindo-se à forma como falou sobre a aparência da professora, disse: *Refletindo isso agora, acho que, desde cedo, o meu jeito de falar ou de me expressar, às vezes, faz com que as pessoas não me compreendam. Eu acho que desde pequena eu devo ser muito intensa.*

Jade, por sua vez, identificou, pela atividade, que, por ter um perfil mais acadêmico, essa experiência (que impactou muito em suas emoções e sentimentos) pode tê-la alertado para a relevância dos aspectos relacionais: *Quando eu escolhi esse professor, eu não tinha ideia que por causa dele, eu talvez... eu desenvolvi um lado mais humano... Porque eu poderia ser muito acadêmica. Talvez esse lado humano tenha vindo pela experiência ruim.*

A flexibilidade de olhar, analisar e coordenar pontos de vista é um dos objetivos formativos que pode trazer ganhos no desenvolvimento do professor em atuações futuras.

Nas palavras de Helena: *Acho que, quando eu fiz a ação (cochichar que ela estaria grávida) ela ficou com medo também. (...) Não vejo ela como maldosa. Acho que foi um momento de fraqueza de um ser humano que estava sendo coagido ali.*

Nas palavras de Jade: *Depois de contar, comecei a olhar de um outro lugar, sabe? Acho que eu fiquei com um pouco de... não é pena do professor. Ah, eu fiquei pensando que ele...talvez ele não tivesse outras possibilidades. (...) Ele fez comigo, mas poderia ter feito com qualquer outra pessoa. Ele me tratou daquela maneira porque devia sofrer de alguma forma.*

Já no caso de Rodrigo, ele faz uma análise de como via as aulas do mestre e quanto nem se dava conta de que a relação com aquela forma de ensino-aprendizagem se identificaria com a forma como ele atua hoje: *"Naquele momento eu nem imaginava que esse era o tipo de aula que eu acreditava (...) e quando resgatei essa memória, através da atividade, eu falei: isso é algo que eu acho bem significativo. (...) eu ficava frustrado porque eu não atendia aquilo que eu desejava; no começo da carreira isso foi bem impactante. Ainda hoje, às vezes acontece uma situação e eu penso: Nossa, poderia ter agido de outra forma. Desde uma relação com o aluno até uma proposta didática".*

Vale ressaltar as reflexões de Canário (1998), quando enfatiza o quanto é possível que a escola seja um espaço acolhedor que contemple as aprendizagens necessárias ao professor. Nota-se, nas citações de Jade e Rodrigo, que a reflexão sobre a atuação profissional, iniciada pela atividade de narrar seu episódio marcante, é intensa e está alinhada com uma das dimensões que o autor propõe para uma nova configuração profissional do docente: "o professor é um analista simbólico" (Canário, 1998, p. 19).

A constituição da subjetividade de cada professor é atravessada pelas vivências que teve, pelas ações sofridas e realizadas. A importância do outro nas trajetórias de vida é estruturante e decisiva para a definição sobre em quem vamos nos tornar. Nota-se, pelos relatos analisados anteriormente, o quanto a escola foi meio determinante na vida dos professores participantes (enquanto alunos) para experiências que deixaram marcas e registros de diferentes naturezas. Ficou evidenciado quanto *o outro* foi significativo na representação que cada um foi fazendo da própria história de vida.

Na vasta obra de Wallon aparecem três tipos de outro:

> (...) os outros, indivíduos concretos com os quais partilhamos relações, rápidas ou duradouras, por vezes em parceria, por vezes em lados antagônicos; o outro, empregado como conceito genérico para se referir a todos os outros. Mas dentre esses, alguns passam a habitar dentro de nós. São os Socius ou Outros Íntimos. (Almeida, 2021, p. 128)

Os "outros íntimos" que nos vigiam, acompanham, censuram, encorajam são fruto das relações mantidas com aqueles que passaram por nós e que, de alguma maneira, atuaram de modo a nos constituir.

O conceito de *socius* colabora para a compreensão da relevância do papel do coletivo da escola como possibilidade de criação de contextos que serão internalizados e recheados de referências que poderão ser aceitas, rejeitadas ou ignoradas. As vivências nos grupos trarão, inevitavelmente, experiências que irão formar um corpo de referências a serem resgatadas em diversos momentos da vida. Almeida (2021, p. 129) completa:

> Porque nós, professores, somos outro concreto para nossos alunos. Gestores, coordenadores, orientadores e assessores somos outro concreto para nossos professores e demais componentes da comunidade escolar. Mas podemos almejar a significância de ser mais do que um outro concreto que passa em suas vidas sem deixar marcas. Podemos nos transformar em Socius ou Outro Íntimo. Inaparente, na maioria das vezes, mas "fantasma" colaborador que os ajudem a tomar decisões éticas, corajosas e solidárias.

Concluindo

A pesquisa descrita resumidamente neste capítulo reiterou que um processo de formação de professores que considere suas vidas, histórias, memórias e trajetórias traz consigo a possibilidade de promover largas mudanças na percepção dos docentes sobre si, sobre a própria docência e sua história.

Valorizar a escuta de memórias de professores e favorecer momentos de reflexão colaborou para que os docentes compreendessem mais sobre as marcas que compõem sua subjetividade, advindas das experiências como alunos que foram, assim como sobre as marcas que pretendem deixar.

O relato dos professores sobre os ganhos de terem participado das etapas da atividade formativa anuncia o êxito dessa proposta para a qualificação das ações docentes: os professores foram convidados a olhar para o próprio desenvolvimento, como atitude metacognitiva, fundamental para o processo reflexivo e a formação competente de educadores.

Nosso olhar foi aguçado sobre a realidade que se apresenta na escola, as relações interpessoais, as atitudes dos professores, os conflitos, sob uma nova ótica, para além do olhar rotineiro, cotidiano, que, muitas vezes, não permite uma compreensão mais sensível e humanizada do outro.

O professor, aquele ser de carne e osso, que concretiza os valores que todos desejamos transmitir, de respeito, justiça e igualdade, para alcançar um mundo melhor, aquele que marca toda a vida que por ele passa, tem a energia motriz para provocar mudanças cognitivas e deixar o conhecimento e o mundo com roupas novas. (Correa, 2020)

A lente dessa pesquisa evidencia a importância de a pessoa completa ser considerada em todos os âmbitos dos processos formativos, da valorização das múltiplas vivências, seus efeitos e sua importância na construção de um grupo. Mediados pelo referencial teórico de Wallon, foi possível confirmar que os conjuntos funcionais – afetivo, cognitivo e motor –, sempre imbricados, possibilitam que o quarto conjunto – a pessoa – seja considerado em sua plenitude. Propostas de formação docente que permitem um olhar para a pessoa como ser integral, com experiências, memórias, convicções, dúvidas, emoções, sentimentos, planos etc., que estejam articulados às suas necessidades formativas, legitimam, através de seus resultados, o quanto o papel do formador pode trazer, ao professor, a dimensão de sua importância, de sua capacidade de impactar as pessoas e o mundo.

Referências

ALMEIDA, L. R. Contribuições de Henri Wallon para o trabalho do coordenador pedagógico, in: PLACCO, V. M. N. S.; ALMEIDA, L. R. (org.). *O coordenador pedagógico: provocações e possibilidades de atuação*. São Paulo: Loyola, 2012, p. 81-102.

_____. Memórias de incidentes críticos como impulso para iniciar processos formativos, in. PLACCO, V. M. N. S.; ALMEIDA, L. R. (org.). *O coordenador pedagógico no espaço escolar: articulador, formador e transformador*. São Paulo: Loyola, 2015, p. 25-50.

_____. Conversando sobre relações interpessoais na escola, in: ALMEIDA, L. R; PLACCO, V. M. N. S. (org.). *O coordenador pedagógico e as relações solidárias na escola*. São Paulo: Loyola, 2021, p. 121-132.

_____; BONAFÉ, E. M. Incidentes críticos: narrativas como dispositivo de formação docente e de pesquisa, in: BERNARDES, M. E. M. (org.). *Narrativas e psicologia da educação: pesquisa e formação*. São Paulo: Terracota, 2019, p. 29-42.

_____; SILVA, J. M. S. (orgs.). *Incidentes críticos de profissionais da educação: uma estratégia para formadores*. Campinas: Pontes Editores, 2020.

CALVINO, I. *O caminho de San Giovanni*. São Paulo: Companhia das Letras, 2000.

CANÁRIO, R. A escola: o lugar onde os professores aprendem. *Psicologia da Educação*. São Paulo, n. 6, p. 9-27, 1998.

CORREA, A. C. E. *Do vivido ontem ao realizado hoje: marcas que reverberam na ação docente*. 162 f. Dissertação (Mestrado em Educação: Formação de Formadores), Pontifícia Universidade Católica de São Paulo, São Paulo, 2020.

IMBERNÓN, F. *Formação continuada de professores*. Porto Alegre: Artmed, 2010.

PASSEGGI, M. C. B. S. A experiência em formação. *Educação*. Porto Alegre, v. 34, n. 2, p. 147-156, maio-agosto, 2011.

PLACCO, V. M. N. S.; SOUZA, V. L. T. (orgs.). *A aprendizagem do professor adulto*. São Paulo: Loyola, 2006.

SZYMANSKI, H. Introdução, in: SZYMANSKI, H.; ALMEIDA, L. R.; PRANDINI, R. C. A. R. (orgs.). *A entrevista na pesquisa em educação: a prática reflexiva*. 5. ed., Campinas: Autores Associados, 2018 (Série Pesquisa, v. 4).

TRIPP, D. *Critical incidents in teaching. Developing professional judgement*. London: Routledge, 1993.

WALLON, H. *As origens do caráter na criança*. São Paulo: Nova Alexandria, 1995 [1934].

_____. O papel do Outro na consciência do Eu, in: WEREBE, M. J. G.; NADEL-BRULFERT, J. (orgs.). *Henri Wallon*. São Paulo: Ática, 1986 [1946].

_____. Os meios, os grupos e a psicogênese da criança, in: WEREBE, M. J. G.; NADEL-BRULFERT, J. (orgs.). *Henri Wallon*. São Paulo: Ática, 1986 [1954], p. 168-178.

_____. *A evolução psicológica da criança*. Trad.: Claudia Berliner. São Paulo: Martins Fontes, 2007 [1941].

WOODS, P. *Critical events in teaching and learning*. London: Taylor and Francis Press, 1993.

ZARAZAGA, J. M. E. Las emociones en el ejercicio práctico de la docencia. Teoría y Educación. *Revista Interuniversitária*, Salamanca, n. 18, 2006.

A observação e o *feedback* como ações formativas do CP, no momento atual na escola

Silvana Aparecida Tamassia[1]
(silvanatamassia@gmail.com)

Vera Maria Nigro de Souza Placco[2]
(veraplacco7@gmail.com)

A formação continuada e o acompanhamento pedagógico do CP têm sido pauta de diversos estudos e temos buscado entender, nos últimos anos, como esse profissional tem conseguido apoiar os professores a superar os desafios que se impõem, no momento atual da escola.

Entre esses desafios, incluindo aqueles para que ele possa desenvolver a sua função de formador, transformador e articulador do espaço escolar (Almeida; Placco, 2009), destacamos:

i. as fragilidades da formação docente;
ii. a necessidade de apropriação de estratégias para o acompanhamento dos professores;
iii. a organização da sua rotina, frente às diversas demandas da escola;

---

1. Doutora pelo Programa de Educação: Psicologia da Educação da Pontifícia Universidade Católica de São Paulo – PUC-SP. Diretora da Elos Educacional.
2. Professora Titular dos Programas de Educação: Psicologia da Educação e Educação: Formação de Formadores da Pontifícia Universidade Católica de São Paulo – PUC-SP. Professora Doutora pela Pontifícia Universidade Católica de São Paulo.

iv. a reorganização dos espaços e tempos escolares a partir da pandemia de Covid-19.

Traremos aqui, como referência, estudos recentes de nossa pesquisa de doutorado* sobre o tema, além de autores importantes nesse debate, que poderão nos ajudar a aprofundar as reflexões e compreender as possibilidades de ação, de modo a contribuir com aqueles que enfrentam esses desafios no desempenho da função.

Considerando o papel do CP no acompanhamento docente, vamos discutir, a seguir, como ele pode apoiar o trabalho do professor na escola e, consequentemente, contribuir para a melhoria das práticas docentes e potencializar a aprendizagem dos estudantes.

Para isso, vamos propor algumas reflexões sobre os desafios elencados e estratégias para promover o acompanhamento pedagógico e a formação docente.

Formação e desenvolvimento docente

O desafio da formação continuada dos professores tem sua origem em uma formação inicial deficitária, que forma especialistas disciplinares em vez de professores (Gatti, 2014).

Por outro lado, as avaliações realizadas em nível nacional têm demonstrado que muitos estudantes ainda não dominam as habilidades básicas de Língua Portuguesa e Matemática, tendo 35% de alunos dos anos finais do Ensino Fundamental com aprendizado adequado em Língua Portuguesa e apenas 15% em Matemática[3]. Este cenário faz com que o professor tenha que repensar a forma como tem estruturado as suas aulas e aprofundar seus estudos tanto sobre o objeto de conhecimento a ser trabalhado, quanto à sua prática pedagógica em sala de aula.

---

3. SAEB 2022 (Sistema de Avaliação da Educação Básica), disponível em https://qedu.org.br/brasil/aprendizado. Acesso em 9 julho 2023.

Embora essas avaliações tenham alguns questionamentos quanto à sua estrutura, os dados trazem indícios de que há questões importantes para pensarmos quando falamos de aprendizagem dos estudantes brasileiros.

Marcelo (2009) aponta que "[...] é necessário que se compreenda que a profissão docente e o seu desenvolvimento constituem um elemento fundamental e crucial para assegurar a qualidade da aprendizagem dos alunos". (p. 19).

Assim, esse contexto atua impõe ao professor a necessidade de estar permanentemente se atualizando e buscando estratégias metodológicas que possam apoiar o desenvolvimento das habilidades e competências necessárias para a formação integral desses estudantes.

Um dos estudos organizado por Delors (1998), apresentado no relatório da UNESCO para a educação do século XXI, apresenta o conceito de **educação ao longo da vida**. De acordo com o autor, "A educação ao longo de toda a vida baseia-se em quatro pilares: aprender a conhecer, aprender a fazer, aprender a viver juntos, aprender a ser." (p. 101).

Esse conceito reforça que nossa formação não deve estar dividida em duas etapas: a da formação inicial, que se dá antes do ingresso no campo profissional e a formação continuada, que aconteceria após essa formação inicial. Nesse contexto, parte-se do pressuposto de que a formação inicial não pode ser considerada suficiente para atender todas as demandas e desafios do mundo do trabalho, nem a formação continuada responde a todas as necessidades formativas dos profissionais, uma vez que

> A divisão tradicional da existência em períodos distintos – o tempo da infância e da juventude consagrado à educação escolar, o tempo da atividade profissional adulta, o tempo da aposentadoria – já não corresponde às realidades da vida contemporânea, e, ainda menos, às exigências do futuro. Hoje em dia, ninguém pode pensar adquirir, na juventude, uma bagagem inicial de conhecimentos que lhe baste para toda a vida, porque a evolução rápida do mundo exige uma atualização contínua dos saberes [...]. (Delors, 1998, p. 104)

Sendo assim, defendemos que a formação é um processo contínuo e permanente. "É este *continuum* educativo, coextensivo à vida e ampliado às dimensões da sociedade, que a Comissão entendeu designar, no referido relatório, pela expressão *educação ao longo de toda a vida*". (Delors, 1998, p. 104, grifo nosso).

Os estudos de Mizukami (2002) também seguem nessa direção, ao considerar que a formação já se inicia antes do ingresso dos profissionais no curso de formação inicial e se estende no exercício da profissão, ultrapassando a formação inicial e valorizando a prática docente. Para a autora:

> Coerentemente com o novo perfil do professor, o conceito de formação docente é relacionado ao de aprendizagem permanente, que considera os saberes e as competências docentes como resultados não só da formação profissional e do exercício da docência, mas também de aprendizagens relacionadas ao longo da vida, dentro e fora da escola. (p. 31)

Esse cenário mostra o valor e potencial da formação centrada na escola, já que esta tem maior aderência às necessidades do contexto, além de favorecer as trocas entre os professores e a possibilidade de ampliar os estudos da formação inicial, já alinhada à melhoria das práticas dentro do espaço escolar, o que é reforçado por Gatti, 2019, p. 178:

> E, nas redes públicas estaduais e municipais de ensino, tem sido cada vez mais recorrente a tendência de as ações de formação continuada terem como foco a escola e suas necessidades, fortalecendo e legitimando o espaço escolar como lócus privilegiado, mas não exclusivo, de formação continuada permanente.

Outro aspecto destacado por Imbernón (2016, p. 151) sobre a formação centrada na escola traz, entre seus princípios, que

> A formação centrada na instituição educacional compreende todas as *estratégias que os formadores e o professorado empregam para dirigir os programas de formação*, de maneira que respondam às

necessidades definidas da instituição educacional. [...] A reflexão sobre a prática permite que expressem seus sucessos, problemas e dificuldades na tarefa que desempenham.

Considerando o papel formativo do coordenador pedagógico e os desafios colocados em relação à formação de professores, reforçamos que

> O Coordenador Pedagógico é corresponsável pelos resultados das aprendizagens dos alunos. Portanto, tem como desafio a implementação de ações com intencionalidade formativa, voltadas para a qualificação constante e permanente dos professores, o que implica na legitimação do coordenador como formador. Desse modo, é sua responsabilidade viabilizar mudanças na sala de aula e na dinâmica da escola, de maneira a contribuir para o processo educativo, com vistas à aprendizagem dos alunos. (Tamassia, 2011, p. 51)

Isso significa que é importante que ele atue em diferentes ações que tenham o potencial de contribuir com a formação dos professores, não apenas nos horários de trabalho pedagógico coletivo, momento que se espera que seja essencialmente formativo, mas, também, explorando outras oportunidades formativas, que contribuam para o desenvolvimento profissional docente e com as mudanças didático-metodológicas necessárias.

Partindo dessas reflexões e de nossa experiência nesse trabalho pedagógico, "[...] podemos tomar como definição que o acompanhamento pedagógico compreende a observação, o apoio, a orientação, as intervenções e as reflexões promovidas pelo coordenador pedagógico, na sua atuação junto aos professores, tornando-o um momento potencialmente formativo." (Tamassia, 2023).

Assim, as ações de acompanhamento pedagógico são atividades formativas, na medida em que promovem a reflexão do professor sobre o seu fazer pedagógico, possibilitando mudanças em sua prática, a partir das intervenções propostas pelo próprio coordenador.

De acordo com Placco e Souza (2006),

A coordenação pode ter um papel muito rico na formação contínua da professora quando se dispõe a exercer a escuta, a facilitar as reflexões e as tomadas de decisão. Exercendo esse papel, a coordenação pedagógica propiciaria a aprendizagem contínua do professor, fortaleceria e mobilizaria a identidade do professor, ao mesmo tempo em que constituiria sua identidade de coordenadora. (2006, p. 70-71)

Considerando a importância dessa reflexão sobre a prática, vamos focar aqui no uso da observação de aula e *feedback* aos professores como estratégia formativa e de acompanhamento das práticas docentes.

Estratégias para o acompanhamento por meio das observações de aulas e *feedbacks* formativos

Assim como menciona Freire (2002), acreditamos que "[...] na formação permanente dos professores, o momento fundamental é o da reflexão crítica sobre a prática. É pensando criticamente a prática de hoje ou de ontem que se pode melhorar a próxima prática." (p. 43-44).

Estar próximo da sala de aula é fundamental, para que haja essa troca, essa escuta e essas reflexões. Assim, a observação de aulas pode ser uma importante aliada para que o CP se aproprie do que acontece em diferentes aulas, como diferentes professores atuam e solucionam os desafios encontrados, trazendo suas contribuições e promovendo o compartilhamento de boas práticas.

Na pesquisa realizada entre 2021/2022[4] com 223 participantes, ao questionarmos os CPs sobre o principal objetivo da prática de observação de aulas e *feedback* aos professores, 58% apontaram

---

4. O papel do coordenador pedagógico na formação continuada dos professores por meio da observação de aula e *feedback* formativo, defendida em 12 de maio de 2023.

a formação e o desenvolvimento docente, como vemos no gráfico a seguir.

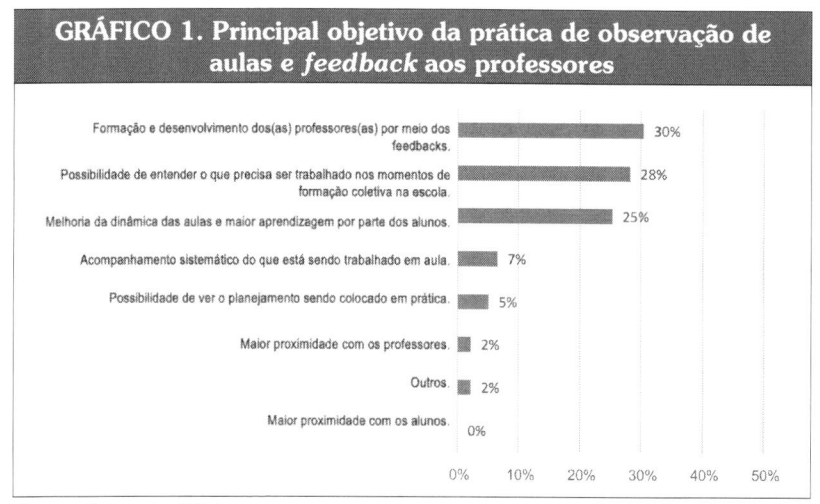

GRÁFICO 1. Principal objetivo da prática de observação de aulas e *feedback* aos professores

Objetivo	%
Formação e desenvolvimento dos(as) professores(as) por meio dos feedbacks.	30%
Possibilidade de entender o que precisa ser trabalhado nos momentos de formação coletiva na escola.	28%
Melhoria da dinâmica das aulas e maior aprendizagem por parte dos alunos.	25%
Acompanhamento sistemático do que está sendo trabalhado em aula.	7%
Possibilidade de ver o planejamento sendo colocado em prática.	5%
Maior proximidade com os professores.	2%
Outros.	2%
Maior proximidade com os alunos.	0%

Fonte: Tamassia, 2023.

O resultado reforça a ideia de que a prática de observar as aulas e realizar *feedback* aos professores é uma importante estratégia formativa, o que é corroborado por diversos autores que também pesquisam sobre o tema.

Para Ninin (2019), "[...] a observação pode ser entendida como uma atividade em que o sujeito observador e o sujeito observado constroem significados com base em suas histórias e nos processos culturalmente construídos [...]" (p. 31), considerando o fazer docente e suas implicações na sala de aula. Para a autora,

> Quando, no entanto, pensamos na observação como ato de anotar, analisar, explicar, assegurar-se de algo, é possível relacioná-la às características críticas da reflexão, em que o resultado pode servir como revisão da prática com fundamentação teórica e propósito de transformação dessa prática. (Ninin, 2019, p. 36)

Para Weisz (2002), essa prática é importante porque "[...] o professor está sempre tão envolvido que, às vezes, não consegue enxergar o que salta aos olhos de um observador externo" (p. 97). Acreditamos que este ponto seja bastante relevante do ponto de vista do trabalho do CP, já que é ele o responsável por esse olhar mais estratégico de quem observa as práticas, sem que esteja diretamente envolvido com elas.

Embora essa ação já aconteça há algumas décadas em determinadas escolas, ela ainda sofre resistência entre alguns educadores em nosso país. Em parte, pela história vivida da época da ditadura militar, que usava a observação no sentido de fiscalização do trabalho do professor. Em parte, porque o professor, muitas vezes, vive um isolamento pedagógico, desenvolvendo seu trabalho de maneira individual, o que faz com que se sinta "invadido" ao ter um olhar externo para a sua prática.

No entanto, entendendo o caráter formativo dessa estratégia, defendemos a importância de desmistificá-la e mostrar ao professor que o papel do CP é o de parceiro do trabalho pedagógico junto aos estudantes. Todos na escola precisam ser vistos como corresponsáveis pelo aprendizado e desenvolvimento de todos os alunos; o professor não precisa e não deve estar sozinho nesse trabalho.

Partindo desta premissa, uma condição fundamental para que a prática da observação de aula aconteça de maneira produtiva e útil para o professor é estabelecer uma relação de confiança entre o CP e sua equipe docente, para que sintam que o acompanhamento realizado é uma maneira de compartilharem a responsabilidade pela qualidade do ensino e da aprendizagem. Para Reis,

> A colaboração nas diferentes fases do processo facilita o estabelecimento de um clima de confiança mútua, sinceridade e respeito, clima esse decisivo para a concretização das potencialidades formativas da observação de aulas. (2011, p. 19)

Para Raczynski (s.d.), a confiança relacional é um lubrificante dentro da organização escolar, sem o qual é difícil alcançar uma gestão educacional de qualidade. Do mesmo modo, Aravena (s.d.) defende que, sem confiança, as chances de que essa prática tenha impacto no desenvolvimento docente e fortalecimento da sua prática diminuem consideravelmente.

Neste sentido, um dos cuidados em relação ao momento da observação é que ela não deve ser algo espontâneo, que acontece por acaso, sem hora marcada.

Para que o professor perceba a importância e o valor dessa ação, ela precisa ser planejada com ele, olhando juntos para o planejamento da aula e definindo o dia e o foco dessa observação. Esse trabalho precisa ser anterior ao momento da observação, garantindo o alinhamento do que será observado e o entendimento sobre os conceitos que serão foco dessa observação. Para Ednir et al.,

> Criar um ambiente onde os professores queiram ser observados durante as aulas, para depois discutir sobre elas, é o grande desafio de um gestor. Implica desenvolver [...] a colaboração profissional e a confiança mútua entre docentes e entre esses e a equipe gestora. Significa estar transformando a escola em uma organização que aprende, onde os alunos aprendem mais, porque os professores também aprendem sempre, ao refletir individualmente e em grupo sobre sua prática profissional. (2006, p. 90)

O momento da observação também requer uma preparação por parte do CP, que precisa ter um roteiro definido sobre o que irá observar, de modo a garantir que o foco combinado seja mantido e, principalmente, que ele seja capaz de se manter na objetividade do que está sendo observado, buscando evidências que possam ser utilizadas na conversa com o professor. É importante registrar o que acontece durante a aula, evitando fazer julgamentos sobre o que observa, aprendendo a ver sem julgar.

Para esclarecer melhor este ponto, vamos definir aqui o conceito de evidência. "Chamamos de evidências aquilo que é claro e visível para todos que estiverem observando a mesma cena, ou seja, que não passa por interpretações, mas que traz aquilo que foi visto e ouvido". (Tamassia, 2023, p. 90)

Esse é um aspecto bem importante para que o CP possa sair da aula com a certeza daquilo que foi visto e que será parte dos pontos de reflexão após a observação realizada.

Um ponto defendido por Libâneo (2010) e Bambrich-Santoyo (2018) é que a formação dos professores em serviço precisa estar diretamente relacionada com as reais necessidades dos alunos, visando à melhoria das práticas para garantir a aprendizagem de todos eles. Por isso, é importante que as reflexões estejam conectadas com essas necessidades, promovendo mudanças nas práticas alinhadas ao que é necessário para impulsionar o desenvolvimento das habilidades dos estudantes atendidos por cada professor.

Para que esses momentos de acompanhamento aconteçam e promovam a reflexão da práxis pedagógica, é necessário organizar a rotina de modo que haja um encontro após a aula observada. Esse será um momento de *feedback* formativo, que irá provocar as reflexões necessárias para que os professores se desenvolvam e planejem aulas ainda mais qualificadas, observando os pontos trazidos para esta conversa.

Autores como Donnelly (2018), Silva (2014), Elmore (2010) e Archer et al. (2016) apontam para a importância do CP se preparar para esse momento. Considerando esses estudos e nossa experiência vivenciada, concordamos com os autores e acreditamos na importância do planejamento desse *feedback* para uma ação intencional e sistematizada, que identifique pontos de melhoria e apoie para que elas aconteçam dentro dos espaços escolares. O *feedback* se torna uma via de mão dupla, pois, ao mesmo tempo em que o CP forma o professor, ele também se forma, ao se preparar para a mediação dessas conversas, o que podemos observar no depoimento abaixo, coletado durante as entrevistas realizadas ao longo da pesquisa mencionada anteriormente.

> *Esse* feedback *é um momento assim muito rico, porque a gente dá devolutiva para o professor e, também aprende, no momento em que precisamos nos preparar, estudando sobre aquilo.*
> (Renata – Rede municipal Castro/PR)

Para isso, é importante se afastar da situação observada, planejar boas perguntas para entender aquilo que gerou dúvidas, durante a observação da aula, ou para que o professor reflita sobre pontos em que poderia melhorar. Além disso, o CP precisa, por vezes, de um momento para ampliação do seu referencial teórico a respeito de determinados aspectos que deverão ser retomados com o professor, na hora do *feedback*.

Isso significa que dar um *feedback* que se deseja formativo não é algo simples e que se faça logo após a sua saída da sala de aula. É preciso tempo, estudo e reflexão por parte do CP, para que essa estratégia seja realmente formativa.

Entretanto, reforçamos a importância desse intervalo entre o dia da aula observada e o dia do *feedback* não ser demasiadamente longo, para que não haja um grande intervalo de tempo, em relação à situação vivenciada e se perca a oportunidade de aprendizado e reflexão, sendo importante realizar o *feedback*, no máximo, entre dois e cinco dias após a aula observada (Zepeda, 2005; Giovani; Tamassia, 2013).

Ao considerarmos este ciclo formativo (Figura 1), que se inicia no planejamento e conversa inicial com o professor antes da observação da aula e se completa com o momento do *feedback*, acreditamos ser este último uma das etapas mais importantes, já que é a hora em que teremos oportunidade de discutir com o professor aquilo que queremos realçar em relação à sua prática, ou apoiar no seu desenvolvimento profissional.

FIGURA 1. Ciclo formativo de observação de aula e *feedback*	
Pré-observação	Fazer o alinhamento e planejamento prévio com o professor que será observado.
Durante a observação	Ser discreto e fazer anotações, registrando evidências sobre o que foi observado.
Pós-observação	Analisar os registros, planejar boas perguntas e sugestões para o momento do *feedback*, inclusive com aportes teóricos.

Momento do *feedback*	Criar um clima amistoso e realizar as perguntas planejadas, de modo a promover as reflexões necessárias para a qualificação das práticas pedagógicas.
Pós-*feedback*	Avaliar o ciclo realizado, com foco no *feedback* recebido e definir encaminhamentos e metas para a próxima observação, a partir dos pontos de melhoria.

Fonte: Tamassia, 2023.

Imbernón (2006) reforça que o acompanhamento das aulas, sem este momento de *feedback* para reflexão do professor sobre a sua prática, pouco contribui para o seu processo formativo.

Reis (2011) destaca a importância de ser específico no momento do *feedback*, indicando os comportamentos observados para que o professor tenha possibilidade de modificá-los, além de apresentar sugestões que sejam construtivas e apoiem na melhoria do desempenho e no desenvolvimento docente.

Ao analisarmos como algumas redes participantes da pesquisa com CPs (Tamassia, 2023) orientam suas equipes para o planejamento desse *feedback*, referenciados em autores como Alan e Dalcorso (2011), encontramos três recomendações principais, que podem servir de inspiração para outras escolas:

— comece sempre de maneira positiva, de modo a acolher o professor, trazendo em primeiro lugar aquilo que deu certo na aula ou algum ponto de destaque no seu trabalho;
— planeje questões que possam promover a reflexão do professor durante o *feedback*, buscando esclarecer pontos que precisam ser mais bem compreendidos ou provocando-o para pensar em novas estratégias para situações que poderiam ter sido conduzidas de maneira diferente para melhor alcance dos objetivos;
— pense em sugestões para ampliar o trabalho já realizado ou para melhorar algo que não tenha funcionado como poderia ou deveria, mas só as utilize após o próprio professor trazer o seu olhar para novas possibilidades.

Considerando os pontos apresentados neste texto, queremos discutir, então, outro desafio que o CP precisa superar para dar conta de apoiar esse processo formativo e o acompanhamento do professor na escola: a gestão do tempo.

Organização da rotina do CP

O tempo é sempre um desafio quando falamos sobre as diferentes atribuições na rotina do CP.

Na pesquisa realizada pela Fundação Carlos Chagas (FCC) e coordenada e organizada por Placco, Almeida e Souza (2011)[5], na qual aparece um consenso sobre a importância do acompanhamento do trabalho dos professores, revela-se que, com frequência, outras atividades presentes na escola acabam demandando demais do coordenador, e o tempo, já escasso para tantas demandas, acaba não sendo suficiente.

> Embora todos afirmem que sua função é acompanhar o trabalho dos professores e o desempenho dos alunos, ao listarem as atividades administrativas, as intervenções disciplinares, o acompanhamento dos projetos elaborados por órgãos centrais para serem executados nas escolas e até o encaminhamento de alunos para setores de atendimento específico, parece-nos que sobra pouco tempo para fazer o acompanhamento aos professores. Essa atribuição, que é potencialmente formativa, fica esmaecida diante de outras atribuições. (2011, p. 257)

Muitas vezes, o coordenador acaba se ocupando de outras tantas atribuições, nem sempre pertencentes a ele, deixando para segundo plano aquelas que focam no acompanhamento do professor.

Para garantir a priorização do seu papel de formador na escola, é preciso que o CP organize sua rotina de trabalho, de modo a garantir espaços em sua agenda diária para que acompanhe o

---

5. Estudo realizado pela Fundação Carlos Chagas (FCC), sob encomenda da Fundação Victor Civita (FVC).

professor em sala de aula, leia os planejamentos, faça conversas individuais de orientação e *feedback*, entre outros.

Ao observarmos o quadro abaixo, podemos perceber que os CPs que participaram da pesquisa realizada no final do período de pandemia (Tamassia, 2023) indicaram como o maior desafio para realização do acompanhamento sistemático à sala de aula a falta de tempo.

QUADRO 1. Motivos para não realização de observações de maneira sistemática[6]		
Opções sinalizadas	Total respondentes	%
Falta de tempo	74	54%
Falta de abertura dos(as) professores(as)	25	18%
Falta de formação para entender como fazer este trabalho	11	8%
Falta de apoio por parte da direção da escola	7	5%
Falta de apoio da Secretaria de Educação	6	4%
Não acredito que seja uma boa estratégia	5	4%
Insegurança para entrar na sala de aula de outro(a) professor(a)	4	3%
Insegurança para fazer os *feedbacks*	3	2%

Fonte: Tamassia, 2023.

Na pesquisa apresentada em 2023, uma das CPs fala sobre a importância de

> [...] organizar o tempo e as demandas e aprender a dizer não do que não é demanda do CP. (CP Rede municipal de São Paulo/SP)

---

6. Como esta resposta estava focada em quem não conseguia implementar a prática de observação, ela não era obrigatória, portanto não foram todos que responderam. Além disso, poderiam escolher mais de uma opção entre as nove disponíveis, e justificarem, utilizando, também, o campo outros. Por isso, o valor total não corresponde a 100% dos 138 respondentes.

Entendemos que, para focar no que é o papel central do seu trabalho na escola, como o acompanhamento da formação docente e da aprendizagem dos estudantes, será necessário dizer não para outras demandas que surgem no dia a dia da escola e que acabam atropelando as ações, fazendo com que o CP esteja sempre "apagando os incêndios" que surgem a todo momento da rotina escolar.

Outra participante menciona a importância da organização da rotina para o seu trabalho na escola:

> [...] na sexta-feira, a gente tira um horário, manhã ou tarde, elaboramos a rotina da semana seguinte. Aí a gente vê o que que está previsto, o que é que a gente tem em mente de fazer, na próxima semana. (Grace – Rede Municipal Cruz/CE)

Esse é um ponto muito importante para garantir as ações formativas na rotina do coordenador, pois, como mencionamos, ao citar a pesquisa de Placco, Almeida e Souza (2011), muitas vezes ele acaba engolido por questões administrativas e outras atividades que estão fora do pedagógico.

É importante considerar aqui duas variáveis importantes: o número de professores para esse acompanhamento e a parceria com outros membros da equipe gestora.

A depender do número de professores, essa rotina de acompanhamento das aulas poderá ter uma frequência maior ou menor. De qualquer modo, é importante que isso esteja no planejamento de cada CP, para que garanta a sua priorização dentre as demais atividades da rotina, assegurando o foco nas questões pedagógicas dentro das atribuições, com ênfase nos aspectos formativos do seu trabalho junto aos professores.

A segunda variável é a parceria com a equipe gestora. Muitas vezes, fica difícil administrar todas as demandas e ainda garantir esse acompanhamento personalizado, quando o número de professores a acompanhar é maior do que o que é viável dentro da sua jornada de trabalho.

Nesse caso, para garantir uma frequência mínima, a qual indicamos que seja de pelo menos uma vez por mês dessa observação sistemática e com um retorno pós-observação, é importante contar com outras lideranças pedagógicas que possam compartilhar esta ação.

Considerando as experiências vividas na função, acreditamos que a parceria da equipe gestora é fundamental para que a escola tenha uma forte liderança voltada para os aspectos pedagógicos, favorecendo não apenas o desenvolvimento docente, mas a aprendizagem de todos os estudantes.

E se a organização da rotina e a gestão do tempo já é um desafio para as ações do CP em tempos comuns, a pandemia acentuou ainda mais essa dificuldade, como veremos a seguir.

Os desafios causados pela pandemia

Em 2020, com a chegada da pandemia, os tempos e espaços escolares precisaram ser recriados. Parte deles passou a acontecer de maneira virtual, por meio de aulas síncronas em plataformas de videoconferências como Zoom, Google Meet e WhatsApp e, de maneira assíncrona, por meio de aplicativos de mensagem, com envio de vídeos, atividades, orientações e esclarecimento de dúvidas.

Tudo isso fez com que o acompanhamento pedagógico do CP também passasse por novas configurações.

Se, antes da pandemia, cerca de 80% dos CPs que responderam ao questionário da pesquisa (Tamassia, 2023) afirmaram realizar observação de aulas e *feedbacks*, pelo menos eventualmente (Gráfico 2), após a pandemia, este cenário se alterou, diminuindo para 49% esse percentual (Gráfico 3).

GRÁFICO 2. Observação de aula e *feedback* realizados antes da pandemia

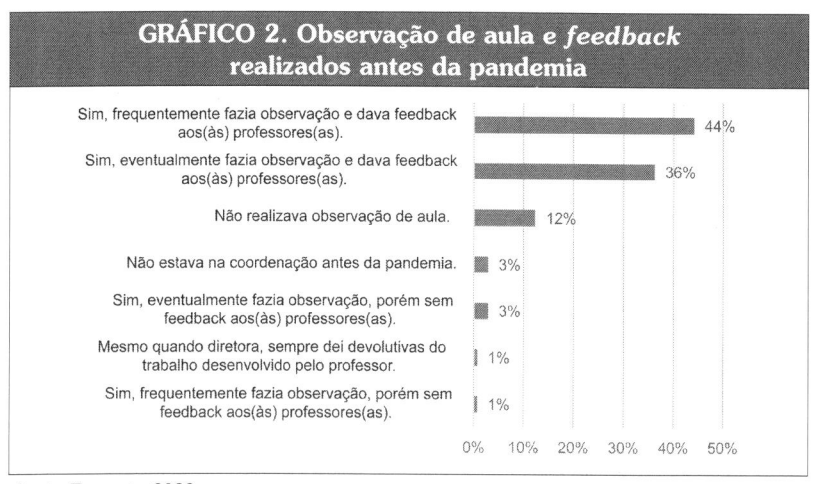

- Sim, frequentemente fazia observação e dava feedback aos(às) professores(as). — 44%
- Sim, eventualmente fazia observação e dava feedback aos(às) professores(as). — 36%
- Não realizava observação de aula. — 12%
- Não estava na coordenação antes da pandemia. — 3%
- Sim, eventualmente fazia observação, porém sem feedback aos(às) professores(as). — 3%
- Mesmo quando diretora, sempre dei devolutivas do trabalho desenvolvido pelo professor. — 1%
- Sim, frequentemente fazia observação, porém sem feedback aos(às) professores(as). — 1%

Fonte: Tamassia, 2023.

GRÁFICO 3. Observação de aula e *feedback* realizados após a pandemia

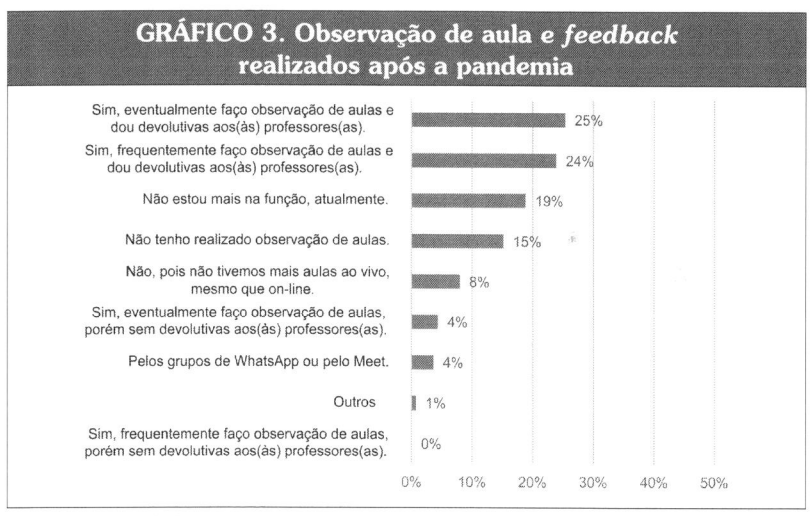

- Sim, eventualmente faço observação de aulas e dou devolutivas aos(às) professores(as). — 25%
- Sim, frequentemente faço observação de aulas e dou devolutivas aos(às) professores(as). — 24%
- Não estou mais na função, atualmente. — 19%
- Não tenho realizado observação de aulas. — 15%
- Não, pois não tivemos mais aulas ao vivo, mesmo que on-line. — 8%
- Sim, eventualmente faço observação de aulas, porém sem devolutivas aos(às) professores(as). — 4%
- Pelos grupos de WhatsApp ou pelo Meet. — 4%
- Outros — 1%
- Sim, frequentemente faço observação de aulas, porém sem devolutivas aos(às) professores(as). — 0%

Fonte: Tamassia, 2023.

Mesmo num cenário adverso, parte dos coordenadores continuavam fazendo observação de aula e dando *feedbacks*, pelo menos de maneira eventual, durante a pandemia, alguns pelos grupos de WhatsApp ou pelo Meet.

Esse novo cenário reforçou os desafios relacionados à questão do tempo, já mencionada anteriormente, mas que ganhou destaque com todas as exigências da pandemia, além do aumento de algumas demandas específicas como: busca ativa dos alunos, registros para envio à secretaria de educação, priorização dos momentos de reforço com os alunos e atendimentos pedagógicos personalizados com foco na recomposição das aprendizagens que ficaram defasadas durante esse período, acompanhamento de muitos grupos de WhatsApp com alunos e famílias, organização para o retorno presencial que gradualmente foi acontecendo, atendimento a pais e familiares, acolhimento dos estudantes após tanto tempo sem aulas presenciais, acompanhamento das aulas *on-line* sem ser interrompida pela demanda administrativa da escola, alta demanda de reuniões na escola e na secretaria de educação, necessidade de dar suporte técnico e emocional à equipe, falta de formação para novos coordenadores se apropriarem das orientações para os *feedbacks*, diversidade no atendimento aos alunos (atividades remotas em diferentes plataformas, rotina de aulas presenciais, respeitando os protocolos sanitários previstos no combate ao COVID-19), insegurança diante do novo cenário, falta de contato direto com professores e dificuldade para reuni-los (Tamassia, 2023).

Foram muitos desafios trazidos em decorrência do contexto pandêmico, somando-se a isso o acúmulo de trabalho para cumprir todas as demandas solicitadas pela secretaria de educação, para orientar pais, alunos e professores sobre os protocolos de segurança, além das dificuldades de conexão com a internet para que as aulas *on-line* pudessem acontecer.

Além disso, alguns coordenadores ainda relataram a resistência dos professores, que já existia mesmo antes da pandemia em determinadas escolas, mas que ganhou ainda mais força nesse momento.

Para alguns, os desafios foram maiores do que estavam acostumados em seu dia a dia e o fato de estarem *on-line* aumentou a demanda diária; as questões emocionais e a necessidade de acolhimento passaram a ter prioridade em alguns contextos, como menciona uma coordenadora:

> *Diante de toda adaptação ocorrida na rotina do professor, não foi possível desenvolver um trabalho de introdução à observação de aulas. O contexto já era muito "agressivo" ao professor, ao aluno, no sentido da mudança na rotina de sua aula. Não coube mais nada, além de dar suporte técnico e emocional à nossa equipe.* (CP Rede Municipal de São Caetano do Sul/SP)

Felizmente, esse cenário foi atenuado com o retorno às aulas presenciais e os aprendizados decorrentes desses desafios vivenciados fortaleceram o papel do CP diante da necessidade de acompanhar os processos de readaptação do currículo e o planejamento de aulas diversificadas, que possam atender às reais necessidades de cada estudante, depois desse período de afastamento do espaço escolar.

Considerações finais

Apesar dos desafios impostos, na atualidade, entendemos que o papel do CP como formador, articulador e transformador da escola precisa ser fortalecido, valorizando a figura de uma liderança pedagógica que, efetivamente, organiza e foca suas ações no acompanhamento pedagógico dos professores, com ênfase no desenvolvimento profissional docente, e na aprendizagem de todos os estudantes da escola em que atua.

As contribuições que trouxemos neste material buscam colaborar para uma ação sistemática e intencional no apoio ao trabalho docente, com o objetivo de acompanhar e contribuir efetivamente para a qualificação das práticas pedagógicas.

* **Nota complementar:** Pesquisa realizada por Silvana Ap. Santana Tamassia e orientada pela Profa. Dra. Vera Maria Nigro de Souza Placco.

Referências

ALLAN, L. M.; DALCORSO, C. Z. *Programa de Liderança: reflexões e práticas para promover a gestão escolar com foco na melhoria da aprendizagem dos alunos.* São Paulo: Conselho Britânico/Instituto Crescer, 2011.

ALMEIDA, L. R.; PLACCO, V. M. N. S. O papel do coordenador pedagógico. *Revista Educação*, São Paulo, ano 12, n. 142, p. 38-39, fev. 2009.

ARAVENA, F. Preparando la Observación de aula: Construyendo sentido compartido, *PUCV – Líderes educativos*, Pontificia Universidad Católica de Valparaíso, Centro de Liderazgo para la Mejora Escolar, 22 fev. 2018. Disponível em: <www.lidereseducativos.cl>. Acesso em: 7 maio 2022.

ARCHER, J. *Better feedback for better teaching: a practical guide to improving classroom observations.* Bill & Melinda Gates Foundation. San Francisco: Jossey-Bass – A Wiley Brand, 2016.

BAMBRICK-SANTOYO, P. *Leverage Leadership 2.0: a practical guide to building exceptional schools.* San Francisco: Wiley, 2018.

DELORS, J. (org.) *Educação: um tesouro a descobrir – Relatório para a UNESCO da comissão internacional sobre educação para o século XXI.* Cortez/UNESCO/MEC, 1998. Disponível em: <http://www.dominiopublico.gov.br/download/texto/ue000009.pdf>. Acesso em: 5 jun. 2021.

DONNELLY, R. Perceived Impact of Peer Observation of Teaching in Higher Education. *International Journal of Teaching and Learning in Higher Education*, 19(2), p. 117-129, 2007.

EDNIR, M. et al. *Mestres da mudança: liderar escolas com a cabeça e o coração.* Porto Alegre: Artmed, 2006.

ELMORE, R. *Mejorando la escuela desde la sala de clases.* Santiago: Area de Educación Fundación Chile, Salesianos Impresores, 2010.

FIA. *Lifelong Learning: conceito, objetivos, pilares e vantagens.* São Paulo: Fundação Instituto de Administração. 12 mar. 2021. Disponível em: <https://fia.com.br/blog/lifelong-learning/>. Acesso em: 6 jun. 2021.

FREIRE, P. *Pedagogia da Autonomia: saberes necessários à prática educativa.* São Paulo: Paz e Terra, 2002.

GATTI, B. A. A formação inicial de professores para a educação básica: as licenciaturas. *Revista USP*, São Paulo, n. 100, p. 33-46, dez./jan./fev. 2013-2014.

_____; BARRETO, E. S. S.; ANDRÉ, M. E. D. A.; ALMEIDA, P. C. A. *Professores do Brasil: novos cenários de formação.* Brasília: UNESCO, 2019.

GIOVANI, P.; TAMASSIA, S. A. S. A Observação de Aulas como Estratégia na Formação Continuada de Professores, in: ALMEIDA, L. R.; PLACCO, V. M. N. S. *O coordenador pedagógico e a formação centrada na escola*. São Paulo: Loyola, 2013.

IMBERNÓN, F. *Qualidade do Ensino e da Formação do Professorado: uma mudança necessária*. Trad.: Silvana Cobucci Leite. São Paulo: Cortez, 2016.

LIBÂNEO, J. C. *Adeus professor, adeus professora? Novas exigências profissionais e profissão docente*. São Paulo: Cortez, 2010.

MARCELO, C. Desenvolvimento profissional docente: passado e futuro. *Sísifo Revista de ciências da educação*, n. 8, jan./abr., 2009.

MIZUKAMI, M. G. N. et al. *Escola e aprendizagem da docência: processos de investigação e formação*. São Carlos: EdUFSCar, 2002.

NININ, M. O. G. *O fio da meada: descortina-se a prática da observação. Uma perspectiva crítica*. São Carlos: Pedro & João Editores, 2010.

PLACCO, V. M. N. S.; SOUZA, V. L. T. *Aprendizagem do Adulto Professor*. São Paulo: Loyola, 2006.

_____; ALMEIDA, L. R.; SOUZA, V. L. T. O Coordenador Pedagógico (CP) e a formação de professores: intenções, tensões e contradições. Fundação Carlos Chagas (FCC), in: *Estudos & Pesquisas Educacionais*, n. 2, nov. 2011, Fundação Victor Civita, São Paulo. Disponível em: <https://fvc.org.br/wp-content/uploads/2018/04/estudos_e_pesquisas_educacionais_vol_2.pdf>. Acesso em: 12 abr. 2021.

RACZYNSKI, D. Liderazgo Escolar y Confianza. Tan importante como las competencias técnicas de las personas es la calidad de las relaciones que se construyen al interior de las escuelas. *Liderazgo Educativo UDP*, [s.d.]. Disponível em: <https://liderazgoeducativo.udp.cl/columnas/liderazgo-escolar-y-confianza-tan-importante-como-las-competencias-tecnicas-de-las-personas-es-la-calidad-de-las-relaciones-que-se-construyen-al-interior-de-las-escuelas/>. Acesso em: 12 jun. 2021.

REIS, P. Observação de Aulas e Avaliação do Desempenho Docente. *Cadernos do CCAP – 2*. Lisboa: Ministério da Educação – Conselho Científico para a Avaliação de Professores, 2011.

SILVA, J. M. S. *Diferentes Caminhos para Formação Docente: estratégias empregadas por coordenadores pedagógicos*. Tese (Doutorado em Educação: Psicologia da Educação). Pontifícia Universidade de São Paulo, São Paulo, 2019.

TAMASSIA, S. A. S. *Ação da Coordenação Pedagógica e a Formação Continuada dos Professores do Ensino Fundamental I: desafios e possibilidades*.

2011. Dissertação (Mestrado em Educação: Currículo) – Pontifícia Universidade Católica de São Paulo, São Paulo, 2011. Disponível em: <https://tede2.pucsp.br/bitstream/handle/9610/1/Silvana%20Aparecida%20Santana%20Tamassia.pdf>. Acesso em: 15 dez. 2022.

_____. *O papel do coordenador pedagógico na formação continuada dos professores por meio da observação de aula e feedback formativo*. 2011. Tese (Doutorado em Educação: Psicologia da Educação) – Pontifícia Universidade Católica de São Paulo, São Paulo, 2023.

WEISZ, T; SANCHEZ, A. *O Diálogo entre o Ensino e a Aprendizagem*. São Paulo: Ática, 2002.

ZEPEDA, S. J. *The instrucional learder's guide to informal classroom observations*. Larchmont: Eye on education, 2005.

O coordenador pedagógico e a construção de uma escola justa

Rodnei Pereira[1]
(rpereira@fcc.org.br)

Minha proposta neste capítulo é discutir o papel do coordenador pedagógico na construção de uma escola justa. Em princípio, tal ideia poderia gerar algum tipo de estranhamento. Por que "escola justa"? Estaríamos partindo do princípio de que a escola, via de regra, é uma instituição injusta?

Essa não é uma pergunta simples de ser respondida, sobretudo com base em uma generalização apressada. Porém, temos à nossa disposição alguns dados que nos fazem refletir sobre a concretização do direito à educação no Brasil, em um cenário no qual a pandemia da COVID-19 fez com que chegássemos, em 2022, com aproximadamente 1,04 milhão de crianças entre 4 e 17 anos fora da escola (Brasil, 2022). Com isso, assistimos ao aumento das taxas de abandono e evasão escolar, que são mais expressivas na transição dos anos iniciais do ensino fundamental para os anos finais e, destes, para o ensino médio.

Além disso, nosso país apresenta, atualmente, taxas de distorção idade-ano bastante significativas no ensino fundamental. Estados

---

1. Pesquisador da Fundação Carlos Chagas. Professor Doutor do Programa de Pós-Graduação em Educação e do Programa de Pós-Graduação Profissional Formação de Gestores Educacionais, da Universidade Cidade de São Paulo (Unicid). Membro da Reippe (Rede de Estudos em Implementação de Políticas Educacionais).

como o Rio Grande do Norte (26%), Acre (28%), Bahia (28%), Pará (33%) e Amapá (35%) apresentam as porcentagens mais altas, enquanto estados como São Paulo (6%), Minas Gerais (8%), Paraná (9%), Mato Grosso (9%) e Ceará (10%) apresentam as mais baixas. Quando comparamos esses números, fica evidente que há uma desigualdade regional marcante, que faz com que o acesso, a permanência e a aprendizagem dos estudantes fiquem comprometidos. Em outras palavras, é evidente que não alcançaremos muitas das metas previstas no Plano Nacional de Educação, cujo decênio termina em 2024.

Obviamente, não podemos nos esquecer que, além da pandemia, nosso passado recente contabiliza uma crise financeira global (2008), a ascensão de agendas ultraconservadoras, crises humanitárias e guerras civis, cujos efeitos repercutem diretamente em todas as esferas da vida social, sobretudo na garantia dos direitos humanos e sociais essenciais, dentre eles a educação. Especificamente no Brasil, temos vivido em um país cindido ideologicamente, desde o *impeachment* de Dilma Rousseff, em 2016. Logo depois desse fato, os deputados da Câmara Federal aprovaram a Proposta de Emenda à Constituição (nº 55/2016), que congelou o teto com gastos públicos por 20 anos, e que teve consequências drásticas para a manutenção de serviços públicos que garantiam direitos sociais. Para os sistemas educacionais, especialmente, podemos citar: cortes de investimentos, enxugamento do orçamento, congelamento de salários de servidores públicos, baixo investimento na melhoria das condições das escolas, em inovação tecnológica, em ciência, em materiais didáticos e formação continuada de professores, entre outros aspectos. Como nesse período as grandes discussões estiveram em torno da Base Nacional Comum Curricular (BNCC) e da Reforma do Ensino Médio, os aspectos mencionados anteriormente foram escamoteados e colocados em segundo plano.

Depois disso, a gestão presidencial 2018-2022 não apenas agudizou os problemas que já vinham sendo gestados nos anos anteriores, como realizou uma gestão que pode ser considerada desastrosa, sobretudo pela falta de coordenação nacional, de capacidade técnica e de gerenciamento da crise sanitária global que enfrentamos desde 2020 e que culminou no fechamento das escolas até o ano seguinte.

Nesse contexto, chegamos em 2022 com índices educacionais que revelam perda de aprendizado, acentuadamente para crianças e adolescentes pobres e negros, aumento da desigualdade educacional, como mencionei no início do texto, aumento da evasão escolar e piora do bem-estar social e psíquico do público em idade escolar, problemas que nos ajudam tomar como ponto de partida a ideia de que nossas escolas, como parte de uma sociedade evidentemente injusta, precisam se preocupar em se tornarem mais justas.

Breves considerações sobre justiça e justiça escolar

Dizer que a "escola precisa se tornar mais justa" soa, para mim mesmo, como um eufemismo. Isso porque a escola, como instituição social, é construída por pessoas, assim como a administração do Estado também o é. Então, quem seriam os injustos? Nós?

Embora seja difícil enfrentar tal questionamento, arrisco dizer que sim. Reproduzimos injustiças, embora eu não queira acreditar que nenhum ser humano acorda, diariamente, determinado, ardilosamente, a praticar injustiças, sobretudo na consecução da docência, como profissão. Pelo menos não de forma consciente.

Contudo, nos últimos anos, quando o tema da justiça escolar passou a compor minhas preocupações como sujeito no mundo, como pesquisador e formador de gestores escolares e professores, passei a olhar com mais atenção para algumas miudezas do cotidiano escolar que fizeram com que eu passasse a me preocupar com o tema. Lembrei-me das inúmeras vezes em que me senti preterido pela professora do 4º ano que, mesmo sem dizer, tratava com maior deferência e carinho os meninos e meninas de pele, olhos e cabelos claros, mais magros. De uma professora amassando e atirando no lixo as provas dos meus colegas que obtiveram nota menor do que 5,0 na prova... E mais tarde, como professor de educação básica e coordenador pedagógico, passei a pensar nos critérios que eu e minhas colegas utilizávamos para eleger aqueles estudantes que nos assistiam nas tarefas rotineiras: normalmente eram os considerados mais disciplinados, estudiosos, com as melhoras notas, aqueles cujas famílias os enviavam à escola com os uniformes impecáveis, cabelos bem penteados e arrumados, obedientes, compassivos. Com algumas exceções, esse é o "perfil" de alunos assistentes de professores com os quais pude me relacionar durante meus 18 anos atuando na educação básica pública.

Poderia enumerar outros inúmeros exemplos que representam muito bem o que as teorias sociológicas clássicas crítico-reprodutivistas (Althusser, 2008; Bourdieu; Passeron, 2014; Baudelot; Establet, 1971), há décadas, explicam a respeito de como a escola reproduz, em seu interior, as desigualdades e violências que existem fora dela, e que se concretizam por meio das interações sociais.

Contudo, gostaria de voltar um pouco no tempo, haja vista que as teorias crítico-reprodutivistas são do século passado, portanto mais próximas dos nossos dias.

Para elucidar o conceito de justiça, voltemos aos primórdios do pensamento filosófico ocidental, recorrendo à República, obra clássica de Platão (Platão, 2001), na qual Sócrates figura como narrador central dos temas discutidos, dentre os quais o tema justiça. Na referida obra, Sócrates conceitua justiça como virtude – uma espécie de excelência de conduta –, ou melhor dizendo, afirma que justiça seria a virtude suprema, que consiste em agir de acordo com a razão e a sabedoria. Ele acreditava que a verdadeira justiça envolve conhecer a diferença (Platão, 2001) entre o certo e o errado e agir de acordo com essa compreensão em todas as circunstâncias. Sócrates argumentava que a justiça não é apenas uma questão de cumprir leis ou convenções sociais, mas sim de agir de forma justa e virtuosa em relação aos outros e a si mesmo.

Para Sócrates, ainda, agir com virtude significa buscar a excelência moral e ética, baseada na sabedoria e no autoconhecimento. Para ele, a verdadeira virtude provém do conhecimento e da compreensão das verdades universais. Para tanto, agir com virtude envolveria:

— Conhecer a si mesmo, pois virtude começa com o autoconhecimento. Assim, seria essencial que nós examinássemos nossas crenças, valores e ações para compreender nossas próprias virtudes e fraquezas.
— Buscar a verdade e a sabedoria, pois o autor defendia que devemos buscar o conhecimento e a sabedoria para desenvolver uma compreensão mais profunda do mundo e de nós mesmos. Por meio da reflexão e do diálogo, segundo o filósofo, podemos chegar mais perto da verdade.
— Agir de acordo com a razão, ou seja, agir com virtude significa agir de acordo com uma compreensão racional e refletida do que é justo e correto. A razão deve orientar nossas ações e decisões.
— Praticar a autodisciplina, pois a virtude requer disciplina e esforço contínuos para superar nossos impulsos e desejos imediatos. Devemos aprender a controlar nossas emoções e apetites para agir de forma justa e virtuosa.

Assim, em resumo, para Sócrates (Platão, 2001), agir com virtude implica buscar o conhecimento, ser autêntico consigo mesmo, agir racionalmente e praticar a autodisciplina, esforço que me faz refletir sobre o princípio de justiça que ancorava o modo como eu mesmo e minhas colegas nos relacionávamos com nossos alunos e suas famílias, em todos os níveis de detalhamento das práticas de ensino que vivemos na escola.

Em outra situação, mais recente, visitando uma escola na Grande São Paulo, durante uma pesquisa, observei uma cena na qual um coordenador pedagógico dizia para 2 alunos que pediram comida antes do horário do intervalo, que eles precisavam se preocupar em estudar tanto quanto se preocupavam em comer, pois a escola "é lugar de estudar, não é restaurante".

A naturalidade com a qual essa afirmação foi feita deixou-me absolutamente em choque, mas, ao mesmo tempo, a banalidade com a qual a fome de duas crianças fora tratada deixou-me intrigado pela falta de reflexão que a pessoa que a proferiu demonstrava.

Inúmeras cenas semelhantes ou diferentes desta encarnam o que a Filosofia e as Ciências Sociais explicam há muito tempo sobre desigualdades, vulnerabilidades e justiça social.

Retornando, historicamente, à contemporaneidade, para John Rawls (2000), filósofo político estadunidense, a justiça social consiste em garantir que as instituições e estruturas sociais de uma sociedade sejam equitativas e promovam o bem-estar de todos os seus membros, especialmente aqueles que estão em desvantagem. Em sua teoria da justiça como equidade, Rawls (2003) propõe que a justiça social deve ser alcançada por meio de um princípio de justiça distributiva. Esse princípio defende que as desigualdades econômicas e sociais são justificadas somente se beneficiarem os menos favorecidos da sociedade. O autor define a justiça social como um arranjo social em que todas as pessoas têm acesso igual a direitos, liberdades e oportunidades básicas, e em que as desigualdades econômicas e sociais são orientadas para beneficiar os menos privilegiados. Ele argumenta que essa forma de justiça é alcançada por meio de um contrato social hipotético chamado "véu da ignorância", no qual as pessoas tomariam decisões justas sem saber a posição do outro na sociedade. Portanto, para Rawls (2003), a justiça social envolve garantir uma distribuição justa de recursos e oportunidades, combater a desigualdade e assegurar que as instituições sociais sejam projetadas de forma a beneficiar todos os membros da sociedade, especialmente os mais vulneráveis.

Contudo, tal princípio é difícil de se concretizar, pois, como teorizou Dubet (2015), as sociedades dos nossos dias escolheram a desigualdade como um meio de vida social. Segundo o sociólogo francês, a intensificação das desigualdades advém de uma crise da solidariedade (entendida por ele como uma espécie de apego a laços sociais que nos levam a querer a igualdade para todos, incluindo nesse desejo, de modo especial, aqueles a quem nem sequer conhecemos).

Tornarmo-nos solidários, portanto, é um exercício diário, constante, e muito refinado. Isso porque precisamos, antes de qualquer coisa, sentirmo-nos semelhantes aos outros, com tal força, para que realmente queiramos que eles tenham acesso aos mesmos bens e direitos que nós mesmos.

Por isso, John Rawls (2002), o qual mencionamos anteriormente, afirmou que o combate à desigualdade, nas democracias contemporâneas, pressupõe um laço de fraternidade prévio, um compromisso de promover um mundo comum para todos, o que não ocorre na prática. Vivemos em cidades em que ricos e pobres vivem apartados, em que os lugares pelos quais circulam e socializam não são os mesmos. As escolas dos filhos dos pobres e dos ricos são muito diferentes. O acesso ao conhecimento se dá de forma muito diferente. E essa situação é ainda mais complexa.

No interior do que costumamos denominar riqueza e pobreza ainda há inúmeras clivagens e particularidades. Por exemplo, estudos como os de Ribeiro e Vóvio (2017) mostraram que a vulnerabilidade social de alguns territórios tem influência na distribuição de oportunidades educacionais. Para as estudiosas, há vínculos entre vulnerabilidade social de uma determinada região e a (re)produção de desigualdades educacionais, que se manifestam, dentre outras maneiras, pelo fato de os professores, na medida em que acumulam mais experiência e mais conhecimentos profissionais, se removerem para escolas de bairros menos vulneráveis. Além disso, há outras características sobressalentes: os estudantes acumulam menor capital cultural, os níveis de letramento das famílias são inferiores aos das classes sociais mais favorecidas, de modo que aquilo que sabem não é valorizado pela escola, a comunidade escolar tem menos conhecimento sobre seus direitos, o território padece com a falta de direitos básicos e equipamentos públicos que poderiam permitir maior ação intersetorial, os estudantes costumam ser mais estigmatizados como sujeitos que não respeitam deveres, e como sujeitos desviantes das normas disciplinares escolares com maior frequência do que em escolas de territórios menos vulneráveis.

Poderia trazer inúmeros outros elementos para ilustrar como se produz a desigualdade escolar, mas creio que os que trouxe até aqui são suficientes para sustentar o argumento de que nossas escolas ainda são geridas pelo princípio do mérito, princípio de justiça preferido pelas sociedades capitalistas, portanto, por nós.

Grosso modo, posso definir princípio de justiça como um conjunto de valores e ideias que buscam promover a igualdade, equidade e imparcialidade nas relações humanas e nas decisões tomadas na sociedade. Esse princípio se traduz em tratamento justo para todas as pessoas, independentemente de sua raça, gênero, origem étnica, classe social ou outras características pessoais.

Um princípio de justiça pode ser aplicado em diferentes contextos, como na distribuição de recursos, na proteção dos direitos humanos, na aplicação das leis, na divisão de responsabilidades e benefícios sociais, na escolarização, entre outros aspectos da vida em sociedade. Ele busca garantir que todas as pessoas tenham acesso às oportunidades e recursos necessários para alcançar seu pleno potencial e viver uma vida digna. Há diferentes teorias e abordagens sobre o princípio de justiça, mas, do ponto de vista da educação, destacarei dois, por me parecerem suficientes para problematizarmos o trabalho educativo: o da justiça distributiva, que se concentra na distribuição justa de recursos e benefícios, e o da justiça procedimental, que enfatiza a imparcialidade e a equidade nos processos de tomada de decisão.

Pensando nos problemas educacionais que o Brasil enfrenta neste momento histórico e nas cenas que relatei anteriormente, não sei se posso afirmar que, em nosso trabalho educativo, agimos com base na justiça distributiva e na justiça procedimental. Faço tal afirmação, pois nossa cultura escolar ainda valoriza de forma substancial o mérito individual dos alunos e dos educadores, e desconsideram as condições objetivas e suas repercussões no acesso aos direitos sociais e humanos.

O princípio do mérito é uma ideia que tem como ponto de sustentação que as recompensas e posições na sociedade devem ser baseadas no mérito individual, ou seja, na habilidade, esforço, talento, realizações e contribuições de uma pessoa. De acordo com esse princípio, as pessoas devem ser avaliadas e recompensadas com base em seus méritos individuais, independentemente de sua origem socioeconômica, gênero, raça ou outras características externas. Em um sistema fundamentado no princípio do mérito, o pressuposto é que aqueles que trabalham duro, têm talento e se destacam em suas áreas devem ser recompensados com promoções, aumento salarial, oportunidades de educação e outras vantagens. Esse princípio pressupõe que os sujeitos têm controle sobre seus próprios resultados e que o sucesso é resultado de suas próprias ações, escolhas e méritos.

No entanto, é importante denunciar que vivemos em um país colonizado, patriarcal-machista e estruturalmente racista (Almeida, 2019) e patriarcal, ingredientes que produzem desigualdades estruturais e fazem com que as oportunidades sociais e educacionais não estejam igualmente disponíveis para todos, o que afeta o suposto mérito individual.

E alguns fatores contribuem para a persistência do princípio do mérito. O primeiro deles é o pensamento individualista, que promove a ideia de que cada pessoa é responsável pelo seu próprio sucesso ou fracasso, criando uma cultura de atribuição de mérito individual. Essa mentalidade enfatiza a importância de um suposto esforço pessoal e contribui para a visão de que o mérito é a principal métrica para alcançar o sucesso.

Um segundo fator diz respeito aos enormes desafios, vividos pelo Brasil em relação à desigualdade de renda, acesso à educação e oportunidades socioeconômicas. Esses fatores estruturais podem criar barreiras para o acesso igualitário a oportunidades, dificultando que indivíduos em situação de desvantagem tenham as mesmas chances de sucesso.

Em terceiro lugar, não há como não trazer à tona uma narrativa social muito equivocada, mas presente em nosso cotidiano, segundo a qual, com esforço e dedicação suficientes, qualquer pessoa pode superar as circunstâncias impostas pela vida e alcançar o sucesso. Essa crença reforça a ideia de que a meritocracia é a única rota para uma vida melhor, mesmo que as oportunidades sejam desiguais.

Destaco, também, um quarto ponto: há um legado histórico de desigualdade social no Brasil, influenciado pelo sistema escravocrata e por padrões de privilégios (materiais e imateriais) herdados. Esses padrões culturais podem se traduzir em atitudes e crenças que sustentam a meritocracia como a maneira "justa" de lidar com as oportunidades sociais. Por isso, o debate em torno da justiça social e da construção de uma sociedade mais igualitária continua sendo desafiador e necessário no contexto brasileiro.

Nessa perspectiva, afirmo que a escola brasileira é meritocrática, devido, sobretudo, ao seu sistema de avaliação e reconhecimento baseado no desempenho individual dos estudantes. Por meio de exames, provas e notas, os alunos são classificados e recompensados com base em seu mérito – ou seja, seu desempenho acadêmico. Essa abordagem meritocrática visa premiar o que o senso comum denomina "esforço, dedicação e desempenho" dos alunos, criando um ambiente competitivo onde os melhores são recompensados com oportunidades de progresso acadêmico, como acesso a melhores universidades e empregos. Porém, advirto que nem por isso considero as avaliações internas ou externas às escolas, vilãs da educação. Muito pelo contrário. Seus usos é que reproduzem o princípio do mérito.

Isso porque, quando os educadores e as políticas educacionais recompensam os alunos com base apenas no mérito individual, não levam em consideração as diferenças de acesso a recursos educacionais, desigualdades socioeconômicas e barreiras estruturais enfrentadas pelo alunado, especialmente por suas características de classe, raça/etnia e gênero.

Ao desconsiderar isso tudo, a escola perpetua e amplia as desigualdades educacionais, uma vez que as oportunidades e recursos necessários para um desempenho de alto nível não são igualmente acessíveis a todos os alunos. Portanto, a discussão sobre a meritocracia na escola brasileira envolve uma reflexão mais ampla sobre a igualdade de oportunidades, investimentos em políticas educacionais inclusivas e a superação de desigualdades estruturais para promover uma educação de qualidade mais equitativa.

Algumas pessoas tendem a acreditar que, quando as escolas privadas consideradas de boa qualidade atribuem bolsas de estudos para alguns alunos, estão contribuindo para reduzir a desigualdade social, quando, na verdade, estão atuando para mantê-la. O mesmo vale para qualquer ação que parta do princípio de que o reconhecimento acadêmico de alguém deva se basear exclusivamente pelo seu desempenho.

Nesse caso, os alunos que obtêm notas elevadas, participam de atividades extracurriculares, demonstram talento em determinada área ou alcançam resultados excepcionais são premiados com bolsas de estudo, diplomas de honra ou outros benefícios. Esse tipo de reconhecimento e recompensa baseado no mérito acadêmico busca incentivar o esforço, a dedicação e o desempenho dos alunos, promovendo uma cultura de excelência e motivação para o estudo. Assisti a muitas situações ancoradas nessas práticas, ao longo da minha carreira, todas elas defendidas em torno da ideia de que elas podem criar um ambiente de competição saudável entre os estudantes, que os estimularia a se superar e buscar o sucesso acadêmico. No entanto, é importante considerar que a aplicação cega da meritocracia na escola pode ter desafios e limitações. A desigualdade de acesso a oportunidades educacionais, diferenças socioeconômicas e outras desvantagens estruturais podem impactar o desempenho dos estudantes, já que elas escamoteiam o quanto a competição contamina a solidariedade e o individualismo. E, mais do que isso, precisamos reconhecer que o mérito individual não é a única medida de sucesso para que consigamos valorizar a diversidade de saberes e habilidades de todos os estudantes.

Para tanto, defendo que o princípio da meritocracia precisa ser superado, pois ele é o alicerce da injustiça escolar. Amparo-me em Dubet (2009), quando este afirma que a escola, para ser justa, não pode reproduzir as desigualdades sociais e estimular o mérito individual, mas, sobretudo, é a escola que procura garantir níveis muito altos de aprendizagem para os estudantes mais vulneráveis e considerados mais "fracos", academicamente. Traçar-se-ia, assim, uma nova linha de base para as práticas educativas escolares abaixo da qual nenhum estudante poderia estar. Substituiríamos, então, o princípio do mérito pelo princípio da equidade ou, em outras palavras, oferecer mais oportunidades educacionais a quem mais precisa, o que não é fácil de se operacionalizar, pois historicamente tendemos a nos guiar pela ideia de que todos os alunos precisam ser tratados igualmente. E o princípio da equidade nos obriga a distribuir mais recursos e oportunidades para os que mais precisam e a criar mecanismos de tratamento e de ensino do conhecimento escolarizado diferenciados e diversificados.

E afinal de contas: o que o coordenador pedagógico tem a ver com isso?

Do meu ponto de vista, tudo a ver. A própria existência da figura do coordenador pedagógico (CP) nas políticas educacionais se interpenetra a um contexto de democratização da educação brasileira (Pereira, 2010). Ou, em outras palavras, as primeiras escolas a contarem com postos de trabalho de coordenador pedagógico, no final da década de 1970, no Brasil, eram aquelas nas quais o desempenho dos estudantes era considerado inferior ao aceitável. Obviamente, esse comentário não tem como intenção responsabilizar o CP, a ponto de considerar que, sozinho, esse profissional seria capaz de deflagrar mudanças nas escolas.

Porém, sem dúvida alguma, sua presença nas equipes de gestão das escolas pode contribuir positivamente para que as práticas de ensino sejam discutidas, estudadas e aprimoradas. E é com base nessa ideia que a literatura científica produzida no campo da coordenação pedagógica e educacional, do qual esta coleção produziu uma quantidade expressiva de conhecimento e que já examinei em textos anteriores (Pereira, 2022; 2021; 2017), que temos chegado, como cientistas da área, a um consenso de que o papel fundamental do CP diz respeito à formação continuada dos professores, realizada no bojo do projeto político pedagógico das escolas e na mobilização do seu corpo docente.

Uma tarefa nobre como essa só se concretiza a partir de um compromisso ético e político muito robusto, o qual Vera Placco, em nossa convivência e em inúmeros de seus textos, faz questão de asseverar: o papel do CP como formador tem como fim a aprendizagem dos estudantes. O direito à educação, portanto, é o que sustenta o trabalho do CP. E para refletir sobre seu papel na construção da escola justa, portanto equitativa, discorrerei, a seguir, sobre uma pesquisa de campo[2] que realizei no município de Sobral-CE, entre maio e junho de 2023, e que integra um eixo de uma pesquisa mais ampla que tem examinado como diferentes redes de ensino enfrentaram a crise pandêmica, financiada pela Fundação de Amparo à Pesquisa do Estado de São Paulo (Fapesp) e que tem como uma de suas incumbências produzir recomendações para crises futuras.

Uma escola na qual todos se esforçam para que seja justa

Estive na Escola Municipal Rosas do Deserto (nome fictício), para entrevistar diretores, coordenadores pedagógicos, professores, alunos e famílias, bem como para realizar observações, acompanhado por colegas pesquisadores do Brasil e da França.

Nessa visita, identifiquei algumas práticas, desenvolvidas pelos CP, as quais considerei positivas, e que mereciam ser examinadas cientificamente e compartilhadas socialmente.

Confesso que cheguei ao município muito reticente com sua "fama", já que Sobral é um município localizado no estado do Ceará,

---

2. Este capítulo advém do Projeto "Implementação de Políticas Educacionais e Desigualdades frente a Contextos de Pandemia pelo Covid-19", financiado pela Fundação de Amparo à Pesquisa do Estado de São Paulo (Fapesp), processo número 2021/08719-0. Este projeto de pesquisa agregou pesquisadores de várias instituições nacionais (Universidade Federal do Ceará, Universidade Federal do Rio Grande do Norte, Universidade Federal de Juiz de Fora, Universidade Federal de Ouro Preto, Universidade de São Paulo, Universidade Cidade de São Paulo, Pontifícia Universidade Católica do Rio de Janeiro) e internacionais (Universidade de Lille/França, Universidade Paris-Est Créteil/França, Universidade de Aysén/Chile e Universidade de Santiago do Chile), vários deles da Rede de Estudos sobre Implementação de Políticas Públicas Educacionais (REIPPE), com o apoio da Escola do Parlamento da Câmara Municipal de São Paulo e da Escola Técnica Cepam, sob coordenação de Maria do Carmo Meirelles Toledo Cruz, da Unicid. As opiniões, hipóteses e conclusões ou recomendações expressas neste material são de responsabilidade do autor e não necessariamente refletem a visão da Fapesp.

no Brasil, que possui algumas características socioeconômicas e demográficas específicas. Com uma população de aproximadamente 210 mil habitantes, é uma cidade de médio porte no contexto brasileiro, reconhecida internacionalmente por seu sistema de ensino, que tem resultados de aprendizagem expressivos. O município alcançou resultados significativos, ao longo das últimas décadas, melhorando os índices de educação básica, aumentando as taxas de alfabetização e investindo na qualificação de professores. A economia da região é baseada em diferentes setores. A agricultura tem um papel importante, com destaque para a produção de grãos, frutas tropicais, legumes e criação de gado. Além disso, o comércio e serviços também contribuem para a economia local.

Historicamente, o município tem trabalhado para melhorar seus indicadores sociais e reduzir a desigualdade, tendo feito investimentos na área da saúde, com a criação de unidades básicas de saúde e programas de atenção básica. Além disso, programas sociais e de transferência de renda têm ajudado a combater a pobreza e promover a inclusão social.

O plano de educação sobralense explicita um compromisso com práticas de gestão estruturadas nas escolas, que são orientadas a estabelecer metas claras, monitorar o desempenho dos alunos regularmente, investir em infraestrutura adequada e recursos pedagógicos, além de promover uma cultura de colaboração entre os atores escolares. É importante ressaltar que o sucesso educacional que faz com que Sobral venha se destacando foi construído ao longo de mais de duas décadas e envolve um esforço combinado de diferentes atores e políticas específicas. Por isso, parto do princípio de que cada contexto educacional é único e não pode ser totalmente replicado em outras realidades, mas algumas de suas experiências, como a que presenciei com os CP, podem servir como referência para inspirar e informar outras iniciativas educacionais.

Na Escola Rosas do Deserto, que fica na zona rural da cidade, o nível socioeconômico da população é médio-baixo, mas é considerada uma escola de excelência por ser uma escola cujo Ideb é 7,4% (2019), e na qual mais de 90% dos alunos conclui o 5º ano do ensino fundamental com proficiência avançada em Português e Matemática. Entre tantas pessoas muito acolhedoras, entusiasmadas com seu trabalho e orgulhosas de desenvolvê-lo, conheci Cereu e Bromélia (nomes fictícios).

Cereu é pedagogo, acumula 24 anos de experiência no magistério e iniciou sua carreira como professor leigo, na mesma região da escola e na qual ainda reside com sua família (esposa e filhos), quando tinha somente o 4° ano primário. Relatou-me que sempre sonhou em estudar mais, o que só foi possível quando se tornou professor, pois precisava ajudar no sustento de sua família. Foi como professor que pode concluir a educação básica e cursar, já nos anos 2000, o curso de Pedagogia. Acumulou mais de 20 anos em sala de aula, tendo se destacado como um professor de 4° e 5° ano do ensino fundamental, que consegue alfabetizar estudantes com dificuldades e ensinar conceitos matemáticos difíceis para as crianças, como multiplicação e divisão. Foi essa experiência que fez com que a diretora o estimulasse a participar da prova de seleção para coordenador pedagógico e a assumir essa função, em 2019.

Bromélia também é pedagoga, tem 20 anos de experiência como professora, e é CP há 3 anos. Veio transferida de outra escola da zona urbana da cidade. Também foi professora leiga e seu processo formativo seguiu, como o de Cereu, as mudanças nas políticas educacionais do município. Bromélia contou-me que o que ela sabe fazer bem é alfabetizar crianças. E é nessa segurança que se ancora para coordenar o grupo de 12 professoras de 1°, 2° e 3° anos da unidade, enquanto Cereu acompanha os outros 15 professores de 4° e 5° anos.

Para acompanhar o trabalho de ambos, utilizei a técnica *shadowing*.

Shadowing, na pesquisa em educação, pode ser definida como uma maneira de produzir dados em que o pesquisador se transforma em uma espécie de "sombra" dos participantes do estudo, e que envolve a observação detalhada e imersiva de um participante ou de um grupo de participantes em seu ambiente de atuação. Durante o processo, o pesquisador acompanha os participantes ao longo de um período de tempo, observando suas atividades, interações, comportamentos e contextos de aprendizagem. O objetivo do *shadowing* é obter informações detalhadas e contextualizadas sobre as experiências, processos, desafios e dinâmicas da vida diária dos participantes do estudo. Por meio dessa observação direta e imersiva, o pesquisador pode capturar nuances, padrões e significados subjacentes que possam influenciar a aprendizagem e a interação dos participantes. Durante o *shadowing*, o pesquisador pode fazer anotações detalhadas, registrar observações e interações relevantes, coletar materiais contextuais, como documentos, notas ou até mesmo materiais didáticos, e realizar entrevistas ou conversas informais complementares com os participantes, se necessário. Essa abordagem de pesquisa qualitativa permite ao pesquisador capturar a complexidade do ambiente educacional, compreender as experiências dos participantes em seu contexto natural e contribuir para uma compreensão mais ampla dos fenômenos educacionais em estudo. O *shadowing* pode ser útil para explorar questões de formação, gestão escolar, ensino, aprendizagem, interação social, processos grupais, bem como outros aspectos relacionados à experiência de aprendizagem dos participantes. Sua prática se inspira em pesquisas de abordagem etnográfica.

Ao tornar-me "sombra" de Cereu e Bromélia, acompanhei 3 dias inteiros de trabalho, de modo que observei: 1 reunião de alinhamento com a diretora da escola, 1 reunião de planejamento entre os dois coordenadores, 4 reuniões pedagógicas com os professores, e 6 sessões de observação de aulas realizadas por ambos. Nessas duas últimas atividades, os acompanhei individualmente.

A partir da observação, dos diálogos estabelecidos, com caráter mais formal ou mais informal, antes e depois das tarefas laborais que realizaram, posso sintetizar alguns pontos de sua rotina de trabalho que considero muito positivas, sobre:

— A reunião de planejamento com a diretora: segundo averiguei, há uma divisão clara de responsabilidades entre os membros do coletivo de gestão, que mantém uma rotina com tarefas distribuídas ao longo da semana, e com claros combinados em torno de tarefas individuais e compartilhadas, constatação que foi feita depois que realizei entrevistas e pude ler o registro das agendas e das atividades desenvolvidas por cada um. Especificamente, na reunião de alinhamento que acompanhei, do início ao fim, a conversa envolveu o desempenho dos estudantes em uma avaliação de monitoramento da aprendizagem e o compartilhamento de estratégias de apoio e acompanhamento aos professores. Além disso, elaboraram juntos a pauta de uma reunião de pais que ocorreria na semana em que a observação se deu.

— A reunião de trabalho específica de Cereu e Bromélia: neste encontro, os dois repassaram a rotina da semana, discutiram juntos as planilhas de acompanhamento do desempenho dos estudantes em uma avaliação externa de monitoramento da aprendizagem e montaram uma lista dos estudantes que estavam com rendimento insuficiente ou abaixo do básico, segundo as rubricas enviadas pela Secretaria Municipal de Educação. A partir disso, organizaram uma lista de estudantes que precisavam de atenção especial nas turmas de 1°, 2° e 5° ano, especialmente, pois nessas turmas é que haveria uma avaliação externa de saída ao final do ano letivo. Compararam os resultados com as escalas de proficiência que utilizam na rede e, em seguida, planejaram juntos as pautas da reunião de formação coletiva com os professores. Cereu iria discutir estratégias de ensino de multiplicação e Bromélia, duas atividades de aprofundamento da compreensão leitora. Posteriormente, repassaram seus roteiros de observação de aulas, atividade que desenvolvem diariamente.

— As reuniões coletivas com os professores: observei uma reunião com professoras responsáveis pelo reforço escolar e outra com o coletivo de professores, em horários e dias alternados, realizadas por Cereu com os professores de 4° e 5° ano, e por Bromélia, com as professoras de 1°, 2° e 3° ano do ensino fundamental. Pude identificar que, além de momentos específicos de reforço escolar com agrupamentos que levam em conta os níveis de conhecimento dos estudantes, parte da carga horária das professoras é utilizada para que atendam individualmente os alunos que mais precisam. Elas ficam na porta das salas de aula e, em comum acordo com as professoras regentes da turma acerca do melhor momento para que o estudante saia da classe por, aproximadamente, 30 minutos, a docente do reforço desenvolve intervenções pedagógicas específicas e pontuais na aquisição do sistema de escrita alfabético ou do sistema de numeração. A intenção dessa atividade é apoiar os estudantes que estão com rendimento insuficiente ou abaixo do básico a avançarem mais rapidamente na aprendizagem. Posteriormente, acompanhei uma reunião coletiva regida por Cereu e outra por Bromélia. Na reunião do grupo de Cereu, o CP comenta pontos positivos e pontos a melhorar da observação que realizara em uma turma de 3º ano, em que identificara uma dificuldade da professora para responder a uma pergunta de um aluno que questionou de onde havia "aparecido" o número 1 que "subiu" para a casa decimal da centena, em uma operação de multiplicação. A professora cuja aula havia sido observada, que chamarei de Alecrim, uma iniciante, pediu dicas de Cereu e das colegas para ampliar seu repertório didático e perguntou se Cereu não poderia modelizar em sua turma a mediação de uma atividade semelhante, de modo que combinaram que ele faria isso no dia seguinte. Ao final da reunião, perguntei à professora se ela não se sentia controlada com a presença constante do CP em sua classe e ela, sem pestanejar, respondeu "de jeito nenhum. E ai dele se não for até lá!". Na reunião coordenada por Bromélia, a CP mostrou e discutiu com o grupo duas atividades do material didático utilizado na escola, ambas de compreensão leitora, e a reunião contou com muitas contribuições e comentários das professoras. Na sequência, as professoras de 1º e 2º ano se organizaram para planejar as aulas da semana em subgrupos, de modo que Bromélia passava pelos grupos, comentando

os planos e oferecendo dicas de como agrupar os estudantes e das intervenções que poderiam ser feitas. Em ambos os grupos, chamou minha atenção o clima tranquilo, focado no trabalho pedagógico e o relacionamento dos dois CP com os professores e destes entre si.
— No dia seguinte, assisti a aula na qual Cereu foi à sala da professora Alecrim. Tanto ela quanto a turma pareceram não se incomodar com a presença do coordenador, que me apresentou. Cumprimentei a turma e sentei-me ao fundo da sala. A professora explicou que ele estava com "saudade de ensinar a fazer contas" e que viera mostrar como ele faz contas de multiplicação. Em pouco mais de 25 minutos, Cereu explicou que a professora Alecrim contou que a turma estava aprendendo multiplicação e que ele tinha um segredo para contar sobre como os números podiam ser divididos e de como podiam ser mudados de uma casa decimal para outra, para que uma conta de multiplicar fosse possível de ser feita e para que não desse o resultado errado. Explicou que, quando uma quantidade fica maior do que 10, o número da dezena é decomposto e "transferido" para a casa decimal do lado esquerdo da conta. Um sonoro "ah" foi proferido pela turma de 22 crianças. Depois de perguntar se haviam entendido o modo como ele havia feito e a turma respondeu, em um uníssono "sim". A professora Alecrim, depois de fazer muitas anotações em um caderno, disse que continuaria a resolver as contas do mesmo modo que Cereu, que combinou voltar em outro momento, se despediu da turma e se retirou. Acompanhei-o e questionei o que ele havia achado da situação, ao que ele respondeu firme e confiante: "foi muito bom. E Alecrim é muito rápida. Se você for lá novamente, vai ver como ela pegou e segue bem com a turma". Após o intervalo, acompanhei Bromélia em uma observação de aula em uma turma de 1º ano. Da mesma forma que na turma anterior, a CP entrou e nem a professora nem as crianças estranharam sua presença, com exceção da minha.

Fui apresentado e troquei algumas palavras com o grupo. Me acomodei em uma carteira próxima de uma janela, atrás de Bromélia, que observou a discussão da professora com a turma acerca de uma história (A doninha rechonchuda) que havia lido para as crianças. Ela não fez nenhuma intervenção, exceto anotações em seu caderno. Permanecemos na sala por aproximadamente 30 minutos, que foi o tempo que durou a atividade de compreensão da história. Quando saímos perguntei o que ela havia anotado e o que faria depois. Ela me disse que se reuniria com a professora para discutir a aula, que, em sua opinião, havia sido boa, e que ressaltaria as boas intervenções que a professora fez a partir dos comentários da turma, e que daria algumas poucas dicas de coisas que lhe pareceu que a professora não havia percebido, como a dificuldade de uma criança em procurar o significado da palavra "rechonchuda", no dicionário, e de um menino que ficou alheio ao que se passava na classe durante todo o tempo. Não pude acompanhar, infelizmente, a reunião com a professora, pois minha agenda de pesquisa terminou antes que a sessão de devolutiva da observação ocorresse. De qualquer forma, considerei que já tinha elementos o suficiente para uma boa análise.

De modo geral, essas atividades evidenciaram que a atuação dos dois CP explicita que a maioria das suas tarefas tem uma natureza formativa bastante acentuada, e que a experiência docente que ambos possuem facilita a identificação e intervenção tanto em situações positivas quanto em aspectos que o grupo de docentes precisa melhorar. Além disso, o fato de tê-los acompanhado por 3 dias consecutivos durante todo o período de trabalho ofereceu indícios de uma convivência positiva e respeitosa, o que também facilita a legitimidade que ambos parecem ter conquistado entre os docentes. Tal legitimidade corrobora o que já discuti em minha tese de doutorado: na medida em que o CP se mostra capaz de discutir as práticas dos professores com eles, ganha seu respeito e confiança (Pereira, 2017).

Destacou-se também a preocupação de ambos com a aprendizagem dos estudantes, com suas trajetórias e condições de vida, letramento das famílias, além de conhecerem com detalhes os níveis de conhecimento das crianças, com acompanhamento muito próximo daquelas que mais precisam de apoio para aprender. Além disso, cuidam também da aprendizagem profissional dos professores, de modo que esta está relacionada aos processos de aprendizagem dos estudantes. Vale mencionar que fiquei reticente com a forte marca das avaliações externas em tudo o que faziam, mas, ao indagá-los a respeito, disseram que já se acostumaram a trabalhar dessa forma e que o que importa para eles é que "as crianças aprendam". Além disso, em todo o tempo que os acompanhei, me pareceu evidente que, para tudo, há uso pedagógico, de modo que as avaliações estão fortemente presentes, mas que não são elas o centro de tudo. Ao contrário, são um meio para monitorar a aprendizagem e tomar decisões. Chamou minha atenção, também, o compromisso dos CP com as crianças menos engajadas nas aulas e com mais desafios a enfrentar na escolarização, da mesma forma que se preocupam com a aprendizagem profissional dos professores. Em outras palavras, me pareceu evidente que ambos se preocupam com alunos e professores que mais precisam, o que sugere que o princípio de justiça em vigor na escola é o princípio da equidade. Sendo assim, o que pude aprender com Cereu e Bromélia sobre o papel do CP na construção de uma escola mais justa?

O que floresceu em mim em minha jornada pelo sertão...

Cereu e Bromélia me comoveram com suas histórias de vida e profissão, antes de qualquer outra coisa, mas também pelo forte compromisso ético e político que demonstraram com seu trabalho, especialmente pela precisão, autonomia e conhecimento com que desempenham suas atividades. Destaco, também, algumas condições objetivas que parecem colaborar positivamente para o trabalho de Cereu e Bromélia:

— A escola conta com uma boa equipe de apoio administrativo: funcionários da secretaria, apoiadores de fluxo escolar, porteiros, cozinheiras.
— Há orientador educacional para apoiar questões de convivência escolar.
— A escola possui vice-diretor, que fica responsável pela rotina administrativa da unidade escolar e atua mediando a relação com as famílias.
— A diretora coordena a divisão do trabalho na equipe, demonstra bons conhecimentos pedagógicos e de gestão, parece ter uma visão global da gestão, em todas as suas dimensões, aspectos que pretendo explorar em outro texto, mas, por ora, vale salientar que ela se compromete com a criação de condições para que Cereu e Bromélia atuem como formadores.

Com essas informações, quero sublinhar que há um conjunto de determinações e condições que não podem ser analisadas de maneira fragmentada, especialmente em um momento histórico em que o caso de Sobral é a todo momento apontado como exemplar. Ainda que as políticas educacionais da cidade possam ser inspiradoras, em muitos aspectos, não se pode fazer generalizações apressadas, leituras naturalizantes, especialmente em relação às condições de trabalho dos profissionais. No caso da escola na qual Cereu e Bromélia atuam, além dos aspectos relatados, também é importante destacar que nenhum dos dois CP acumula cargo, cada um acompanha, em média, 12 professores cada um, com uma média de 20 a 25 alunos por classe. Por isso, o aspecto para o qual chamo a atenção envolve o conjunto de ações que identifiquei na escola Rosas do Deserto e que indicam que seus trabalhadores se esforçam para torná-la justa.

Nas práticas de Cereu e Bromélia, percebi, com apoio em Ribeiro (2014), que ambos se preocupam em elevar os estudantes considerados mais "fracos" a patamares mais avançados de aprendizagem.

Ademais, a observação e o acompanhamento do trabalho dos dois CP, por meio da técnica *shadowing*, fez com que fosse possível concluir que o coordenador pedagógico desempenha um papel essencial na promoção da equidade e na redução da desigualdade educacional. Posso sistematizar, assim, algumas tarefas que Cereu e Bromélia me ensinaram, acerca de como o CP pode atuar, oferecendo contribuições importantes para que a escola básica se torne mais justa:

1. Identificar e enfrentar as desigualdades existentes – o CP pode analisar os dados educacionais e identificar as desigualdades e lacunas de aprendizagem entre os alunos. Isso envolve observar as disparidades nos resultados acadêmicos, taxas de evasão escolar, acesso a recursos educacionais e oportunidades.

2. Fomentar o planejamento de estratégias de ensino inclusivas – no plano de formação continuada da escola, é preciso prever momentos para trabalhar com os professores estratégias de ensino inclusivas, que atendam às necessidades de alunos com diferentes habilidades, estilos de aprendizagem e origens sociais. Isso pode incluir a utilização de diferentes recursos didáticos, adaptações curriculares e abordagens pedagógicas diferenciadas.

3. Diferenças e direitos humanos como pilares da formação continuada dos professores – o CP pode organizar processos de formação continuada para os professores, com ênfase em práticas pedagógicas inclusivas, diversidade cultural, convivência escolar e acessibilidade curricular. Isso ajudará a garantir que os educadores se sintam preparados para atender às necessidades de todos os alunos.

4. Implementar programas de intervenção e apoio – é possível desenvolver e coordenar programas de apoio e intervenção para alunos que estejam em risco devido a dificuldades na aprendizagem de conteúdos específicos, distorção idade-ano ou outras questões afetivas, de identidade ou condição socioeconômica, de gênero, raça/etnia ou mesmo de capacidades funcionais. Esses programas podem fornecer suporte adicional, como aulas de reforço, tutorias e mentorias individuais ou grupos de estudo.

5. Atuar com a direção escolar para estimular a participação da família e comunidade – a equipe gestora da escola pode criar estratégias para envolver ativamente as famílias e a comunidade no processo educacional, promovendo parcerias e buscando o

envolvimento dos pais nas atividades escolares. Isso é especialmente importante para reduzir as desigualdades educacionais, já que o capital cultural das famílias repercute no desempenho dos alunos (Bonamino et al., 2010).

Palavras finais

Cereu e Bromélia ensinaram-me muito mais coisas do que penso que fui capaz de registrar neste capítulo. Além deles, conheci outros CP igualmente comprometidos e competentes, que compartilharam, de forma muito generosa, seus saberes e fazeres, do sertão cearense à Grande Fortaleza, conhecimentos que pretendo analisar e expandir em textos futuros.

De qualquer forma, especialmente por atravessarmos uma crise sanitária de enormes proporções, a experiência vivida com os coordenadores pedagógicos que inspiraram este texto ilustra a importância que o CP tem na promoção de equidade na escola, apoiando políticas e práticas que promovam o acesso igualitário a oportunidades educacionais e o respeito aos direitos humanos e à pluralidade. Quando consegue mobilizar a equipe de professores em torno desses princípios, o coordenador pedagógico contribui ativamente para reduzir a desigualdade educacional em sua escola.

A instituição escolar desempenha um papel crucial em qualquer lugar e para qualquer pessoa, mas, em territórios com nível socioeconômico baixo, pode ser uma das principais instituições para promover a igualdade de oportunidades e melhorar a qualidade de vida dos estudantes. Alguns dos papéis importantes que a escola pode desempenhar nesses contextos incluem a oferta de educação de qualidade social a todos os alunos, independentemente do seu contexto socioeconômico. Isso inclui garantir acesso a um currículo sólido, recursos educacionais adequados, professores formados e práticas pedagógicas inclusivas.

Embora isso não seja novidade, se trata de um conjunto de determinações que contribui para que os estudantes construam os conhecimentos necessários para enfrentar os desafios presentes e futuros.

Porém, concluo chamando atenção para o fato de que enfrentar a desigualdade educacional requer um compromisso coletivo de diversas partes, incluindo governos, escolas, professores, famílias e a sociedade como um todo, já que escolas e famílias, sozinhas, não são capazes de alterar a realidade educacional. Por isso, as políticas educacionais também precisam assegurar que todas as escolas tenham recursos adequados para oferecer condições adequadas de aprendizagem, o que inclui acesso a tecnologia, livros didáticos, laboratórios, materiais educacionais e outras ferramentas essenciais. Isso requer um investimento em infraestrutura educacional e financiamento adequado para escolas de diferentes regiões. Além disso, o currículo escolar precisa ser abrangente, incluindo uma ampla variedade de disciplinas e áreas de conhecimento, para além de língua e matemática, já que os estudantes precisam se desenvolver integralmente, em todas as dimensões: corporal, cognitiva, afetiva, em articulação com seus movimentos identitários. Por isso, o currículo deve ser culturalmente sensível e refletir a diversidade da sociedade e das experiências dos alunos.

Destaco, também, a importância de se tratar a formação continuada dos professores como um direito de trabalho, tendo em vista o potencial que essa atividade tem para contribuir com a aprendizagem de todos os estudantes. Isso inclui a formação para adotar práticas pedagógicas inclusivas, diferenciadas e personalizadas, que atendam às necessidades e estilos de aprendizagem diversos dos estudantes. Por sua vez, o incentivo à participação ativa dos alunos no processo educativo, por meio de uma relação dialógica e da escola ativa, é outra prática que não pode faltar em uma escola que se pretende democrática. Isso pode aumentar o envolvimento dos alunos e criar um senso de pertencimento e responsabilidade em relação à sua educação.

Reitero a importância do diálogo com a comunidade local e com outras agências, movimentos sociais e instituições que fortaleçam o trabalho escolar. Afinal de contas, a construção de uma escola justa requer um compromisso coletivo e contínuo para proporcionar uma ação equitativa para todos os estudantes, independentemente de sua origem socioeconômica ou outro aspecto de sua identidade.

Referências

ALMEIDA, S. L. *O Que é Racismo Estrutural?* 1. ed., Belo Horizonte: Letramento, 2018.

ALTHUSSER, L. *Sobre a reprodução*. Petrópolis: Vozes, 2008.

BAUDELOT, C.; ESTABLET, R. *L'école capitaliste en France*. Paris: Maspéro, 1971.

BONAMINO, A. et al. Os efeitos das diferentes formas de capital no desempenho escolar: um estudo à luz de Bourdieu e de Coleman. *Revista Brasileira de Educação*, v. 15, n. 45, p. 487-499, set. 2010.

BOURDIEU, P.; PASSERON, J.-C. *Os herdeiros: os estudantes e a cultura*. Trad.: Ione Ribeiro Valle e Nilton Valle. Florianópolis: Editora da UFSC, 2014.

BRASIL. Instituto Nacional de Estudos e Pesquisas Educacionais Anísio Teixeira (INEP). *Indicadores Educacionais 2022*. Disponível em: <https://www.gov.br/inep/pt-br/acesso-a-informacao/dados-abertos/indicadores-educacionais>. Acesso em 11 ago. 2023.

DUBET, F. Les dilemmes de la justice, in: DEROUET, J.-L.; DEROUET-BESSON, M.-C. (ed.). *Repenser la justice dans le domaine de l'éducation et de la formation*. Lyon: Peter Lang, 2009, p. 29-46.

_____. *¿Por qué preferimos la desigualdad? (Aunque digamos lo contrario)*. Buenos Aires: Siglo Veintiuno Editores, 2015.

PEREIRA, R. Em busca de um caminho singular para um fazer plural: proposição de uma base de conhecimentos profissionais para o coordenador pedagógico, in: ALMEIDA, L. R.; PLACCO, V. M. N. S. *O coordenador pedagógico e seu desenvolvimento profissional na educação básica*. São Paulo: Loyola, 2022.

_____. *O desenvolvimento profissional de um grupo de coordenadoras pedagógicas iniciantes: movimentos e indícios de aprendizagem coletiva, a partir de uma pesquisa-formação*. 251 fls. Tese (Doutorado em Educação: Psicologia da Educação) – Pontifícia Universidade Católica de São Paulo, São Paulo, 2017.

_____. *A autoanálise de coordenadores pedagógicos sobre sua atuação como formadores de professores*. Dissertação de Mestrado. São Paulo, PUC-SP, 2010.

PLATÃO. *A República*. Trad.: Maria Helena da Rocha Pereira. Lisboa: Fundação Calouste Gulbenkian, 2001.

RAWLS, J. *Justiça como Equidade: uma reformulação*. Trad.: Claudia Berliner. São Paulo: Martins Fontes, 2003.

_____. *Justiça e Democracia*. Trad.: Irene A. Peternot. São Paulo: Martins Fontes, 2000.

_____. *Uma Teoria da Justiça*. Trad.: Almiro Piseta e Lenita Maria Rímoli Esteves. 3. ed., São Paulo: Martins Fontes, 2002.

RIBEIRO, V. M. Que princípio de justiça para a educação básica? *Cadernos de Pesquisa*, 44(154), p. 1094-1109, out-dez. 2014.

_____; VÓVIO, C. L. Desigualdade Escolar e Vulnerabilidade Social no Território. *Educar em Revista*, Curitiba, Brasil, v. 33, n. especial 2, p. 71-87, set. 2017.

Edições Loyola

editoração impressão acabamento

Rua 1822 n° 341 – Ipiranga
04216-000 São Paulo, SP
T 55 11 3385 8500/8501, 2063 4275
www.loyola.com.br